若狭武田氏八代

はじめに

この書『若狭武田氏』は、二〇一九年七月から二〇二三年十二月間に序章三章を「小浜市郷土誌研究会・研究だより」に、本編九章と家臣団八章を「若狭小浜歴史研究会・歴史だより」に連載したものを集成したものである。

当初は「若狭武田氏」に関する最新の研究は二〇一五年一〇月に福井県立若狭歴史博物館特別展示『図録若狭武田氏』が発行され注目を集めたが、その後、二〇一六年九月発行の幅広いデータによる木下聡氏編『若狭武田氏』があり、二〇二一年一月に広島大学に学び若狭武田氏の前身である安芸国の武田氏に造詣の深い河村昭一氏著『若狭武田氏と家臣団』が刊行されて、好研究書が揃った感があった。ただ地元に住んでいる人間として感じたことは、若狭武田氏の地元である福井県嶺南地区（若狭武田氏の領有エリア）の旧家に云い伝わる伝承や真偽が不明な伝承の解析が、より身近な人としての若狭武田氏を語ることが出来るのではないかと考え、この点に着目して若狭武田氏とはどんな武家集団であったのかを描き出してみようと構想を考え書き出し始めたのが本書である。

それと同時に現代人から見た中世の武家とはどのような人生観を持ち武家社会とその仕組みとは何かを調べるうちに、全時代に共通する人間社会の論理と倫理とは何かを見ることが出来るのである。以下、若狭武田氏のルーツは常陸国（茨城）・甲斐国（山梨）・安芸国（広島）と経由して若狭国へ、そして若狭国での一四三年間の展開と終焉を語ることとする。

目次

「はじめに」

若狭武田氏の発祥の地Ⅰ

—常陸国那賀郡武田郷（現茨城県ひたちなか市武田）—

清和源氏流 武田氏の三流—甲斐武田氏・安芸武田氏・若狭武田氏—

発祥地は常陸の国那賀郡武田郷『和名抄』＊1（現茨城県ひたちなか市武田）である。清和源氏 源 八幡太郎義家の弟である三郎義光が三男の義清に所領を与え、その地の名武田から姓を武田氏「武田冠者義清」＊2 と名乗った事から始まる。その拠点候補地は那珂川左岸（北側）の沖積平野の標高二十六メートルほど高い舌状台地の南側の見晴らしの良い位置にあったとされている。＊3（現在の武田氏館資料館の位置は常磐線の工事のために台地の北部の位置に移されている。写真）

清和源氏出身の武士たちは、既に古豪族の藤原氏系統や、清和源氏よりも発祥が五十年近く早く既に活動が始まっていた桓武平氏の武士たちの関東・東北への進出に比べ遅れてこの地にやって来た。

この地に移動するのは都の中央政府から補任（任を受ける）されて来るので京都の高官（太政大臣等）との信頼関係がなければ成立しない。

桓武平氏＊4

桓武平氏は桓武天皇（在位七八一年〜八〇六年）の皇子葛原親王の子高望王が賜姓降下＊5 して平朝臣となり寛平元年（八八九年）頃、平氏が始まる。系統・年代詳細には異説もあり。

清和源氏＊4

清和源氏は清和天皇（在位八五八年〜八七六年）の皇子貞純親王の子経基王が賜姓降下して源 経基を名乗り承平八年（九三六年）頃、清和源氏が始まった。系統・年代詳細の異説もあり。

以下、清和源氏歴代の関東地区との関わりについて簡略に見てみる。

源 経基

初代 源 経基は時の太政大臣藤原忠平によって承平八年（九三八年）武蔵守として現地に赴任する。この時の関東地方は東関東の平将門等のかつて都から移り住み発展し、経済力を背景に力をつけた勢力が住む地域であった。経基もこの事変「承平の乱」に直面し、いち早く事態が簡単ではなくいずれ都に大きな災いを起こす事になる事を都に訴えたが、かえって将門らの反訴に会い苦しい立場に立たされることになる。慣れない役目を果たす立場に立たされ、大した武力を持たず、また地方の発展した現状を知らないで現状の問題解決は困難であった。

しかし、事変終了後、忠平には評価されて筑前守、伊予守などを経て鎮守府将軍となった。この時以来、清和源氏一門は摂関家藤原氏の下で、この後の子孫が都に近い畿内の摂津、大和、河内に配置されるが、地方の争いの仲介や鎮圧のために関東、東北地方を中心に派遣される事になる。

源 満仲

経基の後を継いだのは嫡男源 満仲であった。満仲は父から引き継いだ藤原摂関家との関係の緊密さの維持に努めた。満仲は地方官として摂津・越前・越後・伊予・陸奥の受領を経験するが主に都の周辺が多く・

離京を避けたと言われている。それは都の複雑な人間関係を知り尽くしていたため家門の保守に力を注いだといわれ、その結果として、家族共々安定した境遇を得て一門は発展した。

満仲は安和の変（六九六年）では醍醐天皇の皇子で左大臣源高明（醍醐源氏）の抬頭に対し藤原摂関家を守った。息子達も同じ道を歩むようになる。

満仲は摂津の多田盆地に入部して開拓し武士団を育てて形成した後、この地で郎等・女房達と出家して「菩提心を起こして出家」『小右記』と書かれている。

長男頼光は摂津の国多田を本拠として摂津源氏、次男頼親は大和の国・他を本拠地として大和源氏、三男頼信は河内の国壷井を本拠地とした河内源氏となる。

源　頼光

満仲の嫡男として生まれ大江山の鬼退治で有名な頼光（らいこう）である。頼光はこの伝説以外は、戦いで活躍した記録はなく、もっぱら弟の頼親と同様に摂関家の都の近くの国守（摂津・伊予・但馬・美濃）を経験しているが遠地へ赴いた記録はなく、藤原道長の時代になって「朝家の守護」として都を守る事と多田の地で後の清和源氏の興隆に貢献した。

源　頼信

満仲の三男である頼信は兄たちとは違っていた。当初は兄たちと同じように摂関家藤原道兼ついで道長に仕えたが、諸国の受領上野・常陸・石見・鎮守府将軍・伊勢・甲斐（従四位下）・美濃・相模・河内（従四位上）と多くの任地を経験するが甲斐守在任の時に長元四年（一〇二八年）「平忠常の乱」が起きる。平忠常はかつて頼信との主従関係にあり戦わずして頼信の説得に応じたのである。この時以降関東の武士は頼信の河内源氏と主従関係を結ぶようになり後の東国支配の武家源氏の礎となった。

源　頼義

武人としての誉れ高い源氏の源頼信の後を継いだのは嫡男の頼義であった。

父の頼信は当時の関白藤原頼道に対し、長男頼義を武人として、次男を蔵人（官吏）に推薦する。「中外抄」＊6

頼義は平忠常の乱の際に父頼信に同行して弓の手を披露し武勇の才気を見せるが乱後帰国して、小一条院敦明親王（第六七代三条天皇の第一皇子）の判官代としてその側近として仕え重用される。このため受領になるのは相模守が初めてで同僚たちと比べて年長になっていた。ただこの間に平忠常の乱の際に鎮圧に失敗して源頼信・頼義親子に助けられた桓武平氏の嫡流の平直方から自身の娘との婚姻関係を持ちかけられ直方の所領を譲り受ける事になる。源氏の嫡流が歴史的に先行する平の嫡流との婚姻は源氏の力を世に見せる結果になった。そればかりかこの婚姻で三人の息子に恵まれる。義家、義綱、義光である。長男義家は京都の石清水八幡宮で元服して八幡太郎義家と名乗り、次男義綱は賀茂神社で元服して賀茂次郎義綱を名乗り、三男義光は新羅大明神で元服して新羅三郎義光を名乗った。この三人の息子たちは父頼義の力となって活躍する。

　永承六年（一〇五一年）陸奥守であった藤原登任が奥六郡（律令下の胆沢郡、江刺郡、和賀郡、紫波郡、稗貫郡、岩手郡）を支配する安倍氏に戦いに敗れて解任されたのである。朝廷は頼義に陸奥守と鎮守府将軍を兼任させて奥州の擾乱の平定を期待した。頼義は赴任し安倍氏と対面し安倍頼良は恭順して都へ報告した。おりしも上東門院（藤原彰子）の病気平癒の恩赦として許された。

　前九年の役　そして五年が経ち陸奥守の任期が終わり周囲の武士たちと別れの宴を終えて帰途に就いた時に恭順していた頼良（改め頼時）の嫡男安倍貞任の反乱が起き、頼義の側からも同調する動きがあり、都に援軍を要請したが頼義の重任を決めたものの援軍はすぐに来ず頼義の軍が単独で安倍貞任の河崎柵に向かって進軍した。途中の黄海の地で準備充分な安倍貞任の軍と戦いになった。頼義の軍は慣れない地で苦戦を強いられ追い詰められたが義家の弓による孤軍奮闘で九死に一生を得たが惨敗に終わった。この後、朝廷は陸奥守に高階常重を送るが陸奥国の郡司や武士たちは信頼せず頼義の支持を望んだために、頼義の三度目の陸奥守を任じ、奥州の騒乱の鎮圧を命じた。

　頼義は、今度は作戦を練り奥羽山脈の西側（現秋田県側）に拠点を持つ清原氏を味方に付け、安倍氏に蝦夷との交易の利権を奪われている現状を逆転させる話を持ちかけて、朝廷からは贈り物を贈らせて強い要請がある事を諭して参戦を要請した。清原氏の当主である清原光頼は弟の清原武則に一万の兵を率いさせて頼義の下へ参じさせた。頼義軍は合計一万三千の兵力になり大軍団となった。頼義はこの兵力を七陣に分け第五陣に清原武則と同席して統率した。

　頼義軍は先ず小松の柵を攻めて落とし、この後安倍貞任軍の奇襲を受けるが追い返し、武則の軍は衣川柵まで相手を追いやった。この衣川柵の戦いで安倍軍の武将の殆どが戦死し、安倍貞任は鳥海柵へ敗走し、更に鳥海柵から厨川柵へと移って抵抗したが頼義の火責めによって厨川柵館は焼かれ全滅した。

　頼義は都へ凱旋して、息子たち、清原一族の武将らと論功行賞を受けて、自身は正四位下伊与守（畿内周囲の国では最も豊かな国）に任命された。

その後は、出家し、これまでの戦いで命を落とした敵味方の兵の為に御堂を建て〔滅罪生善〕に励んだという。河内源氏の氏神である石清水八幡宮を地元壷井に勧請して壷井八幡宮（大阪府羽曳野市）、鶴岡若宮（現鎌倉市鶴岡八幡宮の前身）、大宮八幡宮（東京都杉並区）を創建した。

源　義家（一〇三九年～一一〇六年）

源頼義の嫡男源八幡太郎義家は軍神と言われたほどの伝説を持つ清和源氏の代表格である。しかし現実の義家像は困難と逆境の中を生き抜いた生涯であった。若き時代から鎮守府将軍・陸奥守であった父頼義に従い父と共に戦った。前九年の役では大軍の安倍氏を相手に追い詰められ父と共に数騎になったが弓の名手で打てば命中する活躍で九死に一生を得た敗れた後に奥羽山脈の西側に本拠のあった清原氏に援助を頼み一万人の兵の応援を得たその時の清原氏の記録には「平身低頭にあり」と記されている。康平六年（一〇六三年）に従五位下出羽守に叙任された。この後いくつかの国事に関わる紛争を解決した後、永保元年（一〇八一年）関白藤原師実の護衛を官職なしで行い、白河天皇の春日神社行幸に際して甲冑を付け一〇〇名の兵を率いて護衛した。官職によらず天皇を護衛することが定例となる事の始まりであった。

永保三年（一〇八三年）陸奥守になり、出羽の国の清原氏の内紛に追討官符なしで介入し苦戦するが。弟の義光が都の官位を捨てて加勢もあって勝利する。しかし朝廷ではこの争いを私戦とされて恩賞はなく、陸奥守をも罷免された。義家は動員した兵に私財から恩賞を与えた。後に源氏の恩として現地の武士の間で永く記憶され後世に関わる事になる。義家は戦時に自身の税の未納があったため新たな官職には就けず、官位もそのまま据え置かれたが、一〇年後に白河法王から正四位下を受領した。『中右記』＊7

源　義光（一〇四五年〜一一二七年）

源　新羅三郎義光は源頼義の三男である。母は桓武平氏嫡流平直方の娘である。祖父の源頼信と父源頼義が〔平忠常の乱」の時に関東に出向いた時に源氏よりも先行して関東に土着していた平氏と源氏の関係が出来て義家を初めとする兄弟が誕生した。

後三年の役（一〇八七年）の時に兄義家の苦戦を聞き都の官を辞して陸奥の国に向かい、義家と共に金沢柵に清原武衡・家衡を包囲し自ら交渉に入ろうとして義家に止められた。都に帰った義光は刑部丞に任ぜられ、常陸介、甲斐守を経て従五位上に至った後、常陸国の有力豪族の常陸平氏吉田一族から妻を得て、常陸国を自分の系統の勢力の生きる国の一つに決めて展開して行く。

義光がこの地を選んだのは、飛鳥の時代以前から大和の国の最東には金色の太陽が輝く日立つ国がある、藤原（中臣）鎌足の出身は鹿島であると主張するなど信仰の対象になる地であった。列島の最東の広大な台地に紺碧（青と緑）の海の彼方から登る太陽の光を浴び万物が享受し成長する世界、これこそが最も幸せな国であると感じ、考えに他ならない。その後の常陸の源氏はこの地で五百年間の繁栄を続ける。戦国時代に関ケ原の戦いでは中立の立場を取り結果は出羽の国（秋田）へ転封となり秋田の地で幕末まで続いた。

佐竹家の家紋は後世の作と言われるが、扇に月（日の丸）である。

義光はその後源氏の内部で内紛が起きるが義光には変化なく、子孫はそれぞれ発展した。自身は三男であるから息子達は今の所領や都での発展は無理なので地方に展開を求めた。子孫は武田氏、佐竹氏以外には**平賀氏、小笠原氏、南部氏、簗瀬氏**等である。

義光は三男であり部門の中心は兄義家にあると心得て、現実の権力の世界には拘らずその芸や術に力を注いだ。弓馬の術にたけ、流鏑馬に代表される弓術、馬術、礼法の武家の心と形を整え、流派武田流、小笠原流等の基になる基本を残して現在に伝えている。武田氏の嫡流に伝わる弓術・盾無鎧は有名である。又義光は音曲をよくしたと伝えられている。笙は藤原時忠から学んだ。

源義光嫡男　源義業　常陸国久慈具郡佐竹郷へ進出

先ず長男の義業に在地の常陸大掾平致幹の弟吉田太郎清幹の娘を娶らせ、常陸国の北側の久慈郡佐竹郷に配し佐竹氏を名乗った。この後義業の長子昌義は佐竹郷天神林の馬坂城（佐竹城・馬坂城）に拠って常陸の国への進出を図った。佐竹冠者昌義と名乗った。佐竹氏は佐竹城から太田城へと移り常陸奥七軍を手中に治め、やがて常陸国北部七郡を支配した。南部を支配する平家の一門大掾氏と結び勢力を持ったが寿永の乱では平家に味方した為一時は窮地に立ったが奥州合戦に参加して回復した。鎌倉時代は領内に地頭職などの多くの新興の武士が入り込んだが元弘の乱では足利尊氏に従い室町幕府の守護となった。戦国時代になると第一五代当主義舜が出て常陸国北部を制圧した。

　続いて曽孫の第一八代義重は常陸の国の大半を抑え、子の義宣は秀吉に従い小田原参陣によって出羽国（秋田）に転封となった。城攻めに参加して五十四万石を得て、与力で一門の岩城氏を加えると八〇万石の大大名となった。だが関ケ原の戦いでは中立の立場を取ったため徳川幕府によって出羽国（秋田）に減封となった。

源義光三男　源義清　常陸国那賀郡武田郷へ進出

　三男の義清には那珂川北岸の那賀郡武田郷に配した。この義清が武田氏の始祖となった。この地は義光が佐竹郷に比べて隣接地に先行の競合者が多く難事があると考えていたと伝えられている。

〔一所懸命の所領〕―武家の苛烈な土地争いの始まり

　古来から、日本の耕作地は、弥生時代から始まる稲作を中心とする穀物栽培による食資が中心であり、その地に根を張るにはその条件に合う環境がなければならない。水利と平坦な平野が必要であるが、関東平野は永い時間をかけて西の高い山からの岩石の堆積と南の海底の隆起によってできた日本国内一の広大な堆積平野であり何処までも山が見えない地である。畿内の平野と比較すれば、都の人口の増加と都の将来に備えると理想的な耕作地であった。

　関東地方は集落が大規模化した古墳時代から、首長の権限で大規模なプロジェクトによる開拓が行われていた。例えば群馬県の利根川水系の開拓は水田を確保するために川の流れを変える工事を行い、水利を確保して、又洪水の危険を避け、更に水路を作り水田に効率よく供給するシステムを作り上げるのに一〇〇人以上が住居を移動して行っているのである。

　義清は武田郷に着任した。赴任した武家は領地の収入・土地の管理・訴訟・治安・都への税金の納入が義務付けられており、周囲の武士の動きに気を遣わなければならなかった。この地は既に周囲に平繁幹の次男で地元の吉田姓を名乗り吉田郡の郡司を相伝する吉田清幹・盛幹父子がおり、吉田神社・鹿島神宮の中臣氏などの寺社領があった。特に古豪吉田清幹の警戒心が強かった。

　義光には冒頭で述べたように平氏に遅れて源氏が入部する事の困難さを考え、この地に入部当初から一つの構想があったのではないかと言われている。それは嫡男義業には、常陸の国の南部は既に藤原氏や平氏の系統が入っているので、北部の久慈川沿いの未開拓の平野の開拓をさせ、三男義清にはその南側を持たせて北部の義業の開拓を容易にさせるという兄弟の共同作業として考えていたというのである。義業は前述のように順調に発展し成功した。

　しかし、義光が案じた通り、義清の子清光が吉田盛幹らとの抗争による吉田一族の訴えから国司常陸介藤原盛輔より訴状を都に出され受理され、大治五年（一一三〇年）義清・清光父子は勅勘を蒙り、朝廷より移住させられたのである。

「常陸国司申　住人清光　濫行事等也　子細見目録」『長秋記』＊8

（常陸の国司申す　住人の清光　濫行の事などなり　子細目録に見る）
この間、三〇年間の年月であった。
（完）

写真は茨城県ひたちなか市武田にある武田氏館の復元屋敷。

注記＊

＊1　**和名抄**『和名類聚鈔』（わみょうるいじゅうしょう）源順（九一一～九八三）著　日本で初めての文物の分類書、内容は広い範囲に亘っている。

＊2　**冠者**（かじゃ）：元の意味は元服した男性を指すが、独立した武士の事。

＊3　**志田諄一氏**（しだじゅんいち一九二九～二〇一一年　茨城キリスト教大学学長、茨城県教育委員長、茨城県文化財保護審議委員を歴任、武田氏の故地の研究に永く関わった研究者）説による。考古学上の常陸国の武田氏遺跡と確定できるものは未だ発掘されていない。

＊4　**桓武平氏、清和源氏**等と呼ぶのは、古墳時代～古代にかけて中央政権の王族が多くの王子の中で後継者は一人を選ぶことから、その兄弟を王の臣下として都に配置するか、地方の豪族の養子として派遣するかであったが、古代に入り中央政権が安定し政権の規模が大きくなると都での役目が増大し賜姓降下として、臣籍降下が定着して、都に住むか周囲の畿内の地などに拠点を持つようになった。平安時代はその初期から歴代天皇の皇子達が多く賜姓降下してその出自として呼ぶようになった。例嵯峨源氏、醍醐源氏、村上源氏等。

＊5　**賜姓降下（しせいこうか）**：臣籍降下（しんせきこうか）と同じ。皇籍から臣籍へ移籍する事。

＊6　**『中外抄』**（関白藤原忠実一〇七八年＝一一六二年）の口述を中原諸元（大外記）が筆談した記録集。

＊7　**『小右記』**藤原実資（九五七年～一〇四六年）の日記。

＊8　**長秋記**　源師時（厳中納言皇后宮権太夫）による寛治元年（一一三六年）に至る約五〇年間の記録

若狭武田氏の発祥の地Ⅱ

—甲斐源氏武田氏の成長と展開—

—甲斐国平塩岡（現山梨県西八代郡市川大門町）—
—甲斐国逸見（現山梨県北巨摩郡逸見）—（嫡男清光）

前回、常陸国（茨城県）に清和源氏の源頼義の三男源義光の嫡子義業と三男義清の兄弟が土着して三十年間の活動の後に武田郷の地で武田姓を名乗った武田義清とその長男清光父子が常陸国を出て甲斐国へ転出した事を述べたが、その地は歴代の清和源氏が過去に国守として補任された事がある地であった。国守として補任されたのは三代にわたる曽祖父源頼信、祖父（頼信嫡男頼義）、父（頼義三男義光）であったが、この内、前二者は京都在住であったが、義光は現地赴任の経歴があった。

義清父子が一一三〇年に転任した場所は市河庄の荘園でその地位は荘官であった。

義清父子の最初の地は平塩岡であったが、嫡男の清光はやがて逸見の地へ進出した。

清光は当時二十一才であり、後に男女合わせて二〇人以上の子を持ち、その内十五名が男子（尊卑分脈による）であった。甲斐の地は山が多くそれぞれの谷に集落があり、その在地の名や旧家に養子として跡目を継ぎ独立した家として家名を名乗る事になるが、この後の時代に於いてもその流れは変わらず、時代を経ている間にそれぞれの家系には栄枯盛衰があり、絶えそうになっても跡目を継ぐ人が現れて継続されて大きな同族集団に発展した。このことは後の世の中央政権や大豪族の権力争いに参加させられ、ある時はその力になって貢献し、又ある場合には多大の被害をこうむる事になる。又武田氏全体の内部での闘争による相克が起きる事になる。又、各家の地位もそれぞれの時代に合わせて変化があり、本家でさえも例外ではなかったという研究者の指摘もある。

ここでは異説もある中で一応従来の研究成果である系図を中心に順を追って述べる。

因みに山梨県の歴史の研究は県内、県外を問わず意欲的に進み山梨県史全巻が書き換えられ西暦二〇〇〇年を中心に刊行され、手堅い書となっているのでこの書を中心に進めて行く事になるが、本文の目的が**「若狭武田氏の歴史」にあるので後にこの甲斐の国から出た安芸の国の分流が若狭の国に移り、その関連の歴史を中心に述べる事になる。又、若狭国にはこの山梨の歴史の多くの要素が引き継がれて若狭国に移り残っている。そのためこれから武田氏から出た別姓の武家の名前が多く出るが、後の若狭国の武田氏の家臣にその名が多く見られるので注目されたい。**

清光（甲斐源氏武田氏の祖）は居を構えた地の逸見の名を取り逸見冠者と呼ばれた。

その多くの子供たちはそれぞれに家族を増やした。長男光長は父の名を継ぎ**逸見氏**（現須玉町か）を、双子の兄弟の弟信義は祖父の義清の**武田氏**（現韮崎市）を継ぎ。三男遠光は**加賀美氏**（南アルプス市）を、四男義定は**安田氏**（現山梨市）を、五男清隆は**安井氏**（現石和町）を、六男長義は**河内氏**（現石和町）を、七男光義は**田井氏**を、八男厳尊（僧）

は**曾祢氏**（現中道町）を、九男義行は**奈古氏**（南アルプス市）を、十男良成は**浅利氏**か（現豊富村）、十一男信清は**矢代氏**か、十二男吉氏は**利見氏**か、を名乗り一家を形成した。

又、その次世代は光長には二名の男子、武田氏本流を継いだ信義には信光が**武田氏本流**を、頼忠が**一条氏**（現甲府市）を、兼信が**板垣氏**（現甲府市）を、有義の子有信が**吉田氏**を継ぎ、三男遠光の子光朝が**秋山氏**（現南アルプス市）を、長清が**小笠原氏**（現南アルプス市）を、光行が**南部氏**（現南部町）を、光経が**於曽氏**を。このように後に名家になる家系が末広がり的に家名を持つ武家の一族が出来上がったのである。これは武田家の特徴であり、甲斐の国に多くの武田氏由来の武家を短期間で形成したのである。

しかし、この武田氏の繁栄の時期に日本の中央政権の変化の動きによってその影響を受け、特に平家の隆盛と没落の時代を迎えて紛糾し、それが甲斐の国にも波乱を起こすのである。平家追討の主力は源氏であり、既に平家に関わっていた一族や、源氏に従わなければならない武家や、又その両者の相克に甲斐源氏武田氏の内部でも混乱が起きたのである。

平治・治承・寿永の乱（一〇五九年～一一八三年）

この時代に直面したのは信義とその子供達の世代であった。

平治の乱（一一五九年）の際には武田氏の主力は動かなかったが、源義朝側に井沢信景が参加している（吾妻鏡）。

鎌倉時代

源頼朝が（一一八〇年）挙兵した石橋山の戦いでは一族の平井氏が平家方の大庭景親の傘下で参加し戦死している。八月には安田義定と工藤景光らは富士北麓の戦いで平家と戦い勝利している。一方、信義たちは信濃へ遠征してから甲斐に帰り、頼朝の使者北条時政を迎えている（吾妻鏡）。

一〇月、富士川の合戦で安田義定、武田信義は平家と対峙して、夜に背後を襲い平家の敗走を誘う。

一〇月、安田義定は遠江国守護、武田信義は駿河の国守護を命ぜられる。

一一八三年、安田義定　東海道の平家追討使を命じられる。

一一八四年、一条忠頼等、源範頼、義経と共に木曽義仲を粟津浜で滅ぼす。

このような戦功を上げた甲斐源氏武田氏であったが、その勢いと過誤に危惧を感じた旧領主や守護代によって朝廷に訴えが起こされ、頼朝によって咎められ誅される一族が出るようになる。

一一八五年、武田有義、源範頼の長門入りに従う。平家滅亡。

同　五月　対馬国守護河内義長、頼朝の命で旧守護親光を韓国より召還させる。

同　八月　加賀美遠光を信濃守に、安田義資を越後守に叙任される。
（尚、未確認ながらこの時期に武田信光が安芸守護に叙任されていた可能性もある。）

一一八七年　奥州征伐に武田信義、安田義定父子、加賀美遠光父子、浅利遠義、武田有義、南部光行らが参加する。武田信光は安芸国守護に任ぜられる。

その一方で、この直後に前後して、一条忠頼が頼朝に謀殺される。（吾妻鏡）、一条行忠が常陸に配流後死去。板垣兼信が違勅事件に関与して

朝廷から指摘され隠岐の島へ配流（吾妻鏡）。安田義忠・義資父子処断される。（吾妻鏡）

源頼朝の権限はまだ確立しておらず、所領をめぐっての領主や寺院や公家たちの朝廷への訴えを提示されれば、部下の処断をせざるを得なかったのである。

一二一三年、五月　**和田合戦**の勲功として都留郡の一部を武田信光らに与えられる。

一二二一年、五月　**承久の乱**。

東山道大将軍に武田信光・小笠原長清として総勢五万余騎出陣（**吾妻鏡**）

鎌倉幕府軍の勝利に貢献。

武田信光に乱後の恩賞として**安芸の国の守護**、**小笠原長清の子長経に阿波の守護**、**逸見惟義に和泉の国の守護**、**その他の甲斐源氏一族**には全国の多くの**地頭職**を与えられ西国に広く進出した。

乱後**北条氏が執権**となり執権体制が固まると**北条泰時**の時代に**御成敗式目**（ごせいばいしきもく）**を作り**、得宗家（**北条氏の家督**）に仕える**家人**を組織化し、武田家も加わる。

一二七四年、十一月　**文永の役**　**モンゴル軍の来襲**。**幕府は得宗専制政治化**へ進む。

一二八一年、六月　**弘安の役**　**再度モンゴル軍の来襲**。

この頃、**安芸の国の守護は武田氏から北条氏へ換わる**。

武田氏一族は甲斐の国の特徴である小武士集団の集合体として、鎌倉時代に多くの戦いを経験しながら逞しく成長してその支族と共に西日本を中心に日本全国へ広がったのである。

＊武田氏の安芸国守護拝命の時期は源頼朝が平氏を滅亡させた時点で成立していた可能性が高いのであるが、途中で北条氏が代わるなどその地位は必ずしも常に安定した地位であったわけではない。甲斐の国と兼任であるから現地には守護代などを置いて実務を行わせていた可能性もある。

室町時代

鎌倉幕府の終焉は、平安時代から続いた日本列島全域の開拓の時代を藤原氏・平氏、やや遅れて源氏を祖とする武士集団が領地（耕作地・資源採取地）の開拓と増進を進めて来て、その活動が成果を上げ、日本列島内に人口の増加と生産力を身に着け従来の都と地方のバランスの上で地方が力を着けてきた時代であった。平将門・平忠常に代表するような武士が現れて武家のように実地をよく知る集団の抬頭の時代が平安時代後期であり、その更なる発展が鎌倉時代であったが、源頼朝の死後、北条氏は武家合議制で出発して当初は承久の乱など武家の中で結束が固かったが、時が経過し、当初の主力武家たちは滅ぼされて、元寇以降、得宗家専制政治に変わり、元寇を経て北条氏の日本国トップとしての基盤の弱さが国内の不満を生み、武家の不満をも抑えられなくなり、その欠陥を補うように古代・上古・中古の古来の王朝政治への憧憬を生み、後に「建武の中興」と言われる変革を呼び起こすことになる。

一三三三年、五月**鎌倉幕府滅亡**。

一三三三年、七月**建武の新政**が始まる。

室町時代の始まりは鎌倉時代の政治への不信から、鎌倉時代後期から国内に起きていた古代政治への憧憬による天皇家による親政が新しい時代として一部に強く考えられて鎌倉幕府滅亡後に新政権が作られた。

新政権の方向は古来の政治と政治機構・利権を復活させる傾向の政策であった。

これは前述の通り平安時代後期から鎌倉幕府に継承された農地の開拓・食資採取の増産等のために尽力した全国の武士たちにとって古代の苦難に満ちた時代を思い出させる政策方針であった。

その不信の考えを持つ武士の代表に選ばれたのは鎌倉時代から地方の大豪族足利氏であった。足利氏はかつての源家の惣領であった源義家（みなもとよしいえ）の子義国（よしくに）を先祖に持つ家であったので、源頼朝に代わる「武家の棟梁」と考えられた。

足利尊氏は新政権に反旗を翻し、一時は京都の都を追われるが、同調者がいる西国と九州に入り自身に共鳴する武家を集めて再び京都に攻め入って帰り、都の実権を握る事になる。

この時代における武田氏一族の動きを鳥瞰すると、本家当主は石和流武田政義（まさよし）であり、安芸国は武田信宗・信武父子が中心であった。特に信武は後にも尊氏に共鳴し一貫して従った。

鎌倉攻めには**南部五郎時長**（なんぶごろうときなが）が息子行長と参加し、**南部六郎政長**（まさなが）は奥州から参加した。

京都では建武元年（一三三四年）正月の宮中行事の「的始（まとはじめ）」には武田駿河守（するがのかみ）、小笠原貞宗（さだむね）が参加、「笠懸（かさがけ）」には**小笠原貞宗**、**小笠原長俊**、**小笠原宣貞**、**武田石和三郎政義**（いさわ・まさよし）、**秋山光助**（みつすけ）、が射手として参加するなど新政権の国事には武田一族が多く名が見える。

地方では一三三三年、北畠顕家が陸奥国に赴いたがその際に南部氏が従った。同年足利直義（ただよし）が鎌倉府（かまくらふ）に入り関東十か国を管轄して翌一三三四年に「関東廂番（かんとうひさしばん）」を設けたが。その一番に**武田時風**（ときかぜ）の名がある。

尊氏が新政権と対立してからは一三三五年**安芸国守護武田信武**が安芸国の**波多野景氏**（はたのかげうじ）、**逸見有朝**（へみありとも）、**三戸頼明**（みとよりあき）、**吉川実経**（きつかわさねつね）、**周防親家**（すおうちかいえ）等を率いて一三三六年正月京都で尊氏と合流した。

尊氏が一時西国に逃れて京都に復帰した一三三六年七月の後は、信武は京都に駐在し畿内とその周辺の戦いに転戦した。

一方では一族である**小笠原頼清**、**武田信貞**（のぶさだ）等は新政権の南朝武者所の当番を務めていた。

甲斐の国でも反足利の動きをして南朝側についた武家がいた。

足利政権が出来た後も南北朝の両立時代を迎えて一部に反足利の動きがあり、甲斐国では**守護**を務めた**武田政長**が南朝側との戦いで戦死している。

観応の擾乱（一三四九年〜一三五二年）

（**足利尊氏と弟直義の争い**）の際も武田信武は尊氏に忠誠を誓い子供の公信（きみのぶ）等と甲斐国周辺の地区を警備し、長男信成（のぶなり）は直義軍側の甲斐への侵入を防いだ。一四五二年の**新田義貞遺児義興**、**義宗**等が上野国で蜂起した時に尊氏が武蔵国の狩野川へ逃れた際も同じ武蔵国人見原（むさしのくにひとみはら）での合戦には**信武**と子**信成**、孫の**信春**（のぶはる）、**波多野清秀**（はたのきよひで）、**田武道儀**（たたけどうぎ）、**武田周防守**（すおうのかみ）、**逸見掃部守**（へんみかもんのかみ）、**同　蔵人**（くらんど）等他、**一条**、**逸見**、**板垣**、**白洲**（しらす）、**南部**、**下山の各氏**を率いて戦った。京都では一三五三年、足利直義の死後直義の養子になっていた**直冬**（**尊氏の庶子**）と**南朝**が一時都を占領した時は**義詮**が美濃へのがれ鎌倉の尊氏に援軍を求めた。尊氏が鎌倉を出ると**武田信武**は関東の武家、小山氏や結城氏と共に息子公信も金子信康を連れて、孫信春も波多野清秀を連れて甲府から上洛して合流した。一三五四年にも直冬の攻撃を受けて都を近江へ逃れるが翌年三月には奪回して京都へ帰る。この時の臨幸奉行は信武であった。

〔源威集〕この時の甲斐国では孫**信春**が鎮圧に当たった。

一三五六年には直冬の協力者斯波高経が帰参し内乱の終止符が見え始めた。しかし、

一三五八年、四月**尊氏が死去**した。

一三五九年、四月**尊氏の後継者義詮**が南朝討伐軍を鎌倉府の畠山国清を上洛させた。

しかし尊氏の死去の影響はあまりにも大きく、各地に南朝指示の武家たちが残っていた。

一三六三年、元**直義側だった**上杉憲顕が関東管領足利基氏に帰参を申し入れて関東管領に任命され、**関東公方足利基氏・関東管領上杉氏**という体制が出来上がった。この基に関東の安定、鎌倉府の基盤確立の基盤への戦いは続けられていった。

鎌倉府の動員には甲斐国の武士たちも応じた。**南部法言**は**関東公方基氏**に、基氏の死後子の**氏満**に従い関東での南朝勢力との戦いに参戦した。

しかし、

一三六七年、**後村上天皇**が甲斐国の所領を南部氏の三氏に贈っており未だ続いていた。

一三九二年、十月　**南北朝和解が成立。南朝後亀山から北朝後小松に三種の神器が渡る。**

一三九三年春、甲斐国内の**南部氏**が陸奥の国（南部氏八戸家系）に帰る。甲斐国から南朝勢力は一掃される。甲斐国内ではこれにより南北争乱の歴史は終息を迎える。

室町期時代前半の武田氏は信武（武田家第七代）を中心に子信成（武田家第八代）、孫信春（武田家第九代）と多くの同族家臣団が中央の政治に関係する戦いに、概ね尊氏に従う中で南朝の支持者も存在した事を見てきたが、ここで武田氏とその一族の内部ではどのような変化があったのかを見てみる。

この時代の直前の甲斐国守護は武田家の本家は武田石和流政義であった。

一三三一年、朝廷が幕府に対し倒幕計画を密告され明らかになると幕府は武田三郎正政義に一族率いて倒幕側を討つように命が下り笠置山へ向かうのである。

前述の通り一三三四年の北山殿の笠懸の射手交名として名があるので存在は間違いない。しかし次の信武が記録に表れるのは一三五三年からなので二十年近くの時差がある。

この**政義**が何時、何故解任されたのか、山梨県史は次のように推論している。

一三五一年、**足利直義**（尊氏の弟―この時反乱を起こしていた）の家臣**石塔義房**が安全に逃げる先を自身の国甲斐国と言っている。観応の擾乱以前の甲斐の国守は尊氏側なので反尊氏の石塔が守護ではない。この

時既に尊氏の腹心**高氏**に代わっていたのではないか。その**高氏**に代わって**直義**が**石堂氏**を補任したのではないか。**高師冬**がこの時甲斐国の須澤城で敗死している。確証はないので今後の研究を待たなければならない。

次に**信武**であるが信武の記事が活躍しているのは記事が多いが**安芸守**は多いが**甲斐守**のものが極少ないのである。推測するとこの時点で安芸守が中心で甲斐の国は守護代ではないのかと思われる。子の**信成**と孫の**信春は甲斐守信武の代官**としての記事が多く、今結論を出すのならば二つの国両者の守護でありながら尊氏と共に戦いに明け暮れ、甲斐に帰る時間の少なかった信武は、甲斐国を信成と孫信春に任せて西国の武家を率いる惣領としての活動に徹していた人生であったと考えるべきであろう。安芸国内は二男**氏信**が守っていた。

一三五八年、足利尊氏が死去。武田信武は剃髪し家督を子供に移し現役を引退した。

南北朝統一後の時代―足利義満以降の時代

足利義満（将軍在位一三六八～一三九六）

この時代を迎えた武田氏はある事変から、今迄武田氏の歴史になかった危機を迎える事になる。それは室町時代前期に活躍した**信武・信成・信春**の時代を経た信春の息子**信満**（武田家の祖武田信義から数えて第十代目）の時代であった。信満の**息女**は**関東管領上杉禅秀**に嫁いでいた。

当時の甲斐国は**足利幕府鎌倉府**の**関東一〇ヶ国**、**後に奥羽・出羽を追加**の中にあり関東管領の管轄下にあった。

当時、関東管領を務める上杉家は四家（山内、宅間、犬掛、扇谷）であったが、その一家の犬懸上杉家に息女を嫁がせていた。信満は自国を盤石の存在にしておきたかった。

当時の鎌倉府は拡大の途中にあり、又鎌倉公方は初代**基氏**（尊氏の子―義詮の弟）から氏満、満兼、を経て**持氏**の時代であったが、公方を補佐する関東管領は上杉憲顕から代々上杉氏が継承していた。

組織は四代を経過すると各家に家督や知行地（与えられた土地）、血筋の相克などの不満から分裂現象が起き、その時の代において引き締めを行う必要があると言われるが、この時代に起きていたのは、鎌倉公方家では**持氏**と叔父**満隆**、関東管領内部では**山内上杉氏**と**犬懸上杉氏**の対立の兆しがあった。又、将軍家にも義満の跡を継いだ**義持**（第四代将軍）と義満が溺愛した異腹の弟**義嗣**の間にも対立が潜んでいた。

乱のきっかけは関東管領職の従来のしきたりである山内家・犬懸家が交互に職に就くという約束を実施していたが、一四一一年、犬懸山内家**上杉禅秀**が関東管領に就任する。この同時代の山内上杉家は病弱な上杉**憲定**（～一四一二年）であった。

上杉禅秀は管領職に就いたが、家臣の領地没収を鎌倉府評定で決まった事から管領職を辞任した。その際に持氏は直ちに認め山内上杉**憲基**を後任とした。この際に山内家からの讒訴があったという噂があった。その後禅秀は関東管領に復帰した。しかし、この持氏と禅秀の不和を聞いた京都の足利義嗣は禅僧を禅秀に派遣して働きかけを続けた。禅秀はこの話に乗り、**持氏**に対する**叔父満隆**とその猶氏となっていた**持仲**、**義嗣**と連携する事になった。これに参加したのは関東の守護クラスの武家達だった。下総の**千葉兼胤**、上野の**岩松満純**、下野の**那須資之**、陸奥の**笹川御所足利満直**、常陸の**山入与義**、それに自身の**娘**を嫁がせている**武田信満**であった。

一四一六年、一〇月、**満隆**、**持仲**が鎌倉で兵を挙げ、禅秀は持氏の御所を攻めた。持氏は駿河の今川範政のもとへ避難し、憲基は越後へ逃れ、禅秀は鎌倉を占拠した。満隆と持仲は公方と称した。しかし京都の室町幕府は持氏を支持した。関東諸家中に禅秀等追討の御教書を発した。禅秀方から脱落者が多く出て、翌年正月、満隆、持仲、禅秀は鎌倉の雪の下御坊で自害して、持氏は鎌倉に帰還した。義嗣は出家したが一四一八年、将軍義持の命を受けた富樫満成によって討たれた。

この件に関する武田信満側の史料が全くないが「鎌倉大草子」に持氏の厳しい処分が書かれている。武田氏は上杉憲宗率いる討伐軍に攻撃され一四一七年二月、奮戦後、木賊山で自害した。禅秀に嫁いだ息女も禅秀の死を聞き、「藤渡の川辺」（不詳）で、守り刀で腹を切り水中へ身を投げたという。

この乱の後の甲斐国はしばらくの間、守護不在の状態が続く。甲斐国では守護家武田信時流武田氏の衰退を捉えての動きが武田氏一族の内部から起きる。

逸見家は武田氏の中でも出自が名家であるにも関わらず、下風に置かれているのをよしとせず、以前から鎌倉公方持氏に仕えた**逸見有直**がいた。有直と持氏は良好な関係があり、その支持があった。持氏は有直を推挙して将軍義持に申請したが義持は認めず、実現しなかった。義持は、武田氏は前守護義春がよく忠誠に励んだとしてその子の信元を推挙した。僧侶であった信元には政治の経験が足りないと判断し、信春の息女の子であり、信元の甥に当る**信濃守護小笠原政康**に援助を命じた。信元は一四一八年に就任し一四二一に死去したと推定される。義持は信元に代わる次の守護候補に信元と共に事件当時京都に居て、高野山に入っていた信満の長男**信重**を推薦する。

一四二三年、信重の補任状は弟**信長**をはじめ九名に甲斐に帰る信重に属して忠節を尽くす事を命令している。しかし信重は、自身は在京して国には帰らない。帰れば逸見氏や穴山氏等が蜂起して混乱が起きるだろうと言い、細川満元、管領畠山満家に説得されたが応じなかった。

一四二八年、正月、**将軍義持**が死去。

一四二九年、三月、義持の弟義円（義宣後に**義教**）が将軍に就任。

一四三二年、信重を甲斐に返す事を指示するが持氏の動向が解らずと信重は応じず。

一四三九年、八月、義教が小笠原政康に命じ、信重の甲斐入国を扶持する命下る。

一四三九年、九月、**信重**、持氏討伐に参加。

信重は父信満の上杉禅秀の乱への加担の影響から中央政権と鎌倉府と国内の動きの不安から守護職を断り続けて、十七年後に帰還が実現したのである。一四五〇～一年死去。

信重の死後は子の**信守**であったが一四五五年に亡くなり、その子の**信昌**が九歳で後を継いだ。守護代に**跡部明海**とその子**景家**であった。跡部氏の専横があっても、信昌は成長し元服を済ませると幕府と直接交渉を行うようになり一四六五年頃には守護職を補任されていた。甲斐国はこの時点では鎌倉府から幕府管轄に移されていたが、幕府、鎌倉府からの戦いの誘いには参加せずひたすら国内の問題にかかわった。一四六六年、守護代跡部景家死去。信昌は更に甲斐国内の整備に力を注ぐが、それは半独立した武家を成長させ国内での群雄割拠を生み、信昌の子信縄(のぶつな)の時代には小合戦を起こして戦乱が日常的な光景になり、次の戦国時代の信虎・晴信（信玄）の時代と繋がって行くのである。

武田氏安芸国守護受任の歴史

冒頭で述べたように甲斐源氏武田氏は一一八〇年源頼朝挙兵の時から一族が頼朝に従い、富士川の合戦では平家の軍勢を敗走させた功績により一一八五年の平家滅亡の段階で安芸守(あきのかみ)を受任していた事を述べた。しかし、ここで注意しなければならないのは受任し補任されても長期補任(ぶにん)という保証はないので、中央政府の都合で六年後に代わるか、三〇年後か、また一〇〇年以上永く続くかは中央政府の任命次第で変化するという事である。武田氏も例外ではなく安芸国の守護を重任しても甲斐国と兼任であり、戦いがあればその場所に近い国の方を拠点として永く滞在するという事になる。武田氏が安芸の国に最初に赴任していたのは信義が頼朝に従い戦功をあげていた一一八〇年から一一八五年の間であるが、一一九六年には宗孝親(そうたかちか)に代わっているが、宗孝親は承久の乱で（一二二一年）は朝廷側についたため没収され武田信光（信義の子）が再任された。その後一二三五年には藤原親実(ふじわらちかざね)が周防(すおう)守護から安芸国の守護に移され焼失した厳島神社の造営を促進する。一二四五年には周防国守護に戻っている。その後は武田氏に戻されたと思われるが、文献上の記録は一二六九年の事で信光の孫信時の時代と思われる。

信時は一二七六年まで安芸守護職が確認されるが、一二八四年には**名越宗長**(なごしむねなが)が就任している。これはモンゴル襲来の対策で北条氏の身内が防禦の中心として当てられたものと思われる。

この時期以降、文献上に多く登場するのは鎌倉末期の元弘の乱のときからである。

一三三一年、後醍醐天皇が笠置山に籠って反幕の行動に出たが、幕府は大軍を西上させた。

この時の「交名(きょうみょう)」（名簿）の中に見えるのは武田三郎である。これは武田一族を纏めると共に甲斐国の御家人を指揮統率し甲斐国守護であることを意味するが、出陣したのが**武田政義**であったが、別動隊として武田伊豆守の名がありそれは当時安芸国にいた信宗である。

建武の新政と足利尊氏の離反

一三三三年、七月　建武政権が誕生。国司と守護が任召される。**武田信武**、安芸国守護を任じられたとする。甲斐国守護は**政義**。

一三三五年、一一月　**足利尊氏、政権に反旗を翻す**。信武は尊氏側に付く事を選び、安芸国内の武家に働きかけ多くの武家集まる。都に向けて進軍中、熊谷一族の父子に阻まれるが陥落させる。

一三三六年、正月　**信武**、入京して畿内各地で戦う。二月、尊氏破れ西国・九州へ逃れる。この間、安芸国は桃井義盛(ももいよしもり)と小早川一族が指揮する。

同　　、七月　**尊氏**、京都に帰還。**信武**、大将として畿内周辺の各地に転戦する。

一三三八年、正月　信武の留守を狙い石見国から南朝軍が侵入。守護代福島入道、三戸頼覚、周防親重が南軍勢の立て籠った火村山城を陥落させる。

観応の擾乱（一三四九～一三五二年）の結果

尊氏とその家臣高師直に対し尊氏の弟直義が反旗を翻した同族の争いはその家臣団を巻き込み幕府内の対立抗争に発展する。

安芸国守護信武とその子氏信は一貫して尊氏を指示して、直義側の武家と戦う。

南朝・北朝との対立も巻き込み混乱するが一三五二年の直義の死で幕を閉じる。

この間の戦いは**氏信**が統率力を発揮して安芸国を始め信武が率いた戦いの殆どを指揮した結果、信武の嫡子**信成**は甲斐国を、二男（長男説もある）**氏信**が安芸国を持つようになる。

氏信の統率力は軍事権だけでなく所領の管理も行っている。

氏信の守護職は一三六七年まで安芸国の記録に残るが、

一三七一年、前年九州探題に任じられた今川了俊が備後国、安芸国守護兼務となる。

当時まだ南北朝の争いが続いていたので、九州に居た南朝側の勢力を一掃するため備後・安芸両国の武士を結集してそれに当たる事を狙ったものと考えられている。

武田氏の安芸の国はこの後**分権守護**という形態で安芸国の一部を守護職として継続される。そして、信在、**信守**、**信繁**と続き信繁の子供たちが安芸国（**元網**）と若狭国（**信栄**）に分かれ、両国共に独立した国と城を持つようになる。それは次回に述べる。

武田氏の守護代家と武田氏と戦いを共にした家臣名

守護代　福島氏、内藤氏、武藤氏、他。

家　臣　吉川氏、周防氏、柏村氏、福島氏、熊谷氏、綿貫氏、三戸氏、毛利氏、遠藤氏、長江氏、南古氏、波多野氏、逸見氏、入野氏、田門氏、菅生氏、馬越氏、佐々井氏、宍戸氏、須河氏、新野氏、秋山氏、伯母野氏、金子氏、松井氏、小早川氏、阿曽沼氏、板垣氏、中村氏、他。

この後の甲斐武田氏の展開は信縄の子信虎の時代を経て、その子の武田晴信（信玄）を中心に、甲斐国は大きく飛躍して北信・南信・駿河までをその領地として日本列島の中央部に大きな領域を作るが、若狭武田氏の元明が朝倉氏に保護され敷地内に住むようになった際に、朝倉氏宛に「同じ武田一門である」の趣旨の書簡を送ったと伝わる。一四四〇年、若狭武田氏が成立した後に、甲斐国武田氏と安芸国武田氏と若狭武田氏は互いにどのように相手を見て、捉えて応対したかは今後の研究に委ねたい。

若狭武田氏の発祥の地Ⅲ

―安芸武田氏の展開・発展―

―安芸国守護（安芸国―現広島県）平安時代末
　―武田信光（一一八五年頃～）
―安芸国守護（佐東郡他―現広島市）室町時代
　―武田氏信（一三五九年～）

一一八〇年**源頼朝**が挙兵し関東の武家を糾合して都に向けて西進し富士川の合戦では武田氏の目覚ましい活躍により勢いをつけて更に西進し都に迫っていたが、一一八三年従弟の**源木曽義仲**が都に入り平家を西国に追いやり、その振る舞いが都人の習慣を理解せず、粗暴な振る舞いがあったために**後白河法皇**と対立し追討の院宣が出て頼朝の弟**範頼**・**義経**によって近江粟津浜で義仲は戦死する（一一八四年一月）。この時点で頼朝は法王に都より東の東海道・東山道の支配権を認めさせた（寿永二年の宣旨）。都を制した頼朝は都を離れて西国で再起を図って反撃する平家を追って播磨、西国地方へ範頼・義経を中心に兵を進める。

平氏と西国の国々との結びつき

平安末期院政が続く頃、**平忠盛**が一一三五年西海の海賊を平らげ恩賞を受け、平家一門は都での地位が上がり、次いで清盛が一一四六年安芸の守に任ぜられ、その後も弟の**経盛**、**頼盛**の二兄弟が一一六五年まで安芸国に赴任する。次いで補任されたのは**藤原隆行**（清盛姻戚）、**藤原能盛**（平家家司）であった。（～一一七一年）この間清盛は播磨の守に任ぜられ、その後清盛が保元・平時の乱で勝利し武家としての地位が上がり揺ぎ無いものになり一一七九年十一月の政変により最高権力者になると、一一八二年安芸国を厳島神社宮司佐伯景弘が任命され安芸国守護に任命され続けた平家と安芸国の結び付きはこのように一層強く結び付きを深めていた。

平家が源義仲によって都を追われ逃れた後も、縁故の武士団を中心に源氏の所領を対象に攻略が続き、義仲が追討された後の領地を平家が奪還を狙うなど頼朝にとって予断を許さない状態になっていた。

この状態を打開するために範頼・義経を先頭に東国他の多くの武士団が西国の戦いに参加して播磨（兵庫県）、備前（岡山）、備後（広島県）安芸（広島県）、周防（山口県）長門（山口県）の戦いを経た後に、後の守護・地頭が進出する事になる。義経は、義仲に奪われた領地の失地回復した平家を一一八四年一月一の谷（現神戸市）で梶原景時、土肥実平等の活躍で勝利しさらに敗走する平家を追って西に向かう。

武田氏がこの戦いに入ったのは武田信光（甲斐国守護―武田氏初代清光の孫）であった。武田氏は頼朝挙兵以来数々の武功を上げ頼朝傘下の武士団の中では際立っていた（中には過誤があり法王への訴えを気遣った頼朝によって処罰された者もいたのは前述した）ので常に主力の中心だったので最も平家の結束の強い安芸国に向けられたことは想像できる。

この時の安芸国守護は前述の平家から移譲された厳島神社宮司

佐伯景弘であった。

　一一八四年二月には梶原景時を播磨国・美作国追捕使（守護）に、土肥実平が備前・備中・備後の国の追捕使（守護）に任命されている。

　一一八五年二月屋島（現高松市）の戦いで義経は勝利した。さらに西へ向かい壇ノ浦（現山口県下関市）で勝利する（一一八五年三月）。

　この間の武田信光の補任や戦いに関する直接の詳細な記録はないが「吾妻鏡」の一一八五年二月十三日の条に「長門の国に入ったがこの国は飢饉で食料がないので安芸の国に引きたい」と読める文章や同年五月二十三日の条に叔父「武田義長が対馬守護」の記事と甲斐源氏一族が武田信義、安田義定の守護補任が決まっており武田氏当主信光の守護は決まっていたと考えるべきであろう。


　ただこの後、源平の戦いが収まり鎌倉幕府が安定した後の新体制では一一九六年には宗孝親に代わっていて、一二二一年承久の乱後には新しく守護、新補地頭が全国に送り込まれその中に信光は復帰している。この時代の補任は幕府の事情によって変化があったと考えるべきである。この後は藤原親実（一二三五年〜一二四五年）、武田信時（信光の孫）（一二六九年〜一二八六年）名越宗長（一二八九年〜一二九三年）、武田氏（一三三一年〜一三三三）となっている。この安芸国の守護の補任の入れ替えは室町時代になっても変わらない。

　武田氏の甲斐守護職は、一度だけ室町時代に第十代信満の時代に危機があったが将軍の取成しで免除され維持された事は前回述べたが、その後も他家に代わったという記録はない。


　さてここまで武田氏が甲斐の国を持ちながら、安芸国守護に数度にわたって補任され、安芸守護職の常連に近い領主としての地位を確保して来たが（信光・信時・信宗）、安芸武田家として独立して国を持つ守護大名家になったのは何時だったのだろうか。

安芸武田氏の成立

　それは室町時代、前回武田当主の記述の中で第七代当主信武が甲斐国・安芸国の守護職を兼任した時代に、室町幕府創生時代の足利尊氏の信任が厚く、信武も尊氏に深く傾倒して鎌倉幕府との戦い、南北朝対立、観応の擾乱を尊氏の下で共に戦った歴史から世に認められて、自然に出来上がったものであった事は前述した。信武は両国を守護として両国を兼任していたが、一三五八年足利尊氏が死去すると自身も剃髪し隠居した（一三五九年）。そして長男**信成**に甲斐国を、二男**氏信**に安芸国を相続させて、ここに安芸育ちの当主を持つ**安芸武田家**が成立した。この後、南北朝の内乱が続いていたため、幕府は九州探題に今川了俊を起用し未だ南朝方の武家が残る長門・安芸の守護を兼任させて強化した（一四七一年）。

　四男**公信**は**薩摩守**の官職を得て、**京都武田家**の祖となった。
　京都武田家が成立し、代々嫡子は将軍家の奉公衆四番組を務めた。**武明・満信・持信・尚信・尹信・藤信**と続き、満信の二男持**明**は**中務武田家**を起こし、奉公衆に列する家として**政明・熙明・材明**と続き、**若狭国将軍御料所**の役職を務め、後に遠敷郡に土着した。

ここでこの時点の氏信の領地支配状況を見てみると、氏信は今川了俊が赴任した段階で所謂**分郡守護**である。安芸国内で八郡の中の三（後に四）郡の守護と同等の統治の権利を持っていた。分郡守護の制度は全国的には統一された制度かどうかの議論は、見解は様々であるが、これは幕府が認めた領地の現実の支配形態に合わせたシステムとして現実的な方策であった。安芸武田氏の本拠は安芸国の中では豊かな地である佐東郡・安北郡・安南郡・山県郡でありこの内の佐東郡の佐東銀山（金山城）に拠点を構えていた。

初代**氏信**は文武共に優れた武家であった。父と共に戦い父が都周辺で戦う時は安芸国を守った。国内には南朝方の武家や、古豪の地侍が多い中で法令・文書を使いよく国内を治めた。幕府から国内の棟別銭の徴取を指示されて守護としての領地経営に乗り出す。

守護大名が一五世紀初期に取得税銭を成立させていたのは、周防大内氏、出雲京極氏、播磨赤松氏、備後山名氏等があるが、段銭は各領主の領域内の公田に一段宛何文という形で賦課されるものである。守護段銭は守護が国衙機構を支配下に治め、一国の土地台帳である大田文（図伝帳）を掌握し一国の中の唯一の支配者として領国の支配を進めてその取得体系を整備し、朝廷・幕府・寺社関係の段銭徴収の任務にあたる内で、在地の剰余部分を自身の手元に集めることが出来る制度に成立させるに至ったものである。その後、一五世紀中期に入ると守護取得段銭は守護支配下の国人領主に給与されるようになる。このことは実際には国人たちが土地を所有しているので給与するという事は国人たちの自主的な経営を促進し、その結果、土地所有が守護から離反させる基盤になっていった。このことは国人所有の地には守護の立ち入りを防ぎ、国人たちの勢力を強大化させて行く事になる。

又、商人（流通・商業）に対する徴税制度も、この地の特徴である守護管轄領内の近域流通と他国に跨る広域流通に対する重層的な徴税が寄付という形で始まるが、やがて商人たちに特権を与え特権商人・御用商人とし、更には流通用の船を建造して直属船を所有した。

室町期において守護は**半済**（①室町幕府の政令で幕府が荘園・公領の年貢の半額を、徴収権を守護に認めた事を指す　②別の意味では納税の半数減免の意味にも使われる）や守護役の賦課権を通じて荘園・国衙領に勢力を拡げてその支配権を広げて行き、国人領主層も同じことを繰り返して勢力を伸ばした。守護（実際は守護の代理被官たちも）は寺社領の領主に対し守護請と言い領地の治安や権利を守るという形で年貢の徴収を領地の規模に応じて課してその代価を領主に払うのであるが実務を行う側に有利に運ばれて行く。国衙領（主に公家所有の領地）においても同じであった。領主に支払う額と領地から上がる総額との差額が守護の身入りとなるから一層業務に励むことになるのであり。非力な寺社・公家は現在の給与生活者のようになって行き、一方では領地保護の実務者からは激しい領地護衛の争いが起きるようになるのである。その状態を打開するためにより強い庇護者を求めての力関係が展開されてゆくようになる。このような時代の動きは押領（①古代では兵士の監督・統率を行い、治安維持にあたる令外官の業務であったが、後に時代に押領使が設置された　②荘園制において他人の領地を実力で支配、徴税する事）

が起きる。中国地方ではこの地方の有力者を中心にその争いが激しくなって行く。大内氏、細川氏、山名氏を筆頭に国人たちがその渦の中で自国の利益を求めて活動が活発になった。特に安芸国はその中心に寺社、公領が広く存在していたために西の大内氏と東の細川氏、山名氏などを筆頭主としてその影響力強く、東西の力のぶつかる地域として在住の武家達は自身の地位の確保に懸命となり、大内氏の侵入が始まると、武田氏は自国近くの寺社領である厳島神社領、東寺領に侵入した。一三六八年、安芸の国に対し管領細川頼之から東寺雑掌頼憲（よりのり）の訴状の件の命を受けた使節大内弘世が動くが、この主体は氏信である可能性が高い。一時的には収まるがこの後も続く。一三七一年今川了俊が九州探題に就任し安芸・周防・石見の守護を兼務しこの件を知るがこの寺社領からの訴えを調整したが、了俊は九州と安芸、周防、石見に存在する南朝方の武家を討伐するために広域支配の役目を帯びていたため九州の地が多忙であり多くを九州で活動する。一三八〇年には先の大内弘世が将軍家御教書に押領人として見られる。氏信の子、信有、信守、信繁に至るまで自国に近い寺社領・国衙領の進出は続く。このような状態が続く中で氏信は寺社に多くの寄進を行った。一三七九年隠居して一三八〇年死去する。

二代**信在**（のぶあり）は一三七九年氏信の後を嗣ぐと、父の意向を受けて領地の拡大を図り、寺社領である厳島神社領や国人衆の領地へ進出するようになり国人と対立するが、大内氏が干渉してくると国人側に付いて領主権を守った。死去年は一三九六年説と一四〇四年説がある。

三代目**信守**（のぶもり）（信在の弟又は子の両説あり）信在の後を継ぎ信在時代から引き継がれた統括守護（一三九二年南北朝和議の後守護は今川から細川氏、渋川氏、山名氏に代わる）と国人たちの間でどのようにまとめ自国の立場を維持するかに奔走する。～一四二二年）

四代**信繁**（のぶしげ）（武田信玄の弟の信繁（のぶしげ）と同名＝戦国時代全般にわたり武田家も同名同字が多いので注意）は信在の子又は信守の子両説ある。

一四二二年佐東郡守護となった。

この時期の足利幕府は第五代将軍**義量**（よしかず）の死後の後見役の**義持**（よしもち）の急死で、一四二八年将軍は第六代足利**義教**（よしのり）となった。この時代は約九十年間続いた足利幕府が南北朝統一の後の安定期から波乱期に向かう始まりの時期であった。

信繁はこの将軍の下で数々の指示を受けて実行する。

嫡男**信栄**（のぶまさ）は父信繁に従って戦い、将軍家の御相伴衆（おしょうばんしゅう）になり幕府内の地位は高まった。信栄は当時の将軍義教の下で起きた、特に関東管領鎌倉府足利**持氏**（もちうじ）の反抗に関わる紛争の対応による紛争の渦に巻き込まれて行く。その一つである一**色義貫**（いっしきよしつら）の殺害である。当時丹後国・若狭国守護であり戦いのために大和にいた義貫を上意として誅殺したのである。その功により若狭の国を拝領した。これが**武田氏の若狭国守護の始まり**であったが、若い信栄にとっては重責であった。若狭の国に入国するが、永く一色氏に馴染んだ住民は容易に懐かず、赴任直後に町人（商人と思われる）を誅殺し、その後に本人も死去している。（師郷記（もろさと））死因不明。

その翌年には義貫の殺害を命じた将軍足利義教が赤松満祐の屋敷に招待された席で襲われ殺害される。若狭の国を拝領した武田氏の頼りはなくなってしまい、隣国丹後国の守護一色氏は勢いを増してくる。この苦境の中で後を継いだのは二男信賢(のぶかた)であった。注1

信賢(のぶかた)は兄信栄が若狭国入り直後に没した後を受け若狭国と役職を受けついだが、翌年の赤松による将軍義教の暗殺事件を受けて（嘉吉の乱一四四一年）、山名氏と共に赤松満祐を討伐に向かった。赤松は山名氏に攻められ自殺して解決するが、信賢の国内（若狭国）では一色氏の反乱が起きていた。信賢は吉川経信(きっかわつねのぶ)らを連れて若狭に帰り佐分郷(さぶごう)（現おおい町）で戦った。この間は一時的にも一色氏に対し劣勢だったが、幕府奉公人の朽木(くつき)氏・本郷(ほんごう)氏を応援派遣して鎮圧するような大規模な反乱であった。武田氏に対してだけでなく幕府対一色浪人の様相もあり、後の丹後の国との確執になって行く永い戦いが続くのである。安芸では厳島神社社主佐伯氏が大内教弘(のりひろ)を頼り一四五七年、以前武田氏に奪われた土地の奪還を目指し侵攻する。この時は幕府や細川氏の援護を得て食い止めるが後には国人一揆を味方にして武田領を侵攻する大内氏と戦わなければならなかった。応仁の乱が始まると細川勝元の下で一色義直（義貫の子）と対峙している。若狭小浜では城が築かれた記録がある。若狭国内の防備を固めたのである。一四六九年**一色義直**(いっしきよしなお)と戦い、丹後国領内に攻め込み一時、若狭国領に、幕府に認めさせている。

この若狭国での事績は次回本編「若狭武田氏」の中で述べる。

三男**国信**(くにのぶ)は**足利義政**(あしかがよしまさ)の御供衆(おともしゅう)として仕えた。信繁は当初から若狭国を信賢の後を国信に継がせる意図があったと言われる。一四七一年信賢は元綱の離反など戦いの途中で失意の内に死ぬとその後を継いだ。国信は応仁の乱中に山名氏と細川氏の仲介の役目を務めるが、その条件として丹後の所領の返還を迫られ在丹後陣中の総大将**逸見完見**(へんみそうけん)が孤立して戦死する。国信は落胆し出家するが、この後の時代に逸見氏が武田家から離反して行く原因ともなった事変と言われる。

一四八八年、将軍義尚の六角氏討伐に参加するが、一四八九年義尚が死去すると若狭の国に戻り一四九〇年死去した。後継は嫡男信親が先立っていたため二男元信となった。

四男**元綱**(もとつな)は一四六五年信繁が亡くなると、若狭国の守護であり都の戦いに忙しい信賢の代官として安芸武田氏の佐東銀山城の城主として国を守る役を受け持つ事になる。応仁の乱では信賢・国信の兄と共に東軍に参加するが、その後政略上西軍の大内氏を頼ったために信賢と対立する。一四七一年信賢の死で対立は宗家を継いだ三男国信と和解が成立するが宗家は国信で元綱は代理となった。更に国信嫡子**信親**(のぶちか)と**大内政弘**(おおうちまさひろ)の争いに幕臣**伊勢貞宗**(いせさだむね)が仲介し、一四八一年国信と和解するが、宗家は国信のままであった。一五〇〇年将軍義尹(よしただ)が都から逃れて大内氏を頼ると元綱は大内氏の側に付き、国信の子**元信**(もとのぶ)と対立すると、安芸国の独立を計る。

安芸武田家元繁(もとしげ)の戦死。

一五〇五年元綱が病死すると嫡子**元繁**(もとしげ)が後を継いだ。

一五〇八年大内**義興**(よしおき)は将軍義尹(よしただ)を立て上洛して義尹を将軍**義稙**(よしたね)に改名して管領代(かんれいだい)として都に留まるが、元繁も同行して都に共にいたが一五一五年、国元の厳島神社領で争いが起こり大内氏の命で下向する。京都では若狭武田家元信は将軍**義澄**を擁して譲らず若狭国と安芸国の両家の分離は決定的となった。安芸に帰った元繁は大内氏を見限り、尼子氏を頼った。このため大内氏は毛利氏・吉川氏などに働きかけ元繁の配下の山県氏の居城有田城を攻め落とさせる。回復を図る元繁は一五一六年毛利**興元**（元就の兄）の死で毛利家が若輩で手薄なのを見て一五一七年有田城を奪回しようと五、〇〇〇の兵で攻略しようとした。家臣の熊谷元直に、有田城に応援に来る毛利軍に向けさせたが毛利元就の戦略で熊谷は戦死してしまう。怒った元繁は自身で毛利を討とうと向かい又内川まで来たとき騎馬で渡河しようとしたその時毛利方が準備していた射手たちから一斉に矢が放たれその一本が元繁の胴を貫いた。落馬して川に落ち、毛利方に打ち取られた。その他多くの武将が戦死した。（有田中井出の戦い）兵二、〇〇〇の二一才の毛利元就の知略に負けたのである。この戦いは小領主が名門武家に勝った守護大名から戦国大名時代への転換を記念する分水嶺とも言われ、同時に毛利元就の名が世に出る端緒となった。

　元繁の後継ぎは一六歳嫡子**光和**が継いだ。若輩のために若狭国から後見役が来ていた可能性もある。「光」の字も武田家の宗家由来の字を、再興を期して改名したものと思われる。元繁と元信は将軍擁立の立場が違って対立していたが、大内義興が細川高国と連合政権を組んだため和解した可能性がある。光和が成人すると後見は必要がなくなり光和の家臣団が支えた。しかし有田中井出の戦いで熊谷氏・香川氏などの多くの重臣を失った結果は大きかった。失地を回復するため厳島神社領の紛争に介入し効果は尼子氏側に付いていた武田氏に対し、一四二四年、大内義興・義隆父子は三万の兵で佐東銀山城を囲んだ。光和は尼子氏に救いを求めその援軍と地元国人たちの援護で持ちこたえた。又、元繁以来の失地を回復するため厳島神社領をめぐって大内氏と対立した友田氏を応援したが功を奏せず、又家臣団からも脱落者が出て衰退の道を止められなかった。一五四〇年、離反した熊谷信直を討伐しようとしていたが三七歳で病死した。後継に嫡子はなく、**信実**（若狭武田元光の子説〈羽賀寺文書〉、光和妹婿伴氏の子説〈陰徳太平記〉）が継いだが、家臣団は未来の方向が決まらず纏まらなかった。

安芸武田氏の滅亡

一五四一年再び大内軍が山口を発ち友田氏の討伐が始まりその毛利軍と武田氏が金山城で戦い武田氏の敗北、友田氏の桜尾城が大内氏によって陥落し家臣伴氏の伴城に立て籠もった武田家臣も毛利軍に討たれ、大内義隆が金山城に入城した。信実は弟と家臣と共に若狭国を頼って落ち延びた後、尼子氏を頼り帰還したとも言われるが不明である。翌年、伴氏の残党が反大内氏の旗を上げるが毛利軍に討たれた。ここに安芸武田氏は滅亡した。天文十一年（一五四二年）の事であった。

　以上、常陸の国で武田家を興し、甲斐の国に移り五〇〇年間、安芸の国には安芸武田氏の初代氏信から数えて一八四年間、《鎌倉時代安芸守護を拝領してから中断はあったが三五七年間となる》。次章から述べる若狭国では若狭武田氏として一四三年間の時を数えた武田氏は栄華を誇った。

　一国を統治する（治める）という事は住人の人々の生業を助ける策を

考え、徴税し、個人の権利の区分を仕分け、訴訟を裁き、犯罪を取り締まる事を永く持続するという事になるのであれば、それを永く維持した家が優れた守護大名家となるだろう。

しかし、武田家の各々の家がその地の条件や時代の制約の中で活動し、周囲の条件と戦いながらその地に貢献し続けたことは、時間という制限を超えて人として生きた証として誇れる事になるものである。

注1　若狭武田家の歴代当主の呼び方は若狭国雲外寺（うんがいじ）（武田信親の菩提寺栖雲寺（せいうんじ）の住職を務めた潤甫周玉（じゅんぽしゅうぎょく）和尚が隠居して建てた寺）の記録によっているので、異説もあり得る。

若狭武田氏 (一) 武田信栄

―室町・戦国時代、若狭国を一四三年間治めた守護大名家―

初代武田信栄（一四四〇年）の若狭入国

若狭武田氏を語り始める時、何から始めるべきかを考える。

しかし、やはり一四四〇年に大和国で起きた事変がその後の若狭国での武田氏の動向と未来を語る環境として、その歴史に影響を及ぼしたものとして扱われるべきものであると考える。

一四四〇年、大和国内では衆徒同士の争いが起き、その鎮圧に室町幕府の要職である将軍、管領・四識、将軍の直属の奉公衆や外様衆が動員されていた。その陣中で将軍の側近の一人であった武田信栄は将軍義教から一色氏の当主義貫の誅殺を命じられる。この命令の理由は様々に語られているが、この時期の室町幕府将軍の権威が三代将軍義満から義持に引き継がれその後継を息子義量が引き継いだが義量は若死にし父義持が後見役として政務を行っていたが後継者を決めないまま急死した。急いで次期将軍を決めなければならないとして、義持の弟たちが集まり、くじ引きで将軍職を決めてしまった。この事は重臣を始め家臣、全国の武士たちにも不信を持たれていた。将軍になった義教は前々代義満、前代義持の栄光を見て育ったため自身が他人から見て、見劣りがするという劣等感からより将軍の権威を見せなければならない想いから、疑心暗鬼を起こす事が多かったと推測される。自分の意に添わぬ家臣を放っておけない小心さを持っていた。この時（永亨十二年―一四四〇年五月）の状態は大和の国の争乱鎮圧のため多くの武将たちが集まり指示をしやすい状態にあった。この時点の意に沿わない臣を討つ条件が備わっていた。

武田と一色は、特に関係はなく誰でもよかったのであるが側近の一人に白羽の矢が立ったのである。当時の武田家は信栄の父信繁が当主であり、長男の信栄は若輩であり指示されるとおりに動いたと考えられる。自陣に招待の客人として一色義貫一行を招き子息三名と家臣もろとも殺害したのである。この殺害の仕方は上位の指示によるものであっただろう。義貫だけが目標なら違った方法があった筈である。若い信栄は言われるがままに実行したのであるが、これは、これ以降、重大な意味を持つ事を若い信栄は気が付かなかった。

室町時代には当時の武士道がある。まして武田家は平安・鎌倉時代からの武家の名門である。その名家がこの事変を実行したことに当時の武家・庶民に至るまで当時の噂の的だった事が想像できる。

翌月六月その功により信栄は若狭守護職と尾張知多郡の知行を与えられ若狭国へ入国する。

翌七月、若狭国へ入国して一か月目に死去する。この死因については『応仁記』（作者不明）―応仁の乱を中心の軍記物語―では「一色義貫を誅殺した時に義貫家臣の三方氏に一刀浴びせられてその傷が治らず死去した」とあるが、信栄は自身の館に招いたのであり、義貫の客人側の少ない人数に対し、信栄は多くの家臣に守られていた状況を考えると信じがたい。戦記物の特徴として、勝者も敗者も讃えて書かれる傾向がある。過去の人を悪くのみ書くのではなくて両者の名誉を考えて語るのが後の世に読む人の賛意を受けるからである。

実際の信栄の入国はどのようなものだったのか。当時の公家の日記『師郷記』では「信栄が若狭入国時に町人を誅殺した」という記事がある。入国時に会う町人であるならば上級の町名主か商人であると察せられるが自分の意に沿わない言葉を話されて逆上し誅殺したと考えられる。当時の状況は八〇年間続いた一色氏施政に馴染んだ庶民は、義貫誅殺を聞いて殆どの人が戸惑ったと思われる。その中でいきなり新しい守護と聞いても先守護の事を考えるとすぐには馴染めなかった。義貫誅殺の方法が、戦いや攻防の中での戦さの決着であればまだ区切りがつく事もあるが、受けいれられなかったに相違ない。

またこの町人誅殺が今後に大きく影響するのである。噂が広まり、一層武田家が若狭に溶け込めない原因を作ってしまったのである。

察するに信栄入国の際は一色氏の家臣が多く要所に居たのであるから中には主君の無念を晴らそうという家臣もいた事が考えられる。まして罪のない子息三人を誅殺するのは多くの武士・町人には受け入れがたい思いだったに相違ない。将軍に指示された若い信栄の悲劇であった。信栄の死も若狭国内に入ってから狙撃された可能性もあると思われる。

とにかく信栄入国以来異常な環境の下に政権継承が行われた。

それは守護を任命された武田家にとっても今後の方策なしでは乗り切っていけない状態が住民の一世代交代まで約二〇年間は続いたと考える。加えて跡を継いだ信賢（のぶかた）は京都中央の政権の補佐をしなければならず。戦いがあれば出陣しなければならなかったので、若狭国の経営に十分な時間がなかったことを考えると家臣任せの状態が永く続いた事が考えられるのである。

この後も隣国の丹後国の一色氏とも永い対決が続くのである。

最後に信栄には子供がなかったとするが、信賢の子信広（のぶひろ）（一四三一年生まれ）があったとする記事を考えると信賢は当時一二歳となり不十分である。寧ろ信栄の子供ならば一八歳の時の子として適切である。武田家は平安・鎌倉時代の頃から甲斐国に入っても多産な家系であり一八歳前に元服し、そして妻帯する。嫡男ならばなおさらである。

武田家として隠さなければならない理由があったのかもしれない。

武田信栄に関する資料は少ないと同時に未解明の部分が多い。

今後新しい史料と研究が展開されて行く事を注目したい。

＊武田信栄（のぶまさ）の呼び方は武田氏全体を含め、小浜市谷田部（やたべ）の雲外寺（うんがいじ）の系図によるが、異説もあり得る。

武田信栄の墓がある長福寺
（福井県大飯郡高浜町若宮）

松前藩祖　武田信広説について

—特に竜泉寺文書に関して

江戸時代初期北海道松前藩は、戦国時代末期に出羽の国領主安東氏の家臣蠣崎氏が上ノ国守護を任ぜられその娘婿として後継者になった武田信広が北海道渡島半島の南部を拠点とした事から始まる。（新羅の書）戦国時代が収束を迎えたころ豊臣秀吉が天下を取ると信広の子孫慶広は先祖の名を隠して秀吉に謁見し、直属になる事の許しを得た。秀吉は東北・北海道の物産に関心を持ち、この後の徳川家康も慶長四年（一五九九年）に許して蝦夷地の支配権とアイヌに対する交渉権を認められた。

江戸幕府が安定すると幕閣から大名の出自を提出させる動きが出て、特に家光の時代に厳しい要請が出される。松前藩は秀吉の時代に武田氏が祖であることを見せず系図も城の火事があり系図が紛失したと報告していた。徳川政権になり出自を出せない事情があり、藩中で悩んだ結果、武田本家の祖源の義光の元服式を行った近江の国新羅神社の宮司に依頼し、託宣を下ろしてもらい、武田信広は子孫であると書いた文書を家光に届けた。家光も神が下した託宣を見ては流石に厳しく追及はしなかった。その後は幕府からの追及はなく綱吉の時代に蝦夷地島主として旗本待遇となり、享保年間に石高一万石と柳の間詰め待遇となった。

しかし、松前家側は落ちついた後も真相を確認のためか、確証のためか調査を依頼したのが竜泉寺文書である。依頼者は松前藩町奉行鈴木喜三郎、発信者若狭国遠敷郡宮川庄新保、青雲寺竜泉禅寺第十三代豊寛和尚、仲介者は敦賀商人舟問屋飴屋治左衛門。敦賀商人を使い、小浜商人を使わないのは酒井家の地元小浜商人を避けたもので問い合わせが内密の状態での問い合わせだったようである。松前藩の先祖調査である。

文書は明和二年（一七六五年）、文政十一年（一八二八年）、天保五年（一八三四年）の三回である。内容は武田元光の子、信高の子供に「信□公」（□欠字）が存在すると答えている。

元光は一五三○年代に活躍した武家であり信広の一四三一年生まれとは一○○年の違いがある。又、龍泉寺の創建は一五四一年である。一○○年後になるため、人違いかもしくは信広は二人いたという事になる。松前藩は武田氏系図に「空き」があるので安心したのである。

松前藩の狙いは何処にあったのかは、詳細は不明であるが、約七十年間やり取りを繰り返して、住時の若狭国の現状と情報を交換したようである。

参考資料
「松前藩と松前」松前町史研究紀要第五号昭和四九年三月
寺西十糸子「武田信広の出自について
—竜泉寺文書を中心として」　松前町史編集室発行

この著者の寺西氏は実家が現小浜市宮川地区の清水家である。

この「松前藩祖—若狭武田信広説」のテーマは現在検討中である。前項で述べたと通り、初代信栄が若狭入国は異常な環境であったことを十分に考慮して検討しなければならない。武田氏のデータが未だ未開拓の部分が多いので今後を期待しながら慎重に進めて行きたい。

若狭武田氏 (二)　武田信賢

第二代　武田信賢（一四四〇年～一四七一年）の治世

初代武田信栄が若狭国へ入部して一か月余りで急死し、そのあとを継いだのが若干二十一歳の弟の信賢であったが事実上の当主は父武田信繁であり京都に在住していた。信繁は、武田家が室町時代を迎えて、足利尊氏に一生を捧げて最も活躍し武田家を発展させた武田信武が長男信成に甲斐国を、弟の氏信に安芸国を継がせたが、その氏信の孫に当たる。

当時の室町幕府の権力構造は将軍を頭に三管領、四職の要職を足利家一族と一門によって独占し、その周囲に外様の大守護達が仕え守るという組織に加え、この大名・家臣たちの子息達を将軍の組織化に置く組織をとっていた。奉公衆（大名家の子息達から成る将軍の身を守るという職務の軍事集団で五組に分かれ一か月を当番制で総勢三〇〇人強の集団で、彼らが持つ若党等の関連の下級武士達を入れると三〇〇〇人以上の集団であった）・相供衆（将軍が大名の屋敷を訪問するときに供として随行して警護する。）・御供衆（将軍が外出するときにお供し宴席にも陪席する）・申次衆（将軍の来客に対し名前や用件を取り次ぐ任）があった。このほかに幕政に必要な事務を受け持つ奉行衆があった。

要は足利将軍を中心に一族・一門・大守護とその子息たちを幕府内に組み入れて結束をかため、反乱、反目等を起こさせない対策を考慮した京都を中心の組織であり、守護大名家当主たちは京都在住でなければ職務を果たすことができなかったのである。（室町後期に社会構造が戦国時代化すると守護大名の在国が中心になる）

武田氏は甲斐国と安芸国に分かれ、更に若狭国を持ち、それぞれの当主は京都に在住し、その子息たちは代々が幕府の若衆の組織のどれかに所属していたのである。

信賢が若狭国を継いだが、その時点の状況と状態は楽観できるものではなかった。若狭国は室町幕府が出来て守護が配置されてから足利家の一族であり、四職に着任し後には侍所頭を務めた武田家とは格上の家柄である一色氏が、八〇年近く治める国であり住民との関係は永い繋がりが出来ていた。

信栄が足利義教将軍の命を受けて一色義貫を自陣へ招きその子息らと共に殺害した行為は、当時の上意を正当に思う人たちの中ではどのような印象と影響を持つものだったか断じることは出来ないが、若狭入部の際に裕福な町人を誅殺した件は、文化人が多い京都では話題になり、守護たちにその噂は聞こえていた。

この状況の中で若狭武田守護家を守り導いたのは父である安芸武田当主信繁五十一歳（一三九〇～一四六五）であった。後を継ぐ子供たちは嫡男信栄（二十八歳死）、信賢（二十一歳）国信（四歳）であり、とにかく当面は信賢を中心に乗り切る策を考えなければならなかった。嫡男信栄に起きた様々な出来事を総合的に判断して若狭国の経営と一族の将来を深謀遠慮を重ねなければならなかった。

将軍の命で討たれた一色家は武田家とは格違いの足利家の一族（尊氏と高祖父が同じ）であり、建武の南北朝の騒乱では常に尊氏に従い、尊氏が西国へのがれた際は九州で兵を纏め、尊氏が上京の際は後衛として九州に止まり南朝勢の攻勢から守り抜いた。一〇年を経て都に帰ったため論功行賞には間に合わず不遇であったのを将軍家から四職の末を与えられ、やがて侍所の頭人に任命されてからは四職の筆頭になって、屋敷も一五世紀前半後期から一五世紀末にかけての一色氏は、どの大名家達よりも室町幕府に近い室町殿（幕府屋敷）の裏辻に屋敷を構えていた。（松井直人氏、二〇一五年論文より）

信賢が若狭守護に就いた翌年一四四一年六月二十四日、将軍義教の事変（嘉吉の変）が起こり、信賢は反乱を起こした赤松満祐を山名宗全に従って播磨に向かい戦わねばならなかった。乱直後の幕府は対応の評議を開き、その対応もすぐには軍議が纏まらず、恐らくは変前の将軍義教の偏った人事が幕府全体を揺るがせているという認識から処罰された武家を含めて手直しする話が纏まり事後の政策の方向を決めてから（事実事件決着後、義教の処置の見直しが発表されている）、七月に入ってから、赤松討伐の計画の行動を起こし九月上旬に、乱は赤松満祐の自刃で決着したが、この将軍義教暗殺事件は武田家を若狭国に導いた当の将軍の死であり、一色家とそれに同情的な武家たちを勢いづかせた。

将軍傘下の大名群の中で格式の違う、しかも侍所長官職を経験した武家を、組織（三管領・四職）を使わずに近習の若者を使って成敗する奇策は多くの大名たちにも受け入れられなかっただろう。（細川氏は相伴衆だった分家の阿波守持常が加担しているが管領ではない）

こんな状況の中でも武田家としての生き残りを考えなければならない信繁は世間と周囲に気を遣いながら武田家浮上の機会を考えていた。

信賢が今後の中心であり、援助しながらその成長ぶりを見守っていた。

この年に国信の弟元綱が生まれて男三人兄弟となった。

若狭の国内では都で起きたことがあまりに急激で、経過や今後が充分に理解できず一色氏の傘下にいた国人や住民たちの中にはそのまま職務を続けて武田氏が入部して指示を受けるまでは判然とせず、信栄が入部してすぐ死去したために戸惑いがある中で、京都の奉行から送られてくる指示は十分に機能していたかは疑問である。翌年には信賢の播磨出征があり、若狭守護が不在のこととあって、隙あらば過去の復活を期待する気運が起きていた中で一色の家臣たちの動きが活発になる。一色氏の守護館は西津にあったが、幕府から守護交代の命が出れば新守護はその館に向かい受け渡しを実行するのが慣例であり、信栄もその慣例に従い西津へ向かったと考えられるが、一か月足らずで死去し、その原因が抗争にあったことが若狭国内では話が広まっていて、後を継いだ信賢が中央の戦乱のために留守をすると判ると、一色家の関係していた武士層は一色家臣たちの誘いに動かされて同調する者が出てきて、その集団が土一揆集団と共に一時守護館を奪ってしまう事件が起きる。これに対し信賢は赤松討伐の際に助力した安芸国の吉川氏の応援を得て大飯郡から侵入して、又三方郡では熊谷氏が近江の朽木氏の応援を得て二か月後に守護館を奪還することが出来た。

この事件の後に信賢は武田家が若狭国統治のための体制が出来ていないことに気が付き、国内への浸透を即すために寺社領の代官職を守護が管理できるように幕府に申請して実現する。これは当時の人から見れば過去の事例から見て強引な策としてとらえられていたが武田家から見れば轍鮒（てっぷ）の急だったのである。この結果、職を失って浪人となった人が徳政一揆などを起こす社会の不安定を残すことになる。

一方、中央政界では、信賢は嘉吉の乱収束後に信栄と同じ治部少輔（じぶしょうゆう）を与えられ、一四四七年には大膳大夫に任じられた。四職とそれに次ぐ家格の家に授けられる官位であり武田家として上昇の位置にあったと言える。このことは武田家内部にはっきりとした後継ぎ構想が生まれるきっかけとなった。信賢はこの時点で武田家にとって揺るぎない若狭武田と安芸武田の実質の当主としての将来が約束されたのである。この時、信賢二八歳、弟国信は十一才、元綱は六歳であった。

　この家族構成の説明についていつも気になるのは信栄・信賢には共に二八歳になった時点で、子供の記事がないことである。武田家については第一回の「武田家の発祥の地」計三回の当初から武田家は一五歳前後で元服し二〇歳前には妻帯し、しかも子沢山な家系で条件が合えばどこへでも養子を出して成長してきた家である。室町時代の若者がその特別環境が悪かったとは考えられない。子供を表記しないのは戦いが多い時代の社会では子供は狙われやすいため女子が秘かに育てて屋敷内に匿い、人目に出さないという生活習慣はその通りだが、だからと言って子供が少なかったという事にはならない。常識的に考えてこの二人には二八歳までには数人の子供がいたと考えるのが妥当である。この時代の信賢の周辺の記録を総ざらい的に見てみる。信栄には『系図纂要』では信重という男子が書かれている。信賢には一四七九年に十五歳で死んだ男子が、又安芸の国では国人の国定家（後の毛利家の家臣）へ養子（諸子か）に出た信恒がいていずれも四五歳以上の時が過ぎてからの子供という事になり、更に歴史本には信広という男子が書かれていて、この信広は『系図纂要』では信賢の弟国信の子と書かれている。武田家は名に「信」という字が用いるため同名が多く、歴史上『尊卑文脈』『系図纂要』でも多く「信廣」は三人いるが時代がそれぞれ違っている。

この問題は若狭国の武田氏がなぜ父子相続でなく兄弟相続になったのかを解く鍵があると同時に、真相が隠されていると考えるからである。

＊この問題は別の講で論じたい。

信賢が都で昇進を重ねた後に、成人した国信にも将軍の若衆の側近として採用されて武田家の将来の後継問題は万全となって行く。

この時代の武田氏の都での他家との関係は細川氏と近く、西国の権利をめぐって安芸国は西の大内氏と利権が絡んだために安芸国の東を領有していた細川各家との関係が深かった。大内氏の勢いが強くなると細川氏側から誘いがあり最前線としての役目を果さなければならなかった。又、細川氏との関係は隣国丹後国一色氏との紛争には有利に働いた。

信繁の死（一四六五年）

寛正六年（一四六五年）父信繁が死去する。

今まで、信栄の若狭国守護着任後の死に続く緊急事態の信賢の継嗣とその逆風を一手に引き受け信賢を支え続け、若狭武田家の将来を誘導しつつ最終的に信賢に当主の地位に育て上げた安芸武田家当主の一生であった。この間の施策は殆んどが信繁の判断によるものであった。

一四六七年応仁の乱が始まると細川氏側の東軍に参加し、その中心となって戦う場合もあり、負担が大きくそのため国力が衰退する事もあった。力以上の期待をされ、それに報いるために実力以上の貢献をすることで報われるが、実質の損得は時代を経なければ判らないこともある。

応仁の乱では信賢は弟国信と共に戦った。その経過を追ってみる。

応仁の乱は文正元年（一四六六年）畠山家の相続争いから、将軍義政は畠山家の争いが管領畠山政長にあると判断して管領を解任し、斯波義廉を起用した。この時期の都での実力者は管領細川氏と四職筆頭山名氏であった。政長に相対する畠山義就は山名氏と近く新管領の斯波義廉も山名氏に近かったため将軍義政は細川勝元、山名宗全に畠山両家に対する合力（援護）することを禁止した。この後も畠山両家の争いは続いていたが、細川氏は将軍の命を守ったが、宗全は屋敷に守護や支持者を招いていた。勝元は自身の支持者とともに将軍に宗全の行為を批難したが、若狭武田家（信賢・国信）はその中にいたであろうことは、数年前から応仁期までの数年間（寛正・文正年間）は細川勝元の指示で山陽道を対大内氏との係争に全力を傾注していたことからも容易に想像できる。

この中、細川勝元は密かに今後の対応を考えて有力守護達と連絡を取り合っていた。

応仁の乱

室町殿の防備・一色邸の奪取

応仁元年（一四六七年）五月武田勢が上洛した。細川方は将軍御所を確保するための足場を整えるため室町殿の隣にある前侍所であった一色義直邸の奪取を目指して武田家・細川成之が攻めた。一色義直は前日屋敷を抜け出していたので屋敷が焼かれた。

一条大宮合戦・船岡山合戦

翌日は一条大宮合戦・船岡山の戦い等を経て戦火は二条近くまで広がった。将軍義政はいままでの中立の立場から管領細川勝元の求めに応じて戦旗を勝元に渡し御所は細川方に、山名側は山名邸宅が御所の西にあったので西軍と呼ばれ、東の御所を守る細川方は東軍とよばれた。

総勢東軍十六万、西軍十一万と言われているが、その全てが戦闘に参加しているというわけではなく、双方の先鋒戦団が中心に活動し必要に迫られて参加するその他の戦団から成り立っていたが、若狭武田氏は3千人を送り込み細川方先鋭集団として活動した。ある寺社記録では東軍の大将は細川でなく、実質の大将は武田信賢・他と伝えている。

斯波義廉管領邸争奪戦

翌月は管領斯波義廉屋敷が対象になり、攻防が始まった。予知していた西軍の朝倉勢が屋敷で待ち構えていて、突入する武田勢を待ち伏せして急襲し、武田勢は多く打ち取られた。七月に入ると細川一族・京極・赤松らが大規模な攻勢をかけたが朝倉勢他の防御は強く細川方に犠牲が出た。斯波邸は落ちずに西軍の大内氏の大群が斯波邸に到着したため、囲みを解いて退いた。武田勢は奪取した実相院の防御をしていたが西軍が攻めてくると外へ打って出る攻勢をかけた。

一方、若狭国では安芸国の吉川氏が船で東軍として着陣した。若狭武田が京都の戦いで国元が留守になるのを細川の計らいで到着したのである。

三宝院の戦い

大内氏が西軍に参加してから、武田は内裏の警護を任されたが、それに関係する三宝院（のちの醍醐寺）を守るべくその南の畠山義就の陣建てする寺に向かったが、畠山勢と援護する朝倉勢（西軍）に追撃され三宝院を焼かれてしまう。

内裏は西軍に占拠される

九月中旬、三宝院を落とした畠山義就勢は続いて「内裏」も占拠した。東軍の第一防衛線は破られ、東軍は防衛線を後退させた。

相国寺の戦い

勢いのある西軍は、次は室町御所と隣接する相国寺を目標に定めた。

十月、相国寺の防衛に当たっていた武田信賢勢は相国寺内に陣取っていた。信賢は相国寺勝定院で、国信は相国寺惣門に陣取り対峙した。三日間続いた戦いは四日目には西軍が制圧した。畠山義就勢は武田勢を追い出し、相国寺に火を放ち全焼した。東軍は御所をかろうじて守ったが隣の相国寺が奪われため状況は不利となったが、この戦いで両軍ともに多くの死傷者を出したが、戦いは一時的で本格的な戦いはなかった。

相国寺の戦いの後の動向、東西二将軍に

相国寺合戦の後、持久戦の様相を見せていたが、武田信賢は国元に築城し、又、大内氏の西方九州の豊後国の大友氏に書状を送って大内氏を後方から牽制している。また今後の焦点は京へ入る入り口となり洛東（都の東南地区）に武田氏勢が展開する。在京奉行の逸見宗見（へんみそうけん）は醍醐・山科地区に陣取り地元の国人たちと交わり提携して西軍の侵入を防いだ。

応仁二年九月将軍義政の弟義視（よしみ）が伊勢から京都に入った。細川勝元が要請したと言われているが迎えるために近江へ向かったのは細川・武田であった。義視は東軍の中にいたが、かつての宿敵を細川勝元が採用したため懸念して斯波義廉邸に逃れた。西軍はこの機に義視を将軍として義廉を管領として新しい幕府機構を作り上げた。ここに東西二将軍という幕府が出来上がった。

丹後国守護職に武田信賢が任じられる

足利将軍義政は、文明元年（一四六九年）一月、丹後国守護に、西軍一色義直（いっしきよしなお）から武田信賢に任じる。武田勢は逸見、粟屋・温科（ぬくしな）と細川勢が丹後に討ち入り一時制圧するが、これに対し一色側は、丹後は最大の根拠地であるため、山名氏に応援を求め援軍と共に五年間に渡り抵抗する。

北白川城築城

文明元年（一四六九年）五月　武田氏は北白川（瓜生山―現在の京都造形芸術大学近く）に築城を命じられる。下京・山科を見下ろせる如意岳の近くで、近江国で西軍佐々木六角氏が蜂起したために、京都の北東入口の若狭~京都ルートであるため地の利のある武田氏に命が下ったのである。この後武田氏はここを拠点に京都東方面の山科・醍醐までを守備範囲として活動する。

文明二年（一四七〇年）六月、西軍が山科に侵入し制圧した。守る武田家臣辺逸見繁恒は籠る勧修寺（かじゅうじ）を背後から大内勢に攻められ、多くが討ち死にし繁恒も戦死して勧修寺は焼かれる。九月武田勢は如意岳に守備に入るがやはり西軍に攻められ館を焼き北白川城に戻った。北白川周辺では武田氏は地元に密着して東軍の通路を確保した。

実弟安芸武田元網が西軍に寝返る

文明三年（一四七一年）一月　安芸国守護武田元綱が家臣を討ち、西軍に就くことを宣言する。大内氏に勧誘されたのか、あるいは兄達と共に数々の戦闘の中で、安芸国の状況は若狭国とは違い自身を主張したかったのか独自の道を歩むことにしたのである。この後、五月には応仁の乱の始まり以来西軍に属した朝倉氏が東軍に寝返る事が決定的となる。

この翌六月初、信賢が病死する。

信賢の死、継嗣国信に決まる

信賢はこの年文明三年（一四七一年）六月に病死し、後継は四六歳の時の子息がいたが、七歳で幼少のため、弟の国信が継嗣となった。兄と常に戦った国信が戦時を継ぐのは当然であった。信賢は若狭武田氏を兄の急死でいきなり新しい国を引き継いでから、都の情勢の変化を判らないままに父信繁の指示で動いている内に多くの戦と人間関係を経験して押しも押されぬ若狭武田守護大名になった。しかし多くの戦いの間に有閑の時間はなく、若い時の子供にも恵まれなかった。

信賢の死後、二年後の文明五年（一四七三年）三月に山名宗全が亡くなり、細川勝元も同年五月に亡くなり、両軍に和解の兆しが見え始める。（応仁）・文明の乱は文明九年（一四七七年）に収束するが、先に書いたようにその結果としてどのような評価を生むかは終わってみないと判らなかったが、終わってみると小国にしては大きな働きぶりと損失を蒙った。だがその結果の評価は「小国ながら最後まで京の都に残り戦い続けた」と評価されて後の代の子信親・元信・孫の元光に目が向けられる事になる。

【伝】武田信賢の菩提寺 光徳寺
（小浜市西津）

若狭武田氏の家臣団

若狭武田氏は一四四〇年（永享十二年）六月末、安芸武田家当主信繁嫡男信栄が初代若狭国守護として若狭国に入部した。しかし、入国後一か月後の同年七月に死去した。二十八歳であった。後継は次弟の七歳年下の信賢であった。

信賢はこの後約三十年間当主としての座にあった。

この時代（初期）の領国経営は、守護は在京し、守護代は一色氏時代の在国から在京に代わり、守護は守護代にへ指示を出して統治していた。その下に郡を統治する小守護代・在国奉行・郡司・代官（主に荘園）が置かれた。

その政策の立案は在京の奉行が行い領国に指示を出していた。

家臣の格式は、最上位は四老（逸見氏―高浜、粟屋氏―三方・美浜・奥名田、内藤氏―守護代―小浜・遠敷、熊谷氏―三方郡（後に武藤氏が西部強化のために京都屋敷奉行から大飯に配置された。）何れも甲斐国から続いた安芸国の在住の出身の武家であった。

次に四家（白井氏―加茂・山県氏―太良荘・香川氏―鳥羽・熊谷氏―三方、何れも家系は古いが安芸国から若狭武田氏に仕えた武家であった）

この四家に続く三氏（四氏　寺井氏―後世三宅氏に代わる―、畑田氏、松宮氏）を前の四家を加えて七家（実際は八家）と称した。

四氏の出自は、寺井氏は京都在住で財政・文芸を受け持っていたが、後に若狭国に城（谷小屋城―口名田中井）を構える城主となった。三宅氏（―名田庄）、畑田氏（―西津）、松宮氏（―瓜生）は若狭国在地の武家であった。

四老と七家（八家）は「大身分」と称して上級武家として扱われていた。

政務は、七奉行（逸見氏、粟屋氏、内藤氏、武藤氏、熊谷氏、山県氏、白井氏）がそれぞれの領地の実務と武田氏の政務と軍務を分担して受け持っていた。

その他の家臣名

安芸出身者　福島氏、綿貫氏、馬越氏、温科氏、南部氏、大塩氏、窪田氏、入江氏、山中氏、久村氏、毛木氏、阿曽沼氏、野間氏、笠沼氏、渋谷氏、中村氏、秋山氏。

若狭国在地者（地名と同姓者）山東氏、津田氏、竹長氏、鳥羽氏、多田氏、富田氏、久々子氏、三宅氏、包枝氏、瀬木氏、興道寺氏、和多田氏、青氏、長法寺氏、生守氏、小南氏、早生氏、安賀氏、早瀬氏、佐野氏、池田氏、芝田氏（以上）。

その他（神主・名主等を兼ねる）：牟久氏、桑村氏、大音氏、野崎氏、田辺氏、片山氏、須摩氏、松本氏、村松氏、渡辺氏

関戸氏（秋田安東家と両属）

出自不明者（現在）永井氏、岡本氏、貴志氏、大野氏、宇野氏、梶氏、則光氏、清水氏、市河氏、西村氏、大隅氏、太田氏、杉氏、上杉氏、倉谷氏、城氏、桑原氏、坂上氏、坂根氏、林氏、森氏、土屋氏、平成氏、原氏、山内氏、山本氏、和久氏、石井氏、葛西氏、岸氏、小島氏、芝氏、杉若氏、長谷川氏、志賀摩氏。

又　若狭国は鎌倉時代~南北朝時代から続き将軍の直属の家臣の領地があり、室町時代には足利将軍の直属の家臣団が所領を持っていた。

奉公衆（将軍直属家臣）本郷氏―大飯の一部、大草氏―高浜の一部、

曽我氏─大飯の一部、佐分氏─大飯の一部、沼田氏─瓜生、飯河氏─恒枝。

又、前時代から続く禁裏領、寺社領（荘園）が存在した。

武田氏は若狭国へ入部後、国内の統治強化を図り、これら荘園の管理を新しく代官を任命した。このため、荘園の元役人たちは浪人となって、後の一揆の原因となる。


注1、武田元信の末頃から国内事情の変化から（戦国時代化する）国元に在住するようになり、組織・分担も変化があった。

注2、家臣の地位・領地は初期・前期・後期では変化と移動があった。

柱3、初期四老は文献上は逸見氏、粟屋氏、内藤氏までは確定できるが、武藤氏は遅くれて若狭国に入り、熊谷氏であった可能性がある。

若狭武田氏 (三) 武田国信

第三代　武田国信（一四七一年～一四九〇年）の治世

若狭武田氏第二代当主信賢が応仁・文明の乱の途中で病のため死去し、その後継として共に戦ってきた弟の国信が第三代当主として引継がれた。

国信の館は信賢が建てた北白川（京都北東部若狭国に近い場所）にあった。国信は信賢が直面した困難の中で引継いだ。弟元網の反乱西軍への寝返り、それは同時に安芸国の離反と独立を宣言するものだった。京都舞台の応仁・文明の乱だけでなく西国の動きにも目を向けなければならず、又、将軍義政に降って東軍入りした越前朝倉氏の応援も命じられていた。

しかし、この年京都で疱瘡が流行り始め後土御門天皇が罹かり、将軍家族も特に義尚の重症化を聞き戦いどころではなくなった。

翌年に入ると長期戦が続いたために両軍とも戦意が鈍り、和睦と山名宗全死去等の虚報が飛び交うようになる。将軍義政は東軍の赤松政則に対し戦の構え解くように命じ、赤松は警護のための少人数を残して兵を引いた。山名宗全は西軍傘下の諸将に使者を派遣し和睦を提案する。しかしこのころの宗全は精神的に不安定だったとの情報もあり西軍諸将は信じなかった。又一方の細川勝元も異変が起こり、相続問題が絡んだ隠居騒動である。このように両軍の総将に後退する事情が起き、この両者はもともと盟友であり、両者個人が直接対立する問題は持っておらず両者の衰えと共に和睦の気運が自然に起きていたのである。

現在西軍の主力は大内氏であるが、その大内氏はもともと都での覇権は希望せず、西国の隣国である細川氏の権力が増大して西国と瀬戸内海を圧迫することを恐れて参戦していたのである。停戦もこの時点では東軍優勢であり今和睦を結べば不利な条件を押し付けられることは判っているから応じないのである。ただ今回の上洛は違っていた。大内政弘は京都に拠点を作り子義興に受け継がせ、足利義尹（義視の子）を将軍に擁立して幕政に強い影響力を行使しようとしていた。この時に戦争継続を推進していたのは畠山・大内だった。この連携は結果として京都の名刹・神社を焼き、都の破壊は彼らのせいだと見られていた。

東軍の赤松氏が和睦に反対したのは、赤松旧領を現在占拠しているのは山名氏であり、停戦では領土は戻らず東軍に参加した意味がない。

文明四年（一四七二）山名氏の家臣太田垣氏が仲間の下に送ってきた書状の中に山名宗全が精神的に錯乱状態で狐に取り付かれたのではないかと家臣たちが心配している。家臣が西軍の総指揮を執る主君の異常を他家に伝えるのは戦闘中にはないことである。家臣たちは主君を穏便に引退させることで細川氏との和睦を考え始めたのかもしれない。

不思議なことに、細川氏内部でも異様な事態が起きた。細川勝元が養子勝之と家臣十数人と共に元結を切り隠居の意思表示をしたのである。この結果，勝元の正妻で宗全の養女が産んだ細川政元が細川家の後継者になったのである。これは取り方によっては勝元が和睦を考えた意思を伝えることになった。宗全も息子政豊に家督を譲った。これで双方両軍の総帥は引退したのである。両人は開戦の責任を取る形で隠居した。これによって細川・山名の間の確執は解消する条件は満たされただろう。だが両軍の首脳がいなくなることは統率者を失う事であり、麾下の参加者はどう幕を引くのかは見通しがないままに首脳の個人的衰えから停戦になっても起こした乱の影響は収まらない。戦いを始めたのなら収束を行うのが首脳の役目であり責任である。

その文明五年（一四七三）三月には西軍山名宗全が死去、五月には東軍細川勝元が死去した。細川氏も山名氏も後継者が立ったが、翌文明六年（一四七四）二月に後継者同士で和睦が話し合われたが双方に反対者が出て成立しなかったが、四月両トップ（細川政元・山名政豊）同士で和睦が成立した。この和睦は大乱の終結には前進したが、守護大名にとっては充分な根まわしが無く行われたこの同意は曖昧なものを残した。その影響が末端では解決しないままに引き継がれて行き全国で特に領土をめぐって小競り合いが続くのである。

武田氏の今後にとって不利益な、不幸な出来事を引き起こすのである。

この後の展開を説明する前に、このような混乱はなぜ起きたのであろうか。将軍の権威と権力について見てみる。

それはそもそも応仁・文明の乱の起こりがなぜ起きたのかという事と大いに関係のある問題である。応仁・文明の乱の起きた遠因は永享十二年（一四四〇）将軍義教が四職の一人一色氏を意に添わぬとして、自身の傘下の若党の一人武田信栄に討たせた事である。その目的は鎌倉府持氏への対抗処置である等の理由はあるが、問題はその命令系統の指示の仕方にあったのである。四職の一人が意に添わなければ管領や他の四職に実行させれば将軍職の権限の下に実行され、組織とその職権（権限の範囲の中にある）であり、将軍職の役務は果されることは万人が認める事になる。従って家臣（管領から四職、守護、御家人に至るまで）はその権限と義務は守られ、その上位にいる将軍の象徴的権威＝実権は維持されるのである。室町時代将軍は三代義満、四代義持まではその権限分掌は守られて来たが、義教はにわか将軍の悲しさから自身の分掌を弁えずに業務遂行を行ってしまったことが室町幕府将軍の地位を全家臣と庶民にまで疑わせてしまったのである。

翌嘉吉元年（一四四一）嘉吉の乱が起きて将軍義教は赤松満祐に暗殺されるが、その理由はこの将軍は何をするか判らない。必ずいつか自分に災いが廻って来るのに違いない、多くの武家の心理状態であっただろう。事件後、赤松を捕えることもできなかった。それは起こりうる、だれか大物が背後で指示したのかもしれない、の疑念が全武家を覆っていた。数日たってその懸念はなくなったが、義教の在世中の措置に不満を持つ武家に対し元に戻す提示がされて、その確認のもとに山名氏を中心に播磨で立て籠った赤松の成敗に出かけるのである。赤松満祐は落城し自刃してようやく決着する。

この二十六年後に応仁・文明の乱は起きるが、この間、武家たちは将軍職に対して尊氏から四代義持まで続いてきた信頼は永享十二年の一色氏暗殺と嘉吉の乱で一度落ちて今後どのように回復するのか、させるのかを見守っていたが、後継将軍は七歳の義勝が継ぎ二年後の一四四三年夭逝し、その後継は義勝の弟義政八歳であった。いずれも管領である細川氏と続いて畠山氏が補佐であったが、その幕府運営は将軍職でなく管領職であり嘉吉の乱の信頼を回復させるにはあまりにも無力であり、幼少の将軍二代が直接の影響力は小さく、この間の管領政治は武家に対する将軍の権威を薄める影響を齎した。この後に起きた管領家の相続問題とその後の将軍家の相続の問題が起き、武家達では収拾が就かなくなった。

応仁・文明の乱は畠山家の継承問題から発したが、室町幕府の立場であれば紛争を起こして解決できない武家（管領家も含め）は処分するか、事態によっては将軍命令で解決するべき問題である。相続紛争が起きた時に、姻戚であろうが、友であろうが他家の紛争に干渉してはならない、処罰の対象である。これを命令できるのはただ将軍のみである。永享十二年（一四四〇）の一色暗殺の事変は、将軍義教は将軍の権限は誰のために、何のために使うのかを将軍職として理解していなかったのである。

応仁・文明の乱は将軍がその権限を履行できないのを知った管領・四職・守護大名達が自身の損得と利権に及ぶのを恐れ、個人で干渉し始めたことが原因である。それぞれがその繋がりと立場で参戦したのである。この乱は終わってみると何のために十一年間争ったのかが判らない戦争をしてしまったのである。それどころかこの戦争で、社会秩序を失い、人間社会が常に持っている問題の噴出と無法の政治権力社会が始まり、自衛のために地方中心の個別社会が始まることになるのである。

応仁・文明の乱は文明六年（一四七四）東軍、西軍首脳の合意で停戦となるが具体的な協定はなく末端では戦いが続いていた。

京都の一部からは実働の東軍大将と言われた若狭国の武田氏は国内では西隣の一色氏と領土をめぐって争っていた。

文明元年（一四六九年）に信賢が将軍義政から丹後国守護を拝名していた。その後一色氏の抵抗は続いていたが、両軍の京都での停戦によって、一色氏は将軍義政（建前上は東軍）に降り許され五月に東軍に組み込まれた。この時点で一色氏は旧領の返還を要求することが予想された。

若狭国では丹後の守備は、一時は一色氏に攻められて敗れるがまた細川氏と連携して奪回していた。応仁・文明の乱では当初から常に第一戦で武田軍の主力として戦い続けた逸見（へんみ）氏は丹後国の守備を一手に任されていた。

その経緯は、明確に文書はないが、国信は東軍と西軍の和睦の直後にその情報を家臣に送っているが、明確な指示を出した文書はない。一方丹波で頑張る逸見宗見は籠城していたが、国信の援軍はなく一色軍に囲まれ追い詰められて自刃する。若狭軍団の中心部隊の総師であった逸見宗見（そうけん）の死は若狭国の大きな痛手であり、逸見家にとっては宗見の弟繁（しげ）恒（つね）も文明二年（一四七〇）勧修寺の戦いで西軍大内氏の応援部隊に攻められ自刃していて、後に禍根を残すことになる。宗見は武田氏が若国に入部以来高浜を領地とした逸見真正（へんみさねまさ）の子で弟の繁経と共に武田家奉行を受持ち、武田家若狭着任当初を支えた重臣であった。後継は粟屋氏が代わったが武田宗家と肩を並べるには逸見家とは比較にならず、この後の武田氏は行く末が懸念されて行くのである。国信はなぜ将軍の決定を明確に、停戦を指示しなかったのか、宗見が拒絶したのか、真相は国信が息子たちの将来を義政に気遣い忠心の意思を伝えている間に一色氏の動きが速く間に合わなかったというのが真相であろう。（一四七四年）

しかし、戦乱の時代を生き自身の国と周囲を守るためには、世を動かすのは物理と政策であることは子供の時から教育されていたことである。物理の主力であった家臣を失うことは自国の衰退に繋がることは避けられないのである。逸見家は武田家創立以来から両輪的存在として、或る時は主家に代わる機会もありながら、自家を家臣の身に於いて世を生きたのは、一国二領主は国が成り立たないという原則を守り抜き、武田家に仕えた最も頼りになるべき家であったのである。国信は逸見宗見を失った時はその偉大さを惜しみ悲しんで剃髪した。

若狭武田家は最も大事な同胞（はらから）の家臣逸見氏主力を失ったのである。
国信は、この後は大きな戦闘には参加していない。一色氏とは変わらずライバルであり隣国の争乱を抱えた相手ではあったが、将軍の御前では犬追物に共に参加するなど将軍家との関係は良好に務めた。

若狭国内では応仁・文明の乱で国主が京都にいる間は戦闘のための度々の要請には追い付かず年貢の停滞の発生等問題があり帰国して解決に当たらなければならなかった。

文明十三年（一四八一）国信と信親は、都から兵を引き幕府に恭順した大内氏との和解を幕府に依頼する。安芸国は元綱が独立宣言をしても当主は国信のままであり、信親の進言や武田家の将来の為に元綱とは和解し、そのためにはその最大の脅威かつては西軍の主力で今は幕府に降った大内氏と関係を恢復することが必要に迫られたのである。果たして大内氏の仲介で、元綱は応じ和解が成立した。元綱の反乱は応仁・文明の乱当初は兄二人と共に東軍として戦っていたが、自身は弟であり安芸国しか知らない安芸はホームグラウンドであり、戦いの現場で若狭家臣達が戦死してゆくのを厳しい現実として捉え、安芸国を守る意志が強くなり離反したのである。国信も時間が経てば冷静な判断を取り戻したのである。

文明十五年（一四八三）には幕府から長年の功績によって山城国の一部を不安定な畠山氏に代わって守護として任命されそうになるが断っている。現在の負担にさらに遙か大きな過剰な負担がかかるのを恐れて断ったのである。逸見氏が健在ならば守護代として任せることが出来て、守護の範囲を拡張して若狭武田家が応仁・文明の乱で払った代償の実現が可能で、更なる発展をするチャンスを生かせなかったのである。国信は乱後在国が多くなり国内中心に目を向けるようになる。

嫡男後継候補信親（のぶちか）の死

武田国信の長男信親（のぶちか）は父国信の兄武田当主信賢の子の死に会い、次代の当主候補として父の期待をかけられ文明六年（一四七四）十三歳で幕府犬負い物に参加し、評判となり、将軍の御供衆（おともしゅう）（将軍の外出する際の護衛と陪席・道案内する近臣、上級守護の子弟から選抜）に抜擢され、若いうちから幕府に奉公する。将軍の覚えは良く、義政夫妻が子義尚を伴って細川邸を訪問した際は御供衆の中に入っている。他の義政が外出の際も度々その名がみえる。

文明十三年（一四八一）正月御供衆の名簿に見える。

文明十三年（一四八一）将軍義政が鹿苑寺（ろくおんじ）参詣の際もその供奉（ぐぶ）（お供列）を務めている。

文明十四年（一四八二）信親は幕府殿中の一献沙汰（いっこんさた）を務め、将軍に太刀・馬・花瓶・漆器・絵等を献上して存在感をアピールしている。これは父国信の支援の下に行われた事が想像でき、国信の期待が窺える。

又、寺院にも関心を持ち小浜後瀬山の麓にあった栖雲寺（せいうんじ）を再興する。無論国信の援助もあってことである。信親は武田家の未来を嘱望されていたのである。

文明一七年（一四八五）八月　信親死去

信親は自身が再興した栖雲寺（せいうんじ）に葬られた。

長享元年（一四八七）御供衆十四人の中に国信の名（宗勲）が見られ信親の後を国信が継いだと考えられる。

この間、若狭国内禁裏料（きんりりょう）（皇室領）所の税金が滞納になっていることを催促されていたが、知らぬうちに一色氏が代わりに禁裏料所の代官に任命されて納めており、国信は当時の後土御門天皇の同意を取り付けて、文明十八年（一四八六）認められ若狭国に戻された。この件で一色氏は反発したが、国信が若狭国に戻っていたため何もできなかった。

長享元年（一四八七）に将軍義尚が六角氏の反乱を討つために近江へ出陣するが、国信も従い近江へ出陣して一年半を将軍と共に布陣し、長享三年（一四八九）三月に義尚が急死したため、帰還している。在国・出陣の際は幕府との情報とコミュニケーションをとる為に都の事情に詳しい家臣逸見宗見の子国清と京都出身武家寺井賢仲を雑掌（事務と雑務役）として頼りにしていた。

延徳二年（一四九〇）二月信親の弟元信と共に足利義視・義稙父子の鹿苑院御成に供奉し、その後元信のみが供奉している。

国信は、延徳二年（一四九〇）六月死去した。

今まで国信の政務を中心に述べてきたが、国信には文化人の側面があり、見逃すことが出来ないので時代順に追って述べてみる。無論文化人の活動と言っても武人であるので文化活動と政務は共存しているのでその理解で捉えるべきであると思う。

国信は在京が多かったので、北白川の国信邸では来客を招いた連歌会や月次連歌会が度々催された。

文明九年（一四七七）八月越前から帰京途中の松月庵正広を小浜に
招き歌会を開催

文明十年（一四七八）十二月京都で蘭坡景茝の主催する和漢連句の会
に出席

文明十一年（一四七九）飛鳥井雅親は小浜高成寺瑞雲院で歌会に出席。
後日、帰りを若狭町日笠まで送り交わした歌

「行くすゑをともにみやこと契るたに　わかるる程の裾ハぬれけり」
栄華（雅親）

「行くすゑの都にむかふ袖たにも　ぬるるになれし別れかなしも」
宗勲（国信）

文明十一年（一四七九）越前から帰京途中の宗祇を小浜に招き千句連
歌会を開催

文明十八年（一四八六）宗祇茶会

交流のあった当時の著名人
連歌師　宗祇・兼載・肖柏・
禅僧・漢詩文筆家　蘭玻景茝・景徐周麟・横川景三・希世霊彦
歌人　飛鳥井雅康・冷泉為広・正般
栄華（時の人）　飛鳥井雅親・正広（歌人）
『新選菟玖波集』に国信（十一首入選）武家三位—宗祇推薦による

武田国信 東光寺に中世の名残を残す
（玉花園）

東　光　寺（小浜市小浜浅間）

若狭武田氏㈣　武田元信

第四代　武田元信（一四九一年～一五二一年）の治世

第三代武田国信は、先代信賢に次いで応仁・文明の乱を引き継ぎ、多くの武士団を都に派遣し東軍細川勝元の傘下で戦ったが、損失は大きかった。主力であった逸見氏の大部分を失い、その他の家臣にも負担は多かった。

応仁・文明の乱はその後山名宗全と細川勝元の死によって両者の後継者が文明六年（一四七四）和睦を成立させて収束に向かい、文明八年九月（一四七六）将軍義政が西軍の主力である大内政弘に御内書を送って協力を求め、同年十二月弟足利義視が恭順したのを許し、翌文明九年（一四七七）十一月西軍（西幕府）解散、参戦した武家達の下国によって収束した。しかし、この乱が起こした影響は大きくこの後の政治の世界を変え後の戦国時代へと変えて行くことになる。諸守護大名間の関係の係争の激化、将軍の権威の失墜、武家下層からの浮上の出現である。

応仁の乱を終えた国信に更なる不幸が襲った。嫡男信親の死である。文明十七年（一四八五）の事である。二十四歳であった。将軍義政の覚えもよく将軍主催の数々の行事に御供衆として供奉している有力な国信の後継者であった。信親は父国信を助け安芸武田家との和解に尽力しその背景となっていた大内氏とも和解を成功させた。（尚、信親は父が健在で跡目は次いでいなかった為に守護職には数えられていないが、第四代当主ともいうべき人材であった。）その信親の代わりの後継者は弟の元信であった。

元信は父国信の存命中に起きた将軍義政の六角氏討伐の長享・延徳の乱が始まり、その延徳二年（一四九〇年）六月国信が死去した。この年の前の年に将軍義尚が亡くなり、翌年一月には将軍義政が亡くなり、後を継いだのは弟の義視（延徳三年正月死去）の子義材であった。義材は六角高頼を一旦赦免したが、押領した地が返されていない事を知ると六角高頼の征伐に乗り出した。（延徳三年四月第二次六角征伐）この時、近江大津三井寺に本陣を置いたが、師奉行（戦いの指揮官）には赤松正則と武田元信が任命された。元信が起用されたのは、若狭武田家は応仁・文明の乱の際にその勇名が京都では聞こえていたのである。八月、将軍義材は、細川政元を近江守護に任じて先鋒を命じた。細川軍（一色義直・京極氏・土岐氏・大内氏・山名氏）は侵攻して近江国の半ばまで進んだが、延徳四年（一四九二）には六角氏の反撃を受けて取り返されると、義材は赤松政則・武田元信・斯波義寛を投入して奪回すると、更に斯波義寛を先陣にして甲賀に攻め込んだ為、六角高頼は伊勢へ逃亡した。

将軍義材は六角別家の高頼の甥の子の六角政尭の子虎千代を近江守護に据えて兵を引き上げ都へ帰還した。

この戦いで若狭武田軍内部に国信の時代と違う動きが見られた。それはこの武田元信の隊列には粟屋賢家が先頭を務めたのである。逸見弾正（応仁・文明の乱で戦死した逸見兄第―宗見・繁経の後継者）も参陣していたが戦いの場で陣地を動かなかったというのである。巷間では先代迄は常に先陣を切っていた逸見家に変わり粟屋氏が先陣を切った事への反発があったと言われている。この戦いの中では元信からは沙汰は無かったが、今後の三者の関係が変化して行く出来事であつた。応仁・

文明の乱で多くの戦死者を出した逸見氏より多くの戦力を保持していた粟屋氏が武田元信軍団の中心になって行くと同時に、逸見氏は在京での諸事の外交窓口役を受持ち、粟屋氏が武田家の組織の実質的な重要な役目を果すことになって行くのである。

一四九二年（延徳四年＝明応元年）近江から凱旋した将軍義材は、今度は畠山政長から要請があった反政権を貫く畠山義就の子基家（義豊）討伐に河内に向かうことになる。ただ細川政元はこの遠征には反対であった。義材はそれを押切り明応二年二月に出陣し武田元信は多くの守護大名達と共に従った。討伐軍は基家の籠城する河内の高屋城（誉田城）に陣を置き包囲した。このため支城は次々と落城して基家は孤立した。

明応の政変（明応二年）

しかしこの時、都に残っていた細川政元が反乱を起こした。理由は義材が将軍になった際には細川氏に管領として采配を振るわせる事の約束を破り、将軍義材が単独行動をとって武家征伐を行った事と畠山氏が政長流に統一されると細川氏のライバルとして強敵となる事を兼ねたから恐れていたと言われる。政元は日野富子（義政正室・義尚の母）と富子の近臣であった伊勢貞宗を味方に引き入れさらに守護大名赤松政則等を味方にした。将軍には義政・義尚生前の養子となっていた堀越公方家義澄（清晃→義尊・義高→義澄→）を押して第十一代将軍としたのである。

この時、大坂にいた諸守護大名はこの情報を聞きそれぞれが判断に苦慮したが多くは都に引き上げることを決め、大内氏だけは国に帰る事を決めて細川政元の要請にも返答を行った。

この時の元信は将軍義材と新将軍義澄・細川政元の両方の立場を理解して細川政元の要求には応えながらも一遍倒にならずに、義材にも気を配り義材が京都で幽閉されてから畠山政長が守護を務める越中に逃れるのを家臣を付けて送り出した。

この時代から後以降はこの二系統の将軍の交代で終始することを考えると、元信は一管領が将軍を決めてしまう行為の現状を見て今後の将軍職が決して一系統に収まらない未来を実感していたのではないだろうか。他の守護大名達にも同じ感じ方を共有する人達がいたのであろう。元信は京都に戻り下国しようとしたが政元に止められて京都に留まった。

明応三年（一四九四）義材が都に攻め上ると言う噂が立ち元信はその都の警護を政元から指示された。

義材は義尹と名前を変え朝倉貞景を頼り一年後に貞景の反対を振りきって敦賀に着き都に向かい、若狭国を当てにするような行動に対し元信は明確に政元側に付きその対応策を政元と相談し準備した。この間の情勢ははっきり義尹の劣勢を見極めての判断であったと思われる。ただこの判断は安芸国の武田家に影響した。大内氏は元信が政元の側に就いたと判断し安芸武田を敵とみなして攻勢をかけるようになったのである。この時点の元信の都の評価は応仁・文明の乱での武田家の貢献は都の人が評価するところであり特に細川政元には欠かせない存在であり、当然ながら安芸国は元信の配下だったので安芸武田の家臣の反乱などは元信の家臣から応援を出さなければならなかった。

明応九年（一五〇〇）三月義尹は大内氏の周防に移動した。政元は近隣の守護大名に大内氏に当たらせたが、その代表格は武田家であった。

同年、将軍義高（義澄に改名）は元信の今までの貢献度により、将軍の相伴衆の資格を与えた。しかし細川氏は反対した。少ない資格者を一族から選ばれるのが減ることに危惧したのである。しかし義高は将軍になって数年経ち自信と自覚を持ち始めていて、細川氏の方針には従わないことが多くなっていた。義高は元信を従四位に推薦した。従五位にもなっていないのに破格の推薦であった。義高から見れば政権は細川政元中心に固められていて、将軍の意図を汲んでくれる家臣が欲しかったのである。それには過去の勤務実績があり、中立的であり、多彩な人から人望のある持ち主の人格の人と見られたのである。文亀二年（一五〇二）元信の相伴衆は認められた。

期待された元信は段銭を国内に要求した。強引な集め方をしたという事で、国人衆と百姓からは反発に会い、段銭徴収奉行の武田中務大輔政明とその子弥五郎は襲われ討死した記事が残っている。この政明は京都武田家（分家中務武田家）と言われ、足利尊氏と戦いを共にした武田信武の子氏信の弟で公信（尚信とも）を祖先とする京都在住の武田氏で（奉公衆）、若狭国で一色氏時代から小守護代等を務め、若狭武田氏の役人を引き受けていた名がみえる武家である。

丹後へ侵攻

永正三年（一五〇六）京都で信任を得た元信は国元での国策を進めるようになり、一時期取得した丹後国の一部の蘇生を図るのである。

当時の丹後は応仁の乱終結で将軍より一色氏の丹後の復権が認められていた。だが国内が外敵の心配がなくなると内部抗争が起こり、守護代の延永晴信と国人石川直経が争う内乱が起き混乱状態になった。元信はこの機に獲得に乗り出した。永正三年に行動を起こすが、都ではその問題をめぐり将軍義高と細川政元では解釈が違い対立した。結果は義高は認めて承認した。お墨付きを得た元信は攻勢を強めた。しかし、兵を進めた元信軍は一色氏の必死の防戦に会い数百名の戦死者を出した。この後細川政元の軍が合流し丹後を進撃したが、やはりここでも一色家臣の猛反撃により撤退を余儀なくされた。戦いの最中に武田・細川軍は和歌を都に依頼するなど戦意の差が勝敗を決定的にした。

永正四年（一五〇七）元信は丹後陣中にいたが、細川政元が突然戦意を失い修験道の霊場巡りを始めたのである。元信の丹後侵攻をめぐって将軍との軋轢が不安にさせたのである。将軍義高は政元に帰国命令を出し、元信は政元の説得に努め丹後戦合力を認めさせ、政元は細川軍を集結させて丹後に向かった。しかしここでも一色義有の元に一つに纏まった一色軍の為に大敗してしまうのである。若狭武田家の損失も多かった。

細川惣領家の内紛と周防大内氏の上洛

細川政元には宗教上の信仰から実子がおらず、三人の養子（澄元＝一族義春の子・澄之＝九条政基の子、実子のいない細川政元の養子・高国＝一族政春の子）が後継者であった。

戦況がはかばかしくない状態で政元は一旦帰京した。短期間でこの戦いを終え将軍のいる都へ帰る予定が思うに任せず一時帰京したのであるが、それを知った丹後で戦っていた息子達や重臣の一部が引き上げた。この直後、さらに細川政元が重臣たちによって暗殺された。暗殺の理由は明らかではないが戦意の無い、決断できない政元がトップでは細川家は権威を失い、一族没落の危機を感じた重臣たちの認識であったことが考えられる。この報は丹後にも伝わり一色勢の総攻撃を受けたのである。現地丹後にいた細川の家臣たちは総崩れとなった。武田軍も逸見駿河守・粟屋親栄の戦死など大きな損害を被り若狭へ逃げ帰ったのである。

この後細川家では内部抗争が起こり、後継に目されていた澄元は近江に逃げて、助ける重臣たちに支えられて澄之が家督を継いだ。

ところがその直後、この事件を見ていたもう一人の細川政元養子高国が細川政賢（澄元の妹婿）らに支援され急襲して澄之を自害に追い込んだ。翌日、澄元が家督復帰を認められた。

この事変を西の周防の国で見ていた前将軍義尹（義材）は大内義興と共に再起の好機と捉え、永正四年（一五〇七）周防を発ち瀬戸内海を東上して周囲の武家を取り込み都へ向かった。安芸武田家も巻き込まれた。

都では防衛軍が組織され武田元信・一色義清ら諸国の諸将に義尹軍阻止を命じた。大内氏の大船団が堺に上陸した。京都では細川高国が澄元を復帰させながら後に不和となり、義尹に細川家相続を認められ軍に加わり、都へ迎え入れた。将軍義澄は伊賀に逃れ、細川澄元は近江に走った。将軍義尹の復帰の宣言であった。

こうして将軍義尹・細川高国・大内義興の政権が成立した。

元信の下国と戦国大名化へ

元信は一時将軍義尹政権と義澄政権の転換期には両立の方向を出したものの、結果は義澄に厚遇され義澄に就いたために立場に困り、都の屋敷を引き払い下国した。何よりも国内の建て直しを計り、丹後の戦いの損失の回復を図らなければならなかったのである。

都への対応は元信は義澄側の誘いもあり、若狭国では一応は義澄側に立ちながら、和歌などを嗜みながら情勢を見極めていた。

永正八年（一五一一）前将軍義澄は将軍復帰の準備が出来たと味方と予想される諸将に御内書を送った。義澄は近江国から阿波国に移っていた細川澄元と呼応して細川政賢を総大将として都に攻め上り高国軍を破り都に迫ったが、途中で義澄が死去した。入京した細川政賢等はこの後の高国勢の攻勢に備えて船岡山に陣取った。八月両者は激突したが大内氏の大軍の前に細川政賢は戦死し、高国・大内義興側が勝利した。

元信がこの戦いで義澄の死に会い、どのような行動をとったかは記録がないが、この合戦後の落ち着いた時期に将軍義尹に帰順したと思われる。

丹後国内乱と若狭武田家重臣への影響

永正九年（一五一二）丹後国では永正三年から四年（一五〇七年～一五〇八）にかけての他国からの侵攻の心配がなくなると国内の抗争が始まるのである。当主一色義有が二十六歳で死去した。その跡目をめぐって一族内の一色義清を推す石川直経と一色九郎を推す守護代延永春信の間で対立が再燃した。翌永正一〇年（一五一三）には劣勢の石川側は若狭武田氏の支援を求め若狭国に近い加佐郡（現舞鶴市の一部）を治めていた。永正一四年（一五一一）に入ると若狭国最西（現高浜町）に位置する逸見氏が延永氏と手を組み武田氏に反旗を翻すことになる。理由は明確ではないが、前回の戦闘中に日頃から交流があった丹後国内の武家との交流の復活や若狭国内の処遇が不満だったのではないか、また逸見家内部の分家との今後の方向をめぐる対立も考えられる。

逸見氏惣領家（へんみしそうりょうけ）の離反

戦いは延永側が有利に進め、一時は若狭国和田の港を手中に収め石川氏を若狭国内に留め、かくまう武田氏を攻撃の対象にしたのである。この時、逸見氏の惣領家は延永側についており、武田家に対したのである。

この事態を幕府は知り、戦いを収集しようと朝倉教景（あさくらのりかげ）を送り両者の調停を行い、和睦は成立し幕府に報告した。

しかし末端では戦いは収まってはおらず、拡大したため、朝倉軍が介入し、延永軍を戦いで追い詰め、延永氏は降伏した。朝倉家の武将朝倉景職（かげもと）が高浜に常駐した。

一色義清は丹後国に復帰し加佐郡（舞鶴市東部、若狭国に隣接する地域）を平定した。

この後延永氏残党が一揆と結びついて加佐郡で反乱を起こしたが、若狭国在住の奉公衆（将軍直属の家臣）本郷政泰（ほんごうまさやす）が鎮圧した。

この後も武田軍は進撃を続け丹後国西部まで進んだが、西部の国人たちの蜂起に会い、対応しきれず加佐郡迄後退して、加佐郡を傘下に収め、功労のあった家臣達（白井氏等）に給地を与えた。またこの時期に明通寺の鐘の鋳造に丹後国の浦・村から多くの寄進が送られている。

若狭国内も体制の再整備が行われ高浜には逸見氏（へんみ）（武田家に忠実な分家と思われる）と共に本郷氏に依頼して防御の応援を頼み、この後、大永七年（一五二七）武田家臣からは粟屋元勝（あわやもとかつ）が配備されている。

この戦いが収まった後若狭国内は今までとは全く違った状況が生まれていたのである。丹後国の加佐郡を奪い取ったもののその維持に力を注がなくてはならなくなったのである。西隣りの一色氏・東隣りの朝倉氏も将軍命令の基に今回は与力を得たが、やはり応仁・文明の乱以来強大な力を持つ隣国集団であり、元信は提携するために身内の女子を輿入れさせている。又、国内家臣団の他国との関係や紛争に対し引き締めを行い監視しなければならなくなった。これはこの時代が今まで京都中心の世界から自国を守り固める、後の戦国大名の政治組織に傾いたことを意味する。

その事例として文書の形式が変化するのである。先ず若狭武田の初期の頃は幕命の奉書だったが、その後は家臣（奉行）が出す文書が多くなるが、更のその後では当主（守護）の花押が連なり、更に直書も多くなる。

これは国内の統制が強化された事であり、当主（守護）に権限が集中して上位下達が様式となって命令系統が単純化され戦いに適合する。国内領地の支配も家臣たちに責任を分担させて強化を図り組織も守護大名を頂点とするピラミッド型の形態を形作って行くことになる。

武田元信敷地寄進状

若狭国小浜西福寺道場敷地の件、西林寺南之谷一所切渡畠并畑之分、悉為新寄進申付候上者、永代不可有相違者也、仍寄進状如件、

永正拾六年己卯七月二日　　武田元信　花押

覚阿上人

元信が永正十六年（一五一九）に西福寺に修行場のための土地を寄進し、永久安堵した書状である。

元信以降も更に強化されるが、守護家次第で浮沈が激しくなるのである。

元信の出家・隠居と従三位の叙任

永正十四年（一五一七）十月安芸武田元繁が大内氏と離反し、大内氏麾下の毛利元就に討たれ、後継者問題から再起出来ず衰退するのである。

元信は若狭国の防備のため余裕はなく援軍を送ることは出来なかった。京都では、永正十五年（一五一八）将軍義稙（義尹永正十年改名）の下で政権を維持していた大内義興が周防へ帰国した。この機に四国にいた細川澄元・三好之長が上洛し京都を一時占拠したが、細川高国に敗れ、之長は戦死、澄元は四国で死去した。

永正十六年（一五一九）丹後の戦いに一応の安定を得た後に、都の争乱も高国の勝利で終わり、高国との若狭国との関係の安定したのを見て、元信は出家し紹壮を名乗り、隠居して次男元光（二六歳）に家督を譲ることにした。

元光は偉大な父の後を継ぎ、父の若狭国の貢献に報いたい為に昇叙を（現従四位下）考え、元信の京都の知人三條西実隆を訪ね贈答品を献じた。宮中に参内し上洛の礼（挨拶料）に大量の献上品を捧げた。内裏の修理代を引き受け、将軍家と管領職には猿楽の主催者を受け持つ等、都で短期間に新入りの挨拶廻りを行った。それは父元信の従三位取得に役立った。

細川高国に相談をして三条西実隆から武家伝奏（朝廷の武家を扱う役所）に話をして朝廷で内定し、幕府から伝えられた。高国（従四位下）の上をゆく昇叙は高国から見れば若狭武田氏の協力を得る必要があり実を取ったのであるが、若い元光にとってはしたれりの気持ちであっただろう。父の功績に対し表敬できる「従三位」獲得は武田氏の輝かしい実績を世に訴えることが出来たのである。

しかし、この後、元光の時代にこの六年後、高国からの依頼を受けて都の戦いに参加して大敗北を喫して若狭武田氏の命運を決める事になることは若い元光には予測はできなかった。

後瀬山城の築城

武田元信の時代は若狭守護代々の中でも最も激しく厳しい時代を勝ち抜き領地を広げた時代であった。それは図らずも戦乱に引き込まれ、応仁・文明の乱で父の活躍と有力家臣達の戦死を見て、応仁・文明の乱では都人から若狭武田氏はよく都を守る事に貢献してくれたという周囲の賛辞の下で働き、戦場に出ては都での的確な判断で立場上相手側方についてもさほど憎まれる事なく敵視されなかったのは、若狭国人としての生真面目さと忠誠心が強い事が多くの武家から信頼されていた要因に依るものであっただろう。

元信は多くの戦いの経験から山城を作ることは必須と考え、晩年後瀬山の麓に別荘を構えた時から考えていた。それまで住んだ福谷にいる時から南に聳える後瀬山を見て育ち、この山頂に居城を構えれば直下に湊と若狭国を一望できる、戦時には敵の進軍を見渡せる、西には丹後国があり侵入があった時に充分に備えられる、これこそが元光以下武田家が将来繁栄し厳しい下克上の戦国時代を生き残れる砦として必要と考え計画を準備していた。在世中に自身の手で実現はしなかったが、元信の死の翌年大永二年（一五二二）元光の手によって完成した。

元信は文化人として文芸にも関わった人であるが、何よりも武家としての縦横無尽の活動としての記録が最も栄えある歴史である。

人柄も周囲に気配りの出来る大きな人物として目上や古参の守護達と渡り合い、又、目下の人達への心遣いが、自身を生かす方法を考え出し、生き抜いた一生であった。

元信と文芸の世界

京都在住の公卿元内大臣（正二位）三条西実隆（一四五五〜一五三七）とは交流があり、日記『実隆公記』には武田元信他多くの人物との和歌等を通じての交流や当時の事象の記録が掲載されている。

元信は歌道に優れていた。歌道には古典の収集という大事な基礎が必要であり、実隆を通じての成果を得ていたと思われる。元信は「新三十六歌合」を入手して『狭衣物語』を借用している。古今集を送られた時は喜びの返事を送ると、実隆は答えて、

　　をろかなる跡も後せの山におふるしゐて千とせのかたみとをみよ

と贈りこれに対し元信は

　　限りあらし千世の後せの山におふるしゐのうらなくちきることの葉

と返歌している。

元信と実隆の交わりは深いものだった。元信が父国信の下で彦次郎を称していたころの文明十八年（一四八六）実隆を訪問したに翌長享元年（一四八七）将軍義尚の使者として和泉式部日記の書写の事を実隆に伝えた。延徳二年（一四九〇）将軍義材・義視が鹿苑院に於いて義政の四十九日忌法会を行ったとき、「参候衆」の中に武田元信がいた。翌延徳三年の年始の礼に実隆を訪れた。明応九年（一五〇〇）将軍義澄が鞍馬の花を観覧したとき、伊豆の守元信の申沙汰により一献あった。文亀三年（一五〇三）義澄が高雄にて紅葉の鑑賞をしたとき、元信も加わった。永正元年室町殿和歌会披講に参事した。若いころから将軍に参事していたのである。将軍に近侍し将軍於相伴衆としていった先で教養が問われる機会に遭う経験をし、必要に迫られて勤勉に務めた結果である。永正六年（一五〇九）元信が得度（仏門入り）したことを聞いた実隆が、十二月に文を添えて、

　　くろ髪のおもふすちこそかはるともおなしまことの道に入りけむ

と贈ると元信は、

　　ことの葉のまことをきけば黒髪の思ふすちなる道そうれしき

と返歌して、実隆の「ことの葉のまこと」を謝した。

現在元信の若歌と称するものは世に伝えられて「元宝器短冊手鏡」に

　　　野径夏草

　　かへるさののへの夏草しけれ猶とひくる人の道も忘れて　元信

　　　花

　　はな盛あへはそあへるうつろふもちるもおもはし行すゐの春　元信

連歌は「宇良葉」秋に、

「武田豆州の亭の月次に　はつかりのこゑやした染木ゝの秋」と見え宗祇との関係が知られる。又宗長とも交わり、続類従本「壁草」に、

　　　若狭国小浜の津にして

　　朝霧や波の上なる秋のうみ

と出ている。この句は文明十一年越前一乗谷に朝倉氏を訪ねてから上洛の途中のものであるので、父国信が在国中のものである。さらに宗長第二の自選句集「那智籠」上に「一乗より十月のはしめ京へのほるとて気比のうみにて」とあり、次に、

　　　若狭の小浜武田光禄にて

かすや真砂浜松かえの代、の霜　　おなし所にて
なみそ秋暮れてのちせの山おろし

とあるように、宗長は永正十二年（一五一五）越前から上洛の途中、小浜に立ち寄り、元信邸の連歌会に参加したのである。

元信は能筆家でその筆跡が二楽軒に似ていたので二楽と号した。

又元信は蹴鞠（けまり）の名手であった。

仏国寺（小浜市伏原）**武田元信公菩提寺**

武田元信公墓塔

若狭武田氏㈤　武田元光

第五代　武田元光（一五二一年～一五五一年）の治世

第五代若狭国守護武田元光の治世を語るには、先ずは後瀬山築城の背景等、武田氏の若狭国を発展させた先代元信の治世を語らなければならない。前章と重複する部分もあるが、この後の武田家が進む方向性（戦国時代化）と関係するので記載する。

第四代武田元信は、先代国信の代に起きた日本中を巻き込んだ応仁・文明の乱の経過と結果を見て、多くの事を学んだ。若狭武田氏は武士団を都に派遣し東軍細川勝元の傘下で戦ったが、損失は大きかった。主力であった逸見氏の大部分を失い、その他の武家にも負担は多かったが、その代償とでもいうべきか、都での評判は高く、よく都を守ってくれたという評価を得たのである。

応仁・文明の乱は勃発後八年にして山名宗全と細川勝元の死によって両者の後継者が文明六年（一四七四）和睦を成立させて収束に向かい、文明八年九月（一四七六）将軍義政が西軍の主力である大内政弘に御内書を送って協力を求め、同年十二月弟足利義視が恭順したのを許し、翌文明九年（一四七七）十一月西軍（西幕府）解散、参戦した武家達の下国によって収束した。しかし、この乱が起こした影響は大きくこの後の政治の世界と社会構造を変え後の戦国時代へと変って行くことになる。管領畠山家の紛争はまだ続いており、将軍と管領の力関係は将軍権威の失墜、諸守護大名間の関係の係争の激化、武家下層からの浮上の出現である。

応仁・文明の乱を終えた国信の後継は嫡男信親であったが、信親の急死に会い、信親の代わりの後継者は弟の元信であった。後を継いだ元信はこの後に繰り返される都の変化に合わせるべく奔走しながら武家としてこれからどのように生きるかを学ぶ事になるのである。

元信は父国信の存命中に起きた将軍義政の六角氏討伐の長享・延徳の乱が始まり、その延徳二年（一四九〇）六月国信が死去した。この年の前の延徳元年（一四八九）に将軍義尚が亡くなり、翌延徳二年（一四九〇）一月には将軍義政が亡くなり、後を継いだ弟の義視も延徳三年（一四九一）正月死去した。応仁・文明の乱当事者三人の将軍が相次いで亡くなったのである。その後継の将軍には義視の子義材（後の義尹）であった。義材は幕府に従わなかった六角高頼を一旦赦免したが、押領した地が返されていない事を知ると六角高頼の再征伐に乗り出した。（延徳三年四月第二次六角征伐）この時、近江大津三井寺に本陣を置いたが、師奉行（戦いの指揮官）には赤松正則と武田元信が任命された。元信が起用されたのは、若狭武田家は応仁・文明の乱の際にその勇名が京都では聞こえていたのである。八月、将軍義材は、細川政元を近江守護に任じて先鋒を命じた。細川軍（一色義直・京極氏・土岐氏・大内氏・山名氏）は侵攻して近江国の半ばまで進んだが、延徳四年（一四九二）には六角氏の反撃を受けて取り返されると、義材は赤松政則・武田元信・斯波義寛を投入して奪回すると、更に斯波義寛を先陣にして甲賀に攻め込んだ為、六角高頼は伊勢へ逃亡した。将軍義材は六角別家の高頼の甥の子の六角政堯の子虎千代を近江守護に据えて兵を引き上げ都へ帰還した。

このように表向きは順調な幕府に見えたが管領との関係は以前とは違っていた。この後義材はもう一人の管領畠山氏家の内紛をなくそうと兵を集め出かけるが、留守を預かっていた細川政元が反乱しクーデターを起こすのである。将軍義材に変わり義政・善尚の養子になっていた堀越公方家義澄（清晃・義高・義尊）を義政夫人日野富子他武家達が支持したのである。〈**明応の政変**―明応元年（一四九二）〉理由は将軍義材が政元に采配を振るわせるという約束を守らなかった事と、又、攻撃対象の畠山家は細川政元の側だったのである。

　この戦いを聞いた大坂で戦闘中の西国大名大内氏は従わず山口に帰ってしまうのであるが、他の守護大名たちは細川政元に従う方向で動く中で若狭武田元信は逡巡した。一応は応じる返答はしたものの立場は両方を理解する態度で対応し義材が都から逃れる手助けをした。元信は一管嶺が将軍を決めてしまう以前とは違った世界に直面し苦悩した。一旦は都に帰り下国しようとしたが政元にとめられた。政元は煮え切らない元信には不安を抱きながらも、あの室町幕府に忠実な評判の若狭武田氏を相手側には渡したくなかったのである。

　明応三年（一四九四）越中富山に逃れた義材が越前朝倉貞景を頼り都に攻め上ると言う噂が立ち元信はその都の警備を政元から指示された。

　義材は義尹と名前を変え一年後に貞景の反対を振りきって敦賀に着き都に向かい、若狭国を当てにするような行動に対し元信はこの時の情勢を見極めて明確に政元側に付きその対応策を政元と相談し準備した。

　ただこの判断は安芸国の武田家に影響した。大内氏は元信が政元の側に就いたと判断し安芸武田を敵とみなして攻勢をかけるようになったのである。この時点の元信の都の評価は応仁・文明の乱での武田家の貢献は都の人が評価するところであり特に細川政元には欠かせない存在であり、当然ながら安芸国は元信の配下だったので安芸武田の家臣の反乱などに対して元信の家臣から応援を出して対応した。

　明応九年（一五〇〇）三月義尹は大内氏の周防に移動した。政元は近隣の守護大名に大内氏に当たらせたが、その代表格は武田家であった。

　同年、将軍義高（義澄に改名）は細川氏の反対を押きって元信の今までの貢献度により、将軍の相伴衆の資格を与えた。義高は将軍になって数年経ち自信と自覚を持ち始め、細川氏の方針には従わない事が多くなった。義高は元信を従四位に推薦した。従五位にもなっていないのに破格の推薦であった。義高から見れば自身の周りには細川政元中心に固められていて、将軍の意図を汲んでくれる家臣が欲しかったのである。それには若狭武田家には過去の勤務実績があり、中立的であり、多彩な人から人望のある持ち主の人格の人と見られたのである。文亀二年（一五〇二）元信は正式に相伴衆になった。

　この時期の若狭国内に国信の時代と違う動きが見られた。それは武田元信の隊列は粟屋賢家が先頭を務めたのである。粟屋氏は前号でも述べたが、永享十二年（一四四〇年）当時、武田家当主信繁（京都在住）の時期には武田家の奉行を務めていたことは確かだが、武田家の家臣になった時期は明確ではない。鎌倉時代の武田氏家臣団には入っていない。ただ、隣国の毛利氏の家臣には明確に毛利氏の西国移動時代から複数の粟屋家は存在する。しかも甲斐（山梨県）の歴史人物の中には所属無しの武家として名は挙げられている。理由は粟屋家の先祖は平安末期の武田氏出自の安田氏の子孫であるために甲斐国の出身であるという。安田氏は頼朝の平家追討の先端を行き活躍し一時は、駿河国、遠近江の領主になったが頼朝に過誤を追及され成敗された家であり、その後常陸の国に移住しその地が粟屋だったためその名を名乗ったという。その後、相模国にいた大江氏（毛利氏）の家臣になり西国へ移って安芸国の住人になった。ではなぜ隣国で対抗している武田氏の家臣になったのか。私見では、粟屋氏の先祖は武田氏である。それに拘った粟屋家の複数の家の一家が願い出て武田氏に編入された、敵同士の国への編入はかなり困難であるが当時の毛利は元就の時代より八十年も前なので弱小の国同士が林立している中で同じ小領主の中の誰か（例えば近隣に所領を持つ吉川氏等）に仲立ちを頼み代償を払って成功させたのではないか、そのことでその粟屋氏は先祖帰りを達成し自家の発奮を計ったのではないかと考えている。武田家の戦いには逸見弾正（応仁・文明の乱で戦死した逸見兄第―宗見・繁経の後継者）も参陣しているが、この後の三者の関係が悪化して行く。応仁・文明の乱で多くの戦死者を出した逸見氏より多くの戦力を保持していた粟屋氏が武田元信軍団の中心になって行きそれと同時に、逸見氏は一時期、在京で諸事の外交窓口役を中心に受持つようになったのである。

　幕府に厚遇され期待された元信は段銭を国内に要求した。強引な集め方をしたという事で、国人衆と百姓からは反発に会い、段銭徴収奉行の武田中務大輔政明とその子弥五郎は襲われ討死した記事が残っている。この政明は京都武田家の分家中務武田家と言われ、足利尊氏と戦いを共にした武田信武の子氏信の弟で公信（尚信とも）を祖先とする京都在住の武田氏で（奉公衆）、若狭国で一色氏時代から小守護代等を務め、若狭武田氏の奉行を引き受けていた名がみえる武家である。

　永正三年（一五〇六）京都で信任を得た元信は国元での国策を進めるようになり、一時期取得した丹後国の一部の蘇生を図るのである。この時の元信の想いは都での経験から自力で自国の力を蓄えなければ誰も味方にはなってくれないという時代の空気を感じ取り動いたのである。

　当時の丹後は応仁・文明の乱終結で将軍から一色氏の丹後の復権が認められていた。だが国内が外敵の心配がなくなると内部抗争が起こり、守護代の延永晴信と国人石川直経が争う内乱が起き混乱状態になった。元信はこの機に丹後国の一部を獲得に乗り出した。永正三年に行動を起こすが、都ではその問題をめぐり将軍義高と細川政元では解釈が違い対立した。結果、義高は認めて承認した。お墨付きを得た元信は攻勢を強めた。しかし、兵を進めた元信軍は一色氏の必死の防戦に会い数百名の戦死者を出した。この後細川政元の軍が合流し丹後を進撃したが、やはりここでも一色家臣の猛反撃により撤退を余儀なくされた。戦いの最中に武田・細川軍は和歌を都に依頼する等戦意の差が勝敗を決定的にしたのである。

　永正四年（一五〇七）元信は丹後陣中にいたが、細川政元が突然戦意を失い修験道の霊場巡りを始めたのである。元信の丹後侵攻をめぐって将軍との軋轢が不安にさせたのである。将軍義高は政元に帰国命令を出し、元信は政元の説得に努め丹後戦合力を認めさせ、政元は細川軍を集結させて丹後に向かった。しかしここでも一色義有の元に一つに纏まった一色軍に大敗してしまうのである。若狭武田家の損失も多かった。

　幕府の中での地位の上である丹後に根拠を持つ一色氏との戦いが如何に難しいかを知るのである。

　細川政元には宗教上の信仰から実子がおらず、三人の養子（澄元＝一族義春の子・澄之＝九条政基の子、高国＝一族政春の子）が後継者であった。

現幕府内で最高の実力者である細川家内では政元の決断力と判断力の低下が不安視されており重臣たちに暗殺される事件が起きるのである。この報は丹後にも伝わり一色勢の総攻撃を受けたのである。現地丹後にいた細川の家臣たちは総崩れとなった。武田軍も粟屋親栄・逸見駿河守の戦死など大きな損害を被り若狭へ逃げ帰ったのである。

この後細川家でさらに内紛が起き、内部抗争が起こり、後継に目されていた澄元は近江に逃亡して、澄之が重臣達に支えられて家督を継いだ。ところがその直後、この事件を見ていたもう一人の細川政元養子高国が細川政賢（澄元の妹婿）らに支援され急襲して澄之を自害に追い込んだ。翌日、澄元が家督復帰を認められた。

この事変を西の周防の国で見ていた前将軍義尹（義材）は大内義興と共に再起の好機と捉え、永正四年（一五〇七）山口を発ち瀬戸内海を東上して周囲の武家を取り込み都へ向かった。安芸武田家も巻き込まれた。都では防衛軍が組織され武田元信・一色義清ら諸国の諸将に義尹軍阻止が命じられた。大内氏の大船団が堺に上陸した。京都では細川高国が一時澄元を復帰させながら、後に不和となり、高国は義尹に細川家相続を認められ軍に加わり、都へ義尹を迎え入れた。将軍義澄は伊賀に逃れ、細川澄元は近江に走った。将軍義尹の復帰の宣言であった。

こうして将軍義尹・細川高国・大内義興の政権が成立した。

武田元信は一時将軍義尹政権と義澄政権の転換期には両立の方向を出したものの、結果は義澄に厚遇され義澄に就いたために立場に困り、京都の屋敷を引き払い下国した。何よりも国内の建て直しを計り、丹後の戦いの損失の回復を図らなければならなかったのである。

都への対応について元信は義澄側の誘いもあり、若狭国では一応は義澄側に立ちながら、和歌などを嗜みながら情勢を見極めていた。

永正八年（一五一一）前将軍義澄は将軍復帰の準備が出来たと味方と予想される諸将に御内書を送った。義澄は近江国から阿波国に移っていた細川澄元と呼応して細川政賢を総大将として都に攻め上り高国軍を破り都に迫ったが、途中で義澄が死去した。入京した細川政賢等はこの後の高国勢の攻勢に備えて船岡山に陣取った。八月両者は激突したが大内氏の大軍の前に細川政賢は戦死し、高国・大内義興側が勝利した。

元信がこの戦いで義澄の死に会い、どのような行動をとったかは記録がないが、この合戦後の落ち着いた時期に将軍義尹に帰順したと思われる。

永正九年（一五一二）丹後国では永正三年から四年（一五〇七年～一五〇八）にかけての他国からの侵攻の心配がなくなると領内の抗争が始まるのである。当主一色義有が二十六歳で死去した。その跡目をめぐって一族内の一色義清を推す石川直経と一色九郎を推す守護代延永春信の間で対立が再燃した。翌永正一〇年（一五一三）には劣勢の石川側は若狭武田氏の支援を求め若狭国に近い加佐郡（現舞鶴市の一部）を治めていた。永正一四年（一五一一）に入ると若狭国最西（現高浜町）に位置する逸見氏が延永氏と手を組み武田氏に反旗を翻すことになる。理由は明確ではないが、前回の戦闘中に日頃から交流があった丹後国内の武家との交流の復活や若狭国内の処遇が不満だったのではないか、また逸見家内部の分家との今後の方向をめぐる対立も考えられる。

戦いは延永側が有利に進め、一時は若狭国和田の港を手中に収め石川氏を若狭国内に留め、かくまう武田氏を攻撃の対象にしたのである。この時、逸見氏の惣家は延永側についており、武田家に対したのである。

この事態を幕府は知り、戦いを収集しようと朝倉教景を送り両者の調停を行い、和睦は成立し幕府に報告した。

しかし末端では戦いは収まってはおらず、拡大したため、朝倉軍が介入し、延永軍を戦いで追い詰め、延永氏は降伏した。朝倉家の武将朝倉景職が高浜に常駐した。

一色義清は丹後国に復帰し加佐郡（舞鶴市東部、若狭国に隣接する地域）を平定した。

この後延永氏残党が一揆と結びついて加佐郡で反乱を起こしたが、若狭国在住の奉公衆（将軍直属の家臣）本郷政泰が鎮圧した。

この後も武田軍は進撃を続け丹後国西部まで進んだが、西部の国人たちの蜂起に会い、対応しきれず加佐郡迄後退して、加佐郡を傘下に収め、功労のあった家臣達（白井氏等）に給地を与えた。

若狭国内も体制の再整備が行われ高浜には逸見氏（武田家に忠実な分家と思われる）と共に本郷氏に依頼して防御の応援を頼み、この後の時代、大永七年（一五二七）武田家臣からは粟屋元勝が配備されている。

この戦いが収まった後若狭国内は今までとは全く違った状況が生まれていたのである。丹後国の加佐郡を奪い取ったもののその維持に力を注がなくてはならなくなったのである。西隣りの一色氏・東隣りの朝倉氏も将軍命令の基に今回は与力を得たが、やはり応仁・文明の乱以来強大な力を持つ隣国集団であり、元信は提携するために身内の女子を輿入れさせている。又、国内家臣団の他国との関係や紛争に対し引き締めを行い監視しなければならなくなった。これはこの時代が今まで京都中心の世界から自国を守り固める、後の戦国大名の政治組織に傾いたことを意味する。

その事例として文書の形式が変化するのである。先ず若狭武田の初期の頃は幕命の奉書だったが、その後は家臣（奉行）が出す文書が多くなるが、更にその後では当主（守護）の押印が連なり、更に直書も多くなる。

これは国内の統制が強化された事であり、当主（守護）に権限が集中して上位下達が様式となって命令系統が単純化され戦いに適合する。国内領地の支配も家臣たちに責任を分担させて強化を図り組織も守護大名を頂点とするピラミッド型の形態を形作って行くことになる。

永正十四年（一五一七）十月安芸武田元繁が大内氏と離反し、大内氏麾下の毛利元就に討たれ、後継者問題から再起出来ず衰退するのである。元信は若狭国の防備のため余裕はなく援軍を送ることは出来なかった。

京都では、永正十五年（一五一八）将軍義稙（義尹永正十年改名）の下で政権を維持していた大内義興が周防へ帰国した。この機に四国にいた細川澄元・三好之長が上洛し京都を一時占拠したが、細川高国に敗れ、之長は戦死、澄元は四国で死去した。

元光の家督相続

永正十六年（一五一九）丹後の戦いに一応の安定を得た後に、都の争乱も高国の勝利で終わり、高国との若狭国との関係の安定したのを見て、元信は出家し紹壮を名乗り、隠居して子元光（二六歳）に家督を譲ることにした。

元信は文化人として文芸にも関わった人であるが、何よりも武家としての縦横無尽の活動としての記録が最も栄えある歴史である。

人柄も周囲に気配りの出来る大きな人物として目上や古参の守護達と

渡り合い、又、目下の人達への心遣いが、自身を生かす方法を考え出し、生き抜いた一生であった。

大永元年（一五二一）十二月元信死去

以上、やや長く先代元信の業績を上げて来たが、それはこの時代が若狭武田氏の最も輝いた時代であると同時に、この後の若狭武田家は元信の過去を振り返り、国内経営の方向性が決まって進んで行く基調となったと考えるからである。

元光の若狭守護就任

大永元年（一五二一）武田元光は父元信の死により、実質若狭武田家を継いだ。

元光は偉大な父の後を継ぎ、父の生前に若狭国の貢献に報いたい為に昇叙（しょうじょ）を（現従四位下）考え、都の貴人や元信の旧知を巡り、宮中にも参内し、内裏の修理も請け負った。多くの献上品を送って挨拶廻りを行った。権力者の細川高国に相談して、三条西実隆から武家伝奏（宮中の武家の伺い書を扱う役どころ）を教わり、元信の生前大永元年十月、宮中で決定し幕府から「従三位」を賜った。

元光の後瀬山城の築城

元光は若狭守護に就任し父元信の遺志を受け継いだ。

武田元信の時代は若狭守護歴代の中でも中央の変化に合わせて最も激しく厳しい時代を勝ち抜き領地を広げた時代であった。それは図らずも戦乱に引き込まれ、応仁・文明の乱で父の活躍と有力家臣達の戦死を見て、応仁の乱では都人から若狭武田氏はよく都を守る事に貢献してくれたという周囲の賛辞の下で働き、都の将軍の二度に亘る生前交代、戦場に出ては的確な判断力で、立場上相手側方についてもさほど憎まれる事なく敵視されなかったのは、若狭国人としての生真面目さと忠誠心が強い事が多くの武家から信頼されていた要因に依るものであっただろう。

元信は今までの多くの戦いの経験から山城（やまじろ）を作ることは必須と考え、晩年後瀬（のちせ）山の麓に別荘を構えた時から考えていた。それまで住んだ西津（にしづ）福谷（ふくたに）にいる時から南に聳える後瀬山を見て育ち、この山頂に居城を構えれば直下に小浜湊と街道を一望できる、戦時には敵の進軍を見渡せる、西には丹後国一色氏があり、南には近江佐々木六角氏、東にはかつて西軍から東軍に変わった強力な朝倉氏の侵入も考えなければならない。その時には充分に備えられる、これこそが元光以下武田家が将来繁栄し続けられる、厳しい下克上の戦国時代を生き残れる砦として必要と考え、計画を準備していた。在世中に自身の手で実現はしなかったが、元信の死（大永元年―一五二一）の翌年、大永二年（一五二二）子元光の手によって実現した。

元光は先ず後瀬山城下の館の候補地として最も条件に合う地を求め候補に挙げられた地は当時長源寺（ちょうげんじ）が建てられていた場所だった。長源寺は康暦二年（一三八〇）日源（にちげん）上人により京都在の日蓮宗本国寺の末寺として後瀬山西麓の地に建てられた。本国寺は日蓮聖人が建長五年（一二五三）鎌倉に法華堂を建て、弘長三年（一二六三）の本国土妙寺を建てて根本道場とした。四世日静（にちじょう）上人の時に鎌倉幕府が滅亡、足利尊氏が京都に幕府を開いた時に日静の母が足利氏であった事から京都に移転したのである。足利尊氏・直義兄弟は日静を庇護して天下静謐、病気平癒の祈祷などを任せていた。その幕府の威光の強い時に末寺として若狭国に建立されていたのであり最盛期は応永一六年（一四〇九）年頃と言われる。元光はこの交渉の難しさを理解して移転に関する便宜を図り、長源寺の負担を少なくする方法を大叔父月甫清光に依頼して移転先の場所を確保している。（『長源寺史』）

この場所は戦いの際には有利な場所であり、当時の長源寺は応仁の乱以降の下層における一揆の襲撃にすでに備えを有していたとも言われる。

また当時の小浜港の繁栄から多くの商人が往来しその信心は日蓮宗が多かったと言われ、現在もその名残が小浜市西部に残っている。

後瀬山城の概要

後瀬山城遺構は昭和六十二～六十四年、平成元年（一九八九）小浜市教育委員会によって測量調査と発掘調査が実施され、その後の若干の追加発掘により補正もされていて、報告書、保存活用計画、整備計画が立てられている。

後瀬山城の主郭部分は標高約一六八m、麓の館（やかた）の敷地の広さは南北約一三〇m、東西約一一〇m、丹後街道沿いに位置している。

主郭から北東と北西に伸びる尾根や支峰上に連郭一三九の郭（くるわ）を配す。

主郭の背後（南西）に居住性建物跡

北西に伸びる支峰上西側に沿って一七条の畝状空堀群（うねじょうからぼりぐん）

北側に永い竪堀四条

通路は巾約五〇㎝～七〇㎝の土橋が渡してある

東側は急斜面で防御は不要

代表的郭（くるわ）と設備

山頂は三段に区画され、石垣を伴う。

主郭は南北八五m東西二五m

第二郭は礎石、築山、土塁が伴う。

第三郭は主郭との境を竪堀で区画し、階段状に連郭七段で構成される。

第四郭は主峰連郭の北西峰の郭で最南の郭から左右に分離する起点郭。

第五郭は第四郭との間に大きな竪堀を設けて一線を画す。

第六郭は六段の小郭が断続的に配され九二mラインまで下降する。

第七郭は北東尾根の最先端部にあり東側谷に向けて尾根は急傾斜する。

第八郭東側最下方の郭谷間に巾一〇全長六五mに及ぶ竪堀を付属する。

第九郭群は主郭西側に張り出す支峰尾根筋の六段で構成される城郭。
谷間の横道から第三郭に通じる連絡道。

第十郭はこの尾根筋で最も完成された一郭で広い広場を有する。第九郭とは間に八mの堀切で遮断して竪堀につながる。

第十一郭は堀切の前方尾根筋に作られた補助郭で断続的に設置された。

第十二郭は第十郭から谷間内側へ湾曲して断続的に左右段差を付けて作られていて最下段が最も広い。きつい斜面を削平して作られた。

第十三郭群は谷間に向かって断続的に設置された帯状の小郭群である。

第十四郭群は三郭から下る尾根上にほぼ三角形の平場を連続させ、通路と思われる連絡路を付属させている。

第十五横道は主峰の西南斜面に縦・横につけられた道で巾二mだが全てが繋がっていない。五～十六～十八～十二～十七へと三～九、四～十四の三本。上・下段差を付けて道を寸断させる等複雑な配置をしている。

第十六道は第十五と同じ性格を有し数段以上の横道を持つのは珍しい。防備を目的にした雛壇状遺構か。砕導山城や近江の城に見られる。

第十七竪堀は当城の中でも最大の竪堀を形成する。第十郭の下辺と第十二郭の西側に沿って四条が連続して設置され、このうち東・西両端竪堀は巾一〇m長さ七五mにも達する。深さは両者とも約四mとなっていて堀の上部がより深い。中央の二条も見事である。

第十八竪堀は壮大な竪堀である。上部にかなりの平場を持つ。

第十九竪堀は主郭東南尾根筋から發心寺谷間に向かって付けられた延長九〇mにも達する竪堀で二条段違い、下側下辺は道となり尾根筋を谷間まで下ることが出来る。

第二十竪堀群は二郭の南西下方峰と次峰に至る尾根筋を中心に作られた竪堀群で土橋の左右に流れるが東南側より顕著である。

第二〇中央竪堀は三段となり最大延長は一一〇mとなる。

第二十一畝状空堀群は最短一五m、最長五〇m、平均は四〇mである。

第八、一七、一八、一九、二〇などの壮大な竪堀は築城当初から設置されたと推察される。
※竪堀の設置年代は永禄年間に城郭整備の行われた可能性が高い。
第二十二郭は西側谷間に作られた一郭で一部国道27号線で切断されているが左右一体をなすもので常高寺裏山墓地からの道がある。

第二十三郭は第二三と一〇より北西に延びる支峰先端の遺構で竪堀に小郭を付属させる。規模は小さい。この場所は丹後街道を見下ろす位地にあり、西側からの侵入を監視する見張り場所であった。

第二十四館跡地は空印寺と旧小浜小学校跡地に存在したとされ、今後、館地の史跡整備を市では準備中である。

大永二年（一五二二）後瀬山城は完成した。

これだけの設備は一時期ではなく徐々に加えられたものであろう。

元光は元信が立てた構想の大部分を継承したと思われる。

元信の後を継いだ元光は父の生前に「従三位」を叙任させ、後瀬山城を完成させて順風満帆に運んでいると見えたが最初の試練が待っていた。

事の起こりはやはり都の権力争いだった。元信は死んでもういない。

桂川（原）の戦い

永正十六年（一五一九）細川高国が都での権力闘争に勝ち自身の地位が安定すると驕り大永六年（一五二六）部下の香西元盛を讒言により自害させたのである。四国にいた香西の兄波多野・柳本兄弟が反発し、四国に逃れていた細川澄元の子細川晴元に訴え高国討伐の兵を挙げたのである。四国の三好一族も応じて参加した。高国は急いで近隣大名の武田・山名・六角・朝倉・赤松などに四国勢の討伐を命じた。

元光は十二月に準備を終えて京都に向かう途中で和歌を詠んでいる。

「都にとけふたつ春に我もまたのとかなるへき旅の行くすえ」

翌年元旦に父の親友三條西実隆を訪問し和歌を詠んでいる。その後も家臣らと公卿を訪問して杯を交わしている。元光は元信の叙任を成功させ、後瀬山城を築城して元信の構想を実現して気が緩んでいたのか、この時の行動はこの数日後に戦闘に向かう武家とは見えない行いである。

元光はまだ中世的な合戦の方法しか知らなかった。戦闘が始まる日に余分な武具を公卿宅や知己に預けて後日引き取りに帰る約束をしているのである。

戦闘は阿波方の柳本賢治が京都の山崎城に到着し三好勝長・政長兄弟が合流した話が入って、高国の総勢は出陣した。阿波方は桂川に沿って上昇して京都内に侵入しようとしていた。高国は自軍八千を東寺に、細川尹賢は二千五百の兵を先陣として鳥羽に繰り出した。

若狭勢は元光軍一五〇〇、粟屋別動体五〇〇計二〇〇〇が先陣として出陣し西七条に桂川陣地の最北側に後詰めとして陣取った。

一日目は矢合戦で終わった。

翌日、戦闘が始まったが、三好勢は高国軍の再北側の後詰であった若狭軍に三好勢三〇〇〇の総攻撃をかけたのである。三好勢は前日に高国軍の欠点を見抜いて北側が最も薄いと見て夜のうちに北へ移動し武田軍に所謂一点集中総攻撃を加え襲い掛かったのである。知らせを聞いて高国軍が駆け付けたが、既に遅く高国の主力の日野内光・荒木氏が戦死し敗戦が決定的になり高国軍の敗戦となった。高国は将軍義晴を奉じて武田元光らと近江坂本に逃れた、元光の戦術のイメージとは違った戦であった。㈠相手陣地側の情報の獲得、㈡相手側の弱点を突く攻撃、㈢戦力の集中使用─一点集中攻撃の戦略─、㈣早い戦闘終結で応援軍を間に合わせない、三好勢はいわゆる戦国時代の中心となる戦術を幾度の劣勢の敗戦から学び戦術に長けていた。又この戦いに大名として加わったのは結果として武田氏だけだったのである。六角氏は遠くに着陣していたが駆けつけて柳本軍と小競り合いをして引き上げた。元光はこの戦いで戦国社会の厳しさを知った。家臣の大きな損失（この時の数値は諸説あるが戦死一一〇人、粟屋家長を筆頭に粟屋氏勢の別動隊の被害が最も多かったと言われる）と共に自身の心に父元信の経験した戦国時代の難しさを知り打撃を受けたのである。元光は高国の要請に基づいて先代元信の行ったとおりに実行しただけであるが、都の権力の変化の行く末は予想できなかった。戦いの後、同じ場所には施餓鬼供養が行われ、若狭国から上京した戦死者の遺族の妻達は泣き崩れ、多くが落飾し剃髪したという。武田の家臣と家族にとって京都行は希望の旅ではなく非残な結果だったのである。

元光は時代が大きく変わっていることに気が付いた。この後の元光は都の中央政府（この時点では細川高国）とは距離を置くようになり、代わりに家臣中最大の勢力を持つ粟屋氏が動くようになって行くのである。

このことは最終的に粟屋氏が武田家内で家臣達との間で孤立し、やがて若狭国を出奔し、武田家の最大戦力の逸見氏に次いで粟屋氏の没落を招き、ひいては武田家の衰退を招いた。武田家は守護大名であり直属の戦力を持たず家臣団に戦力を委ねる組織であり、主力を失って衰運に向かうことになるのである。元光には都の動静を見て若狭国側から選択する知見はなかった。そしてまた中央から距離を置く事が戦国社会の出来事に背を向けかえって若狭国を力のないものにしてゆく悪循環を来すのである。元信が生きていればもっと老獪に動いただろう。

将軍義晴と細川高国が近江に退いたのを受けて、三好本家の三好元長は柳本らの入京を聞いて四国に逃れていた前将軍義澄の子義維と細川晴元（澄元の子）を奉じて摂津国堺へ上陸したが、都には向かわず堺に止まり「堺公方」として政務を執る姿勢を見せた。

高国は十月都を奪還しようと六角定頼と朝倉教景が合流して入京した。十一月若狭国の粟屋元隆が八〇〇人を率いて入京した。ここでも都人は十か月前に戦い損傷を受けながら、武具を新製した姿で都にやってきたと称賛した。粟屋軍は若狭国の大寺院である長源寺の本山である本国寺に駐在した。粟屋は当然ながら元光とは相談済であったと推測される。

　大永八年（一五二八）正月高国は三好元長と和睦の交渉を行ったが決裂し、将軍義晴は坂本から朽木に移動し、高国は伊勢に、朝倉は越前に引き上げた。粟屋氏はこの間も高国の処へ参じている。高国は近隣の国々を廻りながら播磨摂津の晴元側の城を落として行き、柳本賢治を殺害したために三好元長は六月摂津天王寺の戦いで高国に戦いを挑み大敗させて高国を自害させてしまう。高国の後継は弟の晴国であった。晴国は高国が巡回して同意を得た丹波・播磨・摂津の高国党を引き継ぎ纏めた。この後、膠着状態が続いたが、天文元年（一五三二）六月に堺公方側にいた細川晴元が本願寺・一向一揆と結んで三好元長を倒し、足利義維は堺を出てしまう。晴元は近江の将軍義晴に接近し協力して法華宗徒と結んだ。これを聞いた晴国は都へ攻め込もうとしたが、時期尚早と判断し、いったん若狭国へ入り、谷田部の谷田寺に滞在する。谷田部は若狭国代官を務める粟屋氏の名田庄の所領であった。

　晴国は若狭を出ると丹波に入り波多野秀忠を頼った。

　天文二年（一五三三）五月晴国は波多野氏他二三〇〇人を率いて京都へ入り晴元側の武家薬師寺国長と法華宗徒らと戦いを始めた。

　やがて晴国は本願寺・一向一揆と和睦を計り晴元・法華宗と対立する。

　天文三年（一五三四）七月将軍義晴は三年間の近江六角氏の居城観音寺山城の麓の桑実寺を出て坂本に戻り九月帰京する。この際に武田元光は太刀と馬を送ったが、武田氏に在京の依頼の御内書が来るのである。この時点で武田家は将軍義晴・細川晴元側であり、晴国と行動を共にしている粟屋氏（勝春）は武田家に反していることになる。これは都に対する二面作戦とも取れなくはないが、若狭国内を収束する人物がいなければ粟屋氏の跳ね上がりとして家臣団から遊離して行くことになる。粟屋氏から見れば武田氏の為に紛争しているのであるが、それを統率してくれる人がいなければ粟屋家の将来はなく、自滅するしかないのである。元光の手腕が問われるのであるが、後の粟屋元隆の若狭国出奔等を見ると元光には収束出来なかったようである。そして都での勇名を馳せ若狭国で勢力を持っていた粟屋氏は若狭武田氏からは遠ざかり、都人の中でも失望が出て武田家の威信は揺らいで行くのである。

　読者に思い出して頂きたいのであるが、中国地方にいた粟屋氏（粟屋一族の中の一家）が毛利氏の家臣から武田家に仕官し仕直した時、自家は武田氏に先祖（甲州安田氏）を持つ氏族であるので武田氏と共に居たいという強い願望を以て武田氏の家臣に取り入れられた時の粟屋氏の感激は若狭粟屋氏にしか解らなかったであろう。粟屋氏が仕官以降どれくらい犠牲を払って貢献したかは歴史をみるとおりである。

　しかし一時的に若狭国の主力から姿を消してもその一族が戦国末期には粟屋勝久（勝長）が復活して朝倉氏に対して佐柿城を守備した戦歴は清和源氏に先祖を持つ粟屋氏の面目を世に知らしめたのであった。

　元光の時代の若狭国内では、桂川原の合戦から帰国すると若狭武田氏の敗北の報を聞いた丹後国加佐郡の海賊が若狭の浦々にやってきて財産を強奪したり、放火したのである。武田氏は武家を派遣したが、御賀尾浦では刀祢大音氏らを指揮して、反撃し撃退した。

　この翌年、干ばつがあり、大飢饉が起きた。農民たちは徳政を相談し奉行を通じて武田元光に要求し元光は徳政実施を決断した。元光は心優しく、桂川の戦いの際にも戦死した身寄りのない武家の事を心配して一族の親戚に「遠慮なく申してみよ」と激励している。元信以来の気遣いは受け継いだのである。この後から元光は農民が一揆でなく筋を通して武田家家臣の組織を通じて「国中惣百姓中」という訴状を出して要望を出す訴えに出るのを知ったのである。元光はこの一国単位の連合の事態をよく理解して自身の表現も変えて行くのである。

例えば「国家」という言葉、これは日本国という意味ではなく、守護大名が納める国内という意味である。自身の国は自分達で守らなければならない。国内は様々な職業武家・寺社・商人・農民・工人に至るまで若狭国という意識を持たせる。元光の代から見られ、次代信豊以降も使われるようになる。

享禄四年（一五三一）徳政を認め施行した。

翌天文元年（一五三二）元光は出家して宗勝を名乗った。この後も元光は政務を執っていたが、嫡子光豊（後の信豊）に譲りたい意志を持っていた。家臣たちは若干二十歳を過ぎたばかりの嫡子が跡目を継ぐことに不安を感じて進まなかった。将軍義晴は噂を聞き元光に心配で使者を送ると言ってきた。若狭国内の不穏な家臣たちの動きと元光の異変に気付き便りを送ったのである。元光がこの様に速く家督を手放すのには誰にも納得がいかなかったのである。真相は不明であるが、桂川原の敗戦や国内の係争に行きつまりを感じたのかもしれない。

ともかくも、天文七年（一五三八）元光は家督を嫡子光豊に譲った。

元光は武家の文芸はすべての分野に通じていた。

和歌

父元信の百ヶ日法要に三條西実隆は

「花の色をわすれかたみに雪消し後せの山の春も露けし」元光返し

「花の色をわすれかたみのことの葉につゆか、るへき袖としらすや」

和歌の師匠は父元信譲りの三條西実隆、質疑を返す熱心な弟子だった。

大永六年（一五二六）十二月、桂川の戦いの前年近江で「のどかなるへき旅」を歌い京都に到着した翌正月元日実隆に「都立春」と題して

「梓弓もとたつ道にたちかへる春も都やはしめなるらん」

同二月一日「栗いれたる風流の扇に破子（わりご）を」実隆に贈り

「花とみて我衣手に落ちにけりこや二月の雪の春かせ」

と一首を添えた。この十三日から桂川原の戦闘が始まった。

騎射・犬追い者

小浜市伏原の発心寺に伝わる元光の馬上姿は誰でも知っている。

大永五年正月二十四日　元光は子や家臣に犬追いものの競技をさせ、成績を記録している。有職故実の検見である。

彦次郎（子信豊カ）	六匹	内藤修理亮	五匹
内藤五郎左衛門	六匹	南部小三郎	十四疋
粟屋孫八郎	九匹	粟屋□衛門尉	八匹
粟屋左衛門尉	八匹	香川右衛門大夫	五匹
大塩新五郎	十五匹	大野右京進	十一匹
粟屋右京亮	六匹	熊谷弾正太夫	七匹
検見		喚次	
伊豆守（元光）殿		□山式部少輔殿	

武家故実書の収集と記録

家督を信豊に移譲後は故実の書を収集して記録を残した。

元光は特に武田家の未来を案じて故実（参考になる歴史・記録・由緒）を整えた。書は二楽流。飛鳥井家と交流があった。

尊厳閣『精厳百首并五十首』の中の「正徹百首」は元光筆書である。

元光の人物は、発心寺の僧体の像（天文二十年―一五五一）で判るように大柄で鷹揚な性格であったように見える。周囲には心遣いの記録があり、温和な人柄であったと想像される。

発　心　寺

武田元光公像（発心寺蔵・小浜市伏原）
福井県指定文化財
（撮影：武藤茂樹氏）

武芸犬追い物姿の武田元光公像（発心寺蔵）
福井県指定文化財

若狭武田氏㈥　武田信豊

第六代　武田信豊（一五三八～一五五八）の治世

前章で武田元光の治世を一五二一～一五五一年迄としたが、元光は一五二七年の桂川の敗戦で自信を失い、早い時点で後継に譲りたいと考え嫡子信豊を少年時代から後継者に育てて一五三八年に若狭守護を引き継いだが、早隠居の立場で若狭国での政務は元光が施行（判物）を行っていて、実質は元光が国内の実権を握っていたと取れる。この事がこの後、武田家の後継の規律を崩して行き、この後も信豊と義統、義統と元明の城主権争いを起こし、武田家の権威を失墜させて行くのである。

この件を読者は留意して頂きたい。

元光から信豊への家督と政権の継承

武田信豊は永正十一年（一五一四）武田元光の子として誕生し、最初光豊を名乗ったが、二十歳で元光から家督を譲られて信豊と名乗った。

譲られてというのには、通常の家督相続ではない元光にその理由があった。元光は偉大な父元信から家督を受け継ぎその遺志を受け継ぎ、父の計画通り、後瀬山城を作った。工事であるから、人への協力依頼（後瀬山城の麓の館つくりの場所には既存の寺院長源寺〈現〉があったが、その場所の移動の交渉に武田氏出身の高僧月甫清光に頼んで京都の本山からの指示で可能にしている）と財力は元光の人柄から順調に進み、後瀬山山頂に広大な山城が建ち、その後の曲輪や土木工事も順調であった。しかし、その五年後の大永六年（一五二六）都の細川高国から出兵の依頼が来る。高国は永正十六年一五一九）都の権力争いに勝ったが、驕り讒言を信じて部下を誅殺してしまい、その身内が高国のライバル四国の細川晴元に訴えそれに四国の三好衆が加わり、都に攻め上るのである。

元光は父が都の戦場に行くのと同じように準備して出陣するが、心構えは全く父とは違っていた。戦場では後詰（控えの戦力として戦況に合わせて出陣する役分担）と言われて南から来る敵から一番遠い北のはずれに陣取った。しかし実際の戦争はそんな予想通りには行かなかった。三好勢は前日、桂川で両軍向かい合った時に、高国軍の弱点を見抜いていた。後詰軍団が北方にいて兵力が少ないと見て夜のうちに北へ移動していたのである。翌日、武田軍は敵の大軍を直接受けて大敗した。高国軍と細川軍が駆け付けたが間に合わず敗れ後退した。この時の武田軍は粟屋氏五〇〇を先頭に総勢二〇〇〇と言われている。粟屋軍は記録では死者百十人とあるが戦況から見て重傷者を入れると半数を失ったと思われる。元光は戦場の不確定さを目の当たりにした。高国軍は将軍義晴を報じて武田軍と近江坂本へと逃れた。若狭へ帰った元光は損害の大きさに落胆し、又この戦いに参加した守護大名は武田だけであったのを知って都の戦争の複雑さを知り、今後は戦場には出なくなるのである。

都では近江にいた高国が、三好勢が都に入らず、摂津堺に拠点を置いたことを知って都へ帰る準備のために諸大名に呼びかけを行い武田氏にも再度の要請が来た。元光は出陣する気がなく粟屋氏が単独で兵を八百人整え参陣する。都は粟屋氏に喝采の言葉を贈る「あれだけの損失を受けながら数か月後には兵を揃え武具も新調して都の為に上洛する立派だ」粟屋氏は当時名田庄一帯を領地にしていて財力があったのである。
大将元光が出ず家臣が代わりをする異常さは若狭国内にも波紋を起こしやがて主家への信頼の離反や家臣同士のいがみ合いが始まるのである。

元光の人物像

元光の人物像を考えてみると、気が優しく、人受けは良い、したがって人気はある。逆を見ると気が弱い、決断力がない、軍事的な統率力はない。家臣からは恐れられるような威厳はない。

その人物像を占う事物が存在する。発心寺に残る元光木造像と元光画像二体である。ゆったりとした体躯に優しい顔で、厳しさ、怖さはない。住民に「申して見よ」と働きかけ、三郡（三方郡・遠敷郡・大飯郡）の徳政嘆願書には即承認。家族にも優しい父であったと覗える。十二歳になった息子の信豊に犬追物の大会に出させ周囲に見せて早く家督を継がせる準備を整える父性愛。何よりも、この武田家代々の守護の中で唯一存在するこの三体の像が現存する事実が証明している。一族の守護代々の他の像は僧侶のものがいくつか存在するだけある。

この時代は戦国期に入っていて全国の大名たちは下克上の時代に備えて人物像は描かせない傾向もある時代である。残っているのは中世の守護大名か戦国時代の覇者（勝利し一国の安定した国旁に成功した大名、信長、秀吉、家康はもちろんその周囲の人物まで書かせて残すのである。）以外は例外的にしか残っていない。

この元光は代々の中で特別な性向を持つ人物であった事が判るのである。信豊への家督譲渡も実質天文七年（一五三八）でこの前後に体調を崩し別荘で療養を機に行ったと考えられる。出家して宗勝と名乗る。回復後も復活するとまた判物を発行している。信豊が心配なのか、それとも自分が拘わらなければ心配でいられないか、とにかく一国の武将の見識外の行動が多いのである。

新保山城の築城

信豊守護の時代この時期は家臣粟屋氏が実力（経済力・軍事力・都のパイプ）を持っていた時代で、その動きに対する、国内には肯定と反発が交錯した時代であった。宮川の新保山城も初期は領主又は城主であった可能性もある。信豊の弟信高が城主になったが、今度は一族の中に相対する信孝（どの代の子かは不明）がいて、越前国に出て若狭国を（後瀬山城か新保山城かは解らず）狙う不穏な動きが永く続いた。このような不安定な状況は元光の政権運営が起こしている副作用にも見える。

国中がまとまらなく家臣の個人中心の動きが芽生え、やがて若狭武田家の統率力を弱めて行くことになるのである。

新保山城（霞美ケ城）の築城の歴史

この場所には、昔、城又は砦の跡を示すような付属施設は近くに土地の地籍名に字「立」の名のある場所がある。又近くに小字「小屋が谷」がある。中世山城の近くには家人が住んだ場所がある。それを小屋谷と呼ぶ。山のある場所を確保した城には必須の建物となる。記録としては室町時代に文明十七年（一四八五）幕府宮川保代官所が存在したので武家の建物があったことが考えられる。そこに存在した武家で上杉氏の名がある。従って室町時代の半ば（十五世紀後半）に武家の管理の下にあったことになる。その後、若狭国の家臣の分担から応仁の乱以後力のある粟屋氏が何らかの権限持っていたと考えられる。しかし、大永二年（一五二二）後瀬山城が完成すると一色氏のいる西部に力がそそがれ東の防備が手薄になるのでもう一つ拠点となる城が東に必要だったことと一色氏の攻勢の際のバックランド（後詰め）の城が必要であった事が想像できる。粟屋氏は武田の忠臣であり潔く賛成したが、以前からこの地に関わった武田信孝にとっては簡単に諦められない場所だった。武田信孝の出自は後述するが、武田元光と信豊に反感を持っていた。理由は跡目争いか又は新築の新保山城の城主の職就任にあったと考えられる。

新保山城の築城は大永九年（一五四〇）頃と考えらてれる。

新保山城（しんぼやまじょう）（霞美ケ城（かすみがじょう））の曲輪（くるわ）（郭）跡

標高二九二mの新保山頂上とそれに連なる尾根上に蛇行して作られ、総延長は一二〇〇mに達する。

主郭群（しゅかくぐん）

この二郭（南・北）が城の中心を占有している。北側が高く主郭と考えられるが、明確には解らないので両者を見ると、北郭は最高所を中心に北側へ三段、南側へ四段の計七段で構成され、全長約一〇〇mである。山頂の尾根を削平して作られているので最大幅一五mである。

北側の二段は高低差はなくこの二郭の南側に細長い土塁が作られている。最高所の一郭がやや突出して南側尾根筋を下って四個の小郭を連結させている。北郭の高低差は一〇mとなっている。南郭は竪堀（たてぼり）を持つ堀切（ほりきり）を隔てて作られていて、全長は約一〇〇mである。この中の一郭は主嶺に延びる五個の郭の中で最も広い面積を持っており比高差も約二〇mとかなりの段差を持っている。この場所の二八六mの地点はやや南に張り出し、眺望は宮川地区一帯と南方松永地区も眺望でき、その下段は半月状になって調整された場所で展望の死角になる部分を補う見張場として最高の場所である。また半月形郭に付属して作られた帯状の腰郭（こしくるわ）（連絡通路）が設けられている。この区域が城の中心的役割を果たす最も重要な一画として設けられた。この場所からやや大きな段差の五郭が連続する。子郭（こくるわ）となっているが長方形の掘り込みがあり井戸跡の可能性がある。堀切は主郭群の北郭・南郭を区切っているが、北郭北側の堀が最も大きく幅十三m、深さ八・五mで、北郭と南郭之間に設けられた堀切の幅五m、深さ三mであるが、主郭群南郭南側端に作られた堀切は深さ一〇mにも達している。

二の曲輪（郭）

主郭城群南郭の南端と堀を隔てて連続するが、上段で見られた郭はなく断続して五個の小郭を造っている。これらは城道を中心に左右に斜面を造成して作ったものである。三の郭との間は幅七m、深さ二・五mの堀切で遮断されているが、埋もれているので、実際はもっと深かったことが想像できる。

三の曲輪（郭）

主嶺城郭群の最南端に当たり城道を挟んで左右交互に小郭が連続して造成されている。稜線を中心にして西側に七段、東側に四段あり、道を伝って攻め上る敵に対して防備を固めている。道はこれより南側稜線を下り南山裾への館へと続く。この道は良好に保存され、斜面を縫って作られていて、部分的には二m幅を持つ大手道としての要素を備えている。

東南の曲輪（郭）

主郭群南郭南側先端部から東南に延びる枝嶺稜線に堀切を設けて遮

断し、それより下がった海抜二五〇m～二三五mの間に小郭群が南川谷間に向かってより密に作られている。三の郭と一見似ているが内容はかなり違っていて帯状郭の連続が見られ明らかに谷間からの攻撃を意識されたものになっている。帯状郭の西側では斜面に直行して約七〇mに及ぶ竪堀（たてぼり）を設けて小郭群を保護しており、搦め手からの攻撃をここで食い止めようとしたことがよく判る。帯状小郭群の所々に大小さまざまな石が置かれている。人々がこの山に石を運んだという伝承がある。

東の曲輪（郭）

主郭群の北郭より大きな堀を隔ててへの字型に屈曲して一郭を作っている。この嶺は主郭群より一段低くなっており、主峰の最東端となる。ほぼ東西に全長六〇m、最大幅十二mで、二段で構成されている。西側では腰郭を伴い、東の先端部では幅五mに達する土塁が作られている。土塁というより櫓台として役目を果たすような強固な施設があったと考えられる。土塁の先には幅七m深さ三mの空堀がある。ここより尾根筋は北東に延びもっと高い稜線が伸びるが城としての遺構は見当たらない。

西の曲輪（郭）

主郭最高所の北端より西側へ延びる枝峰稜線上の海抜二七〇m～二四五mにかけて西の郭が存在する。かなり広い平坦地を利用して造成されており、全体に主峰部分より広く居住性も考えられる場所である。

主郭群から下がった処は空堀が見られないが、西の郭全体では二つの堀切で区切られ基本的に上・中・先端部郭の三郭で構成されている。上段郭は主郭群への通路としてか、小郭が階段状に四個連続する。中断郭との間には堀切があって堀を渡ると土塁があって上からの攻撃に対応する。この郭全体では東西一〇〇m、南北五〇mと広い面積を占有し、構造も段違いに小郭を作り、上り憎く作ってあるが、中央部分では約六〇〇㎡の空間を持っている。又西側へ延びる枝嶺稜線上にも三段の小郭を作り先端部を堀切で遮断している。先端郭と中断郭の間は切れの深い堀切で画されやや下がって稜線上に三郭が並び、左右に小郭を付属させて防備を固めている。主郭群・二・三の郭・東南・東・西の郭で構成される城の主要部は東西三九〇m、南北三五〇m，十三万六五〇〇㎡の範囲である。この比高差約七〇mとなる。あおの山砦含め比高差約七〇mである。

あおの山砦と竜泉寺（一五四一年創建）

霞美ヶ城南西の先端郭であり龍泉寺山に対蹠（たいしょ）する。両峯の山裾谷間には城主武田信高を開基とする龍泉寺があり、若干の遺物も残されている。あおの山砦は古墳群を調整して城郭を作ったその痕跡が見られる。

最高所・三段目あたりの方形墳であった可能性がある。全長一四〇m、最大幅五〇mの範囲で、上段背後には上幅五m、下幅一・五mの大きな堀切で遮断されている。稜線上では一〇段の子郭が作られている。この砦は本郭から六四〇m離れており龍泉寺を守る設備として考えられる。

武田氏館跡及び小屋場

中世の山城では山麓に館を建てるのが常である。又主家と家臣の屋敷はやや離れたところに置くのが常なので同じような配置になっている。

ここで、前述の若狭国宮川地区の新保山支城を巡る人物の関係図、諸説を纏めてみると次の様になる。三説がある。

Ⓒ別家（京都武田家、一色氏時代から有職故実として若狭国代官等）

Ⓐは①そもそも元信は最も若狭武田を繁栄させ、従三位まで上り詰めた偉大な存在なので、後継は元光ではと不満を持った子供がいて、例えば後継になれなかった人物が元光と信豊の実情を見て、若狭国の立て直しを考えた身内がいた。②元光が早くから信豊を後継者に決めたため、その信豊の当主の資質を見て武田の将来を家臣と共に憂いていた。

Ⓑはその主体が元光の弟であった。信孝の出奔で龍泉寺は開基を、後をついだ信重に信高を名乗らせてその後も続いたとしている。

Ⓒは武田氏の前の一色時代に武田氏を名乗る、守護の下の奉行・代官などの役の小守護などを任された、京都の有職故実で国事の事務に詳しい人物が複数いたことが記録にある。武田氏に代わっても一色氏とは身内でなくむしろ武田の一族（京都武田氏）なので慣れない事務の業務を任せていた。役職の記録にはないが、将軍御料所・禁裏所領・荘園の代官や管理人として若狭に永く住み着いた可能性はある。記録に武田政明なる人物が百姓一揆に襲われ死んだという記事があり、名前に「政」を使うのは京都武田で、安芸・若狭にはない。守護家武田氏の人間が一揆に襲われて死んだのなら大事件である。記録が軽く扱われているのは守護武田家ではない可能性もある。京都武田家は本家・分家があり分家の名は中務家であり、奉公衆である。京都在住の祖父信繁（のぶしげ）たちは何かと便利な相手なので関係があったと考えられる。宮川保か禁裏料や荘園の代官だった可能性もある。

記録による武田信孝が反乱し、越前に家族とも移住し、朝倉氏の援護を期待して天文七年（一五三八）と天文二十一年（一五五二）に二度若狭国に侵入を図り将軍家と朝倉氏に留まるように説得され、最後は越前に家族・家臣達と永住した。今も武田姓のみ一〇軒が連ねる集落がある。

私達が今日目にする若狭武田家の系図は漏れている部分が多くあると見るべきで、例えば女子の記録は皆無である。越前朝倉氏の記録では若狭武田家から嫁した女性が三名いる。朝倉孝景の正室で義景の母は光徳院であるがその伯母で広徳院が存在しそのどちらかの妹が二人いて両者とも朝倉氏重臣に嫁している。ここだけでも四名の武田家の重要な女性が掲載されていない。女子は跡継ぎにならない時代なので記録がない。武田家は創家以来多産な家系である、私達が見ている事実は完全ではない。

信豊は粟屋元隆・武田信孝の計画を知り、元隆の本拠の名田庄で戦いに勝ち国外へ放逐した。名田庄には信豊傘下の役人と武家を配し、権限の大きい小浜代官には山県秀政（やまがたひでまさ）を任命した。又粟屋氏と関係が深かった長源寺には信豊の子日感（にっかん）を入れた。粟屋一族で元隆に加わらなかった粟屋氏には宮川保代官粟屋右京亮元行（うきょうすけもとゆき）はそのままとし、粟屋光若は奉行に任命し、一族の多い粟屋家には配慮した。

信豊は神仏にも敬意を払い、有力寺院に対して国家祈願をさせた。庶民には「千石頼母子（せんごくたのもし）」という相互扶助（そうごふじょ）の制度を作り、実施した。ただ後年は利息の取り立てなどが税を課す結果になった。

天文二十年（一五五一）父元光が五十八歳の生涯を終えた。何かと心使いをしてバックアップくれた父を失うことは信豊の判断を誤らせることになった。西隣りの丹後国と争いになったのである。制圧に丹後国へ弟の信重（後の信高、新保山城主）を派遣したが、解決しなかった。翌年信豊が高浜まで向かうが、粟屋元隆が侵入すると聞き引き返した。小浜で体勢を立て直すと改めて弟信重の養子信方（のぶかた）を派遣して撃退した。

父が亡くなった年に恩赦の徳政令を出している。借金の利息は例外を除き破棄する。又質にとっている土地、住居、船等は元の主に返す。

明確でない次代義統への家督相続

五年後の弘治二年（一五五六）信豊の弟信高が死去した後、信豊の跡目の話が出て長男元栄（もとしげ）（のちの義統（よしむね））と次男元康（もとやす）（のちの信由（のぶよし））が候補になるが、信豊は弟を選ぶ意向を決めると元栄は反発して家臣団が分かれて抗争が始まり、内乱に発展する。この時期国外に出ていた粟屋左衛門尉が弘治三年（一五五七）正月の駿河今川氏真の歌会に「若州武田内牢人也」と出ている。山科言継が今川氏茶会に出席した際にこの名前があり当人が出席している。『言継日記』又この歌会には「武田左京亮」という人物も出席している。武田家の人物であるが、誰かは不明であるが、駿河の今川家にまで応援を求めているとも考えられる。この時期の若狭国内は争乱の前兆にも見える。

永禄元年（一五五八）信豊は長子義統が山県らに伴われ高浜の逸見氏を頼って行くと、信豊は東に向かって家臣を連れて熊川まで行き、正妻の実家である六角氏（ろっかくし）を頼り，六角氏当主義賢（よしかた）に調停を頼むのである。若狭国当主が何故国を出るのか解らないが、信豊の権力基盤が弱小なものになったとしか考えようがない。何故周囲の心配する、次男を後継者に選んで問題を起こすのか。統率者として資質に欠ける、当主の見識を持たず、国を治めれば破綻は当然である。

信豊の人物像であるが、幼年時代から父の期待を受けて、厳しく教育され、大事に育てられたと普通には考えられるが、文献の誤記かもしれないが、嫡男義統（よしむね）の生年が大永六年（一五二六）である。信豊の生年は永正十一年（一五一四）であるから十二歳の時の子となる。誤解であることを願うが、万事がこのような特別な境遇で育ったのであれば、他人から異質な受け止められ方から人望を失い統率力は持ち得ない。この時点の二人の年齢は父信豊四四歳、義統三十二歳である。信豊はこれを避けるためにまた政権を自身が維持するために次男を選ぼうとしたのかもしれないが、長子から見れば堪え難き決定である。しかも貫徹の意思が弱い。これでは事態は纏まらず自身が出て行くしかないだろう。六角義賢には隠居用領地が必要だと言わせている。この後両者がそれぞれ主張して行動していたが、戦いがあり義統が勝利した。その後も信豊の側が隠居料を要求して永禄四年（一五六一）解決したが、主家武田家の家臣達への権威失墜は覆うべくもなかった。

住民に配慮の意思は父譲りのものがあるが、この後の信豊の政策を見ても独りよがりな判断が見られる。この事態を最も嫌ったのが武田家を背負ってきた重臣粟屋氏ではなかったかと思われる。粟屋はいくら忠言しても聞き入れない元光・信豊父子を見て、元々応仁・文明の乱の痛手から復活しつつあったライバルで競争し対立もしていた逸見氏（へんみし）と手を組み主家の立て直しを図っていた。後瀬山城が完成し、新保山城の必要性を計画して粟屋氏は譲り支持したが、その城主の地位を争い主家が纏まらない。粟屋氏は武田信孝（のぶたか）（出自は前述）と提携し強い武田家の再興を願ったが、将軍家や朝倉氏の応援はかなわず、結果他の勢力、若狭国外の勢力も含めて仲間にしようと動いたのではないか。結局粟屋氏の計画は実現せずに終わった。

武田家は次の義統の時代に入り権力の回復のために将軍の姫（将軍義輝の妹）を正妻に迎えるが、後継の子供が出来ずに、京極氏の養女を側室に入れている。その守護当主が四十二歳で死去し、若狭国は混乱の極みに入り国内の乱れを朝倉氏に頼り、その後に朝倉氏が若狭国を手中に収めることになるところを、主力家臣たちがそれを嫌い織田信長を頼り、一時安定するかに見えたが、信長の横死により、武田元明が反乱側につき、その結果若狭武田氏は崩壊して行くのである。

信豊時代の文化の展開

武田家の弓馬の道の伝承の補強

天文七年、元光が信豊に家督を譲ることにより、武田氏は、信豊時代を迎える。時に二十五歳であった。信豊は武田の伝統を守って朝廷にしばしば物を献じ、幕府料所宮川保の酵貢租を進めるなど、中央の権威に頼ったが、天文十一年粟屋右馬允・八郎入らは信豊から離れたたけれども、粟屋家の主力である粟屋右京亮・同修理亮、同孫三郎らが河内大平寺（大阪柏原市）に畠山植長、三好範長（長慶）らと戦って戦死し京都の貴族の山科言継は「年来誇候物即時に滅候浅増事也、不憫之事成」、と記し惨敗してからは（「言継卿記」）「親俊日記」など、兵力は幕府応援の上洛出兵も不可能となった。この勢力の弱体化は信豊がかつての先代の栄光を想起させた。その際、信豊が、文芸の家伝の世界に向かうのは当然の事であった。

信豊は天文二十三年二月、「百箇条聞書」（尊経閣文庫蔵）を書写した。又、弘治二年六月に「弓馬聞書雑々」を書写した。尊経閣文庫には他に上巻欠の「弓馬聞書雑々」二巻あり、毎冊末に「三帖之内　三郎殿」と記して花押がある。三郎は武田三郎で、「武田系図」に見える「信由三郎」であり、信豊の次男（義統弟）である。また書陵部蔵「三的礼法」の奥に、右此一巻三つ的之次第、於当流最上の雖為秘書、於末代愚昧之子孫荒々為可存之、具記置也。書写はこの年に集中する。

又、信豊は弘治二年八月に三的礼法を書写した。書陵部にはこのほか弘治二年八月書写の武家故実書として、七所勝負・法量巻・弓場法量・歩射圿（かい）添・歩射失礼・百手礼法・神前百手礼法・八的礼法・円物礼法・矢開礼法・鬮的礼法・鬮的之次第・弓始礼法・小串礼法・笠懸礼法・小笠掛・笠懸失礼並矢之沙汰・狩言葉・流鏑馬・草鹿・籠之図・矢代捌などがあり、静嘉堂蔵「矢本秘伝」も、東京国立博物館蔵「武田伊豆守信豊流鏑馬之書」も、弘治二年八月信豊の書写に成るという（奥書）。さらに尊経閣文庫蔵「付紙日記」（多賀高忠撰）は弘治三年十月、同「射御日記」（小笠原持長撰）は永禄六年八月十四日、同「二騎検見条々」や同「射法大概」は永禄六年十一月五日の書写であるという（奥書、了栄極）のである。

このように信豊は多数の騎射に関する故実を伝え、その道の人と考えられるので、「細川家記」五の細川幽斎が「武田伊豆守にちかひ、弓馬軍令の奥義迄不残故実を伝授し」たという初伝は、信豊の弟信重の妻宮川尼が故実に通じ（「醒酔笑」）、しかも幽斎の姉に当たる人である。武田家に伝わる秘伝を信豊が発展させたと考えられる。

因みに熊本大学図書館永青文庫（細川文庫）蔵「武田故実系図」（二木謙一氏国学院大学名誉教授解説）によれば、信繁・信栄・信賢・国信・信親・元信・元光・信豊・信時・義統・義頼・信泰・信重・信直・藤孝（幽斎）・忠興と伝える。と書いてある。信豊の子供たちと嫡男義統とその弟信方も引き継いだと思われるが、この後武田家は滅んだが、家臣が細川家へ仕官した事もあり、細川家に引き継がれて武田家の武家秘伝が伝わっていると考えてよいと思われる。

故実の探求　和歌・連歌

次に故実の基礎と考えられる文学面を見る。天文七年（一五三八）家督を嗣いだ信豊は、翌八年正月六日試筆の和歌、七日に発句を詠んでいる。（「羽賀年中行事」）、すでに天文元年自己所持の飛鳥井雅康筆『詞花集』の尚筆外題を叔父の潤甫周玉を介して天文元年（一五三二）三条西実隆に依頼して送られている。（「実隆公記」詩文への志向が認められるから故実を引き継ぎされていたことは事実である。信豊の和歌については、天文二十一年（一五五二）三月十一日、神宮寺における僧との贈答（「若狭守護代記」四）、同年細川晴元が若狭に出奔した際に、神宮寺に迎えて和歌を進め、又神宮寺に赴いての和歌贈答（「羽賀年中行事」、「言嗣卿記」）などが挙げられるけれども、今は確かめることはできない。今に残る信豊の和歌は「元宝器短冊手鏡」に「寄橋恋」と題して

　しのふるはくるしき物を岩橋のよるとは人になとか契し　信豊

というのがあり、また「日本書流全史　下図録」所収短冊（七四四）に「雲間微月」と題して、

　あかつきのあらしをそまつよひの間はみかくすくなきむら雲の月　信豊

というものがある。

連歌師の若狭国来往

この時期、信豊の若狭へ、中央で活躍する連歌師が下向して、信豊の文芸に拍車をかける。宗養の下向の記録である。木崎惕窓（正敏）の「拾椎雑話」（宝暦七年（一七五七）自序、同十年小栗元愷跋）巻八に、

連歌師宗養小浜へ来り，所々にて発句ありし事〔郡県志〕に見へたり、長源寺に遊て発句を作ると有て、其句をしるさす。津田の入江を詠みての句なるへし、爰にしるす。

　霞江や雁かなかすは筆の跡

右の句に武田信豊公脇句であり、宗養自筆の懐紙（ある人所持せし）をみたり、とある。「拾椎雑話」に引く「郡県志」は、牧田近俊の「若狭郡県志」のことで、元禄年中成立と言われる（「越前」若狭地誌叢書下」改題）。これによると（明通寺本）郡県志」）、巻十雑記「玉花院」の条に

連歌書載、天文二十二年九月十五日、宗養遊若狭国長源寺而作発句、同月二十七日遊玉花院作発句弐日、朝霧の月耶素遠後瀬山、又十月二日於谷田寺作発句日、散者又霜之花開木葉哉、同月五日於明興寺作発句日、夕波之立居諍千鳥哉、妙興寺今妙興寺歟、

とある。また「遠敷関」の条に、

連歌書載、天文二十二年十月八日、宗養過若狭国遠敷関時、題落葉而作発句日、木枯遠関毛溜水之知志保奈、云フ、遠敷関今不知其処、

が見える（杉原丈夫・松原信之両氏共編「越前若狭地誌叢書下」所収「若狭郡県志」参照）。郡県志のいう連歌書は明らかではないが、天文二十二年夏まで出雲尼子氏の下に居た宗養は（後述）、海から小浜へ上陸し、九月十五日長源寺、二十七日玉花院、十月二日谷田寺、五日明興寺、そして八日遠敷関を通過して発句した可能性がある。宗養は翌天文二十三年正月二十日近衛殿御会始に列席しているので（「言継卿記」）、これ以前の上洛で、二十二年冬まで若狭にあっても矛盾しない。つまり出雲から上洛の途次若狭に遊んだものと推測でき、郡県史のいう

年月日は信じられるように思われる。宗養はその後、弘治二年か永禄元年かの十二月に小浜にあって百韻を独吟している。宗養の若狭下向で殊に注意されるのは、連歌用語の注釈書「宗養言塵伝集」（「宗養先生心底」・「流木」・「簀子」などとも）の奥に、

此歌書、専念宗養若州へ下向之時、武田伊豆守此道を深く熱心有に依て、宗養心底を不残書伝へ申さるゝ由顕然たり、帰京の節即右書物授与之云々、此使大野左衛門太夫仕に付而、豆州へ種々懇望被仕書写候て、被致秘蔵所持之処、大左当国へ被罷下刻、豊続令入魂書写畢、聊不可有他見之旨堅令約諸侯哉、右抄物垣屋駿守豊続雖為秘蔵、令懇望書写畢、誠令悦老眼候也、

旹（時）文禄三年甲午二月五日　　長雲法眼

宗養のほか若狭に下向した連歌師に宗碩没後、宗牧とともに連歌界の指導的地位にあった周桂（天文十三年〈一五四四〉没、七十五歳）がいる。書陵部蔵「連歌新式今集并追加」の奥に、「文亀辛酉ノ奥書則肖伯・逍遥院両老被注置処也、不審の条々同於内府并周桂庵決之、又此本周桂小浜下向之時随身候也、種々以苦労写申処也、秘蔵々々」とあって知られるけれども、若狭への文芸的作用は明らかではない。

神道との交流

神道で若狭下向の人といえば、吉田兼右である。「兼右卿記」（資料編纂所所蔵影写本）永禄元年五月の条に、武田伊豆守信豊が兼右から八雲伸詠口決および天神十号などを伝授した記事があり、十一日の条に伊豆守信豊猿楽翁大事の儀懇望之、秘本の処、不所持之間、空に覚悟文口伝了、然に其趣所望之間注遣之了、為後鑑書留之、とあり、次に

中楽翁大事日本紀

惣而神楽之作法又ハ日神岩戸に引キコモリ玉フ時、諸神岩戸ノ前ニテノ作法、此翁ニアラハス者也、

コレニヨリテ、諸神ノマツリニ申楽ヲ用事ハ、翁ヲスヘキ為也、云々

とある。僅か二葉程度の短いものであるが、翁の詞章や舞の動きを神道的に理解して、奥に、

右神道者、後晋光園院摂政大政大臣良基世阿弥依恋慕道、得尊意、持吉田神主兼熙卿摂政殿為執事家司之条、旁神道之極秘相伝云々、

右神秘、吉田右兵衛督兼右卿面授口決之所也、依執心調罰文状条、不残神秘伝授武田伊豆守信豊申所如件、

永禄元年（一五五八）五月十一日

此分、豆州被注之間、予此実名之下ニ加判了、

とある。これらによれば、信豊が猿楽翁大事を懇望したのに対し、兼右は秘本を所持していなかったので、暗記していた分を口伝したのを、それを注記したいと乞われたので書留めたが、これはかつて二条良基と世阿弥が神道に心を寄せていたので、家司の吉田兼熙が良基の意思を得て相伝した神道の極秘で、これを信豊に教え伝え、起請文を納めたので、神秘残らず信豊に伝授したというのである。そのまま信じるわけにはいかないが信豊が伝授した事は確かである。

若狭武田氏㈦　武田義統

第七代　武田義統（一五五八〜一五六七）の治世

前章で、武田信豊の治世を一五三八〜一五五八年迄としたが、元光は一五二七年の桂川の敗戦で自信を失い、早い時点で後継に譲りたいと考え嫡子信豊を少年時代から後継者に育てて一五三八年に若狭守護を引き継いだが、早隠居の立場で若狭国での政務は元光が施行（判物）を行っていて、実質は元光が国内の実権を握っていたと取れる。この事がこの後、武田家の後継の規律を崩して行きこの後の信豊と義統、次代義統と元明の守護権争いを起こし、武田家の権威を失墜させて行くと書いた。この件を読者は今一度、留意して頂きたい。

信豊から義統への家督と政権の継承

この時期は信豊が都に人脈の繋がりを持った時代であった。嫡子の義統に将軍義晴の娘（義輝の妹）を正妻に迎えて若狭国経営の基にしようと考え実行した。当時の将軍は足利義晴の子義輝であった。

義輝は内部に管領職細川晴元と三好長慶らの対立を持っており、その騒乱と和睦の繰り返しの為に都に多くの牢人が出てその一部が若狭国の父子の対立に関わったと考えられる。

天文二十一年（一五五二）将軍義輝と三好氏は六角義賢の仲介で和睦したが、細川晴元はこの和睦に納得せずに若狭国の武田氏を頼り、若狭神宮寺で信豊に会い、次に越前に向かってしばらく滞在後また若狭神宮寺に戻った。その後近江経由で丹後・丹波の有力者を頼った。この若狭国訪問は信豊の家臣たちは好感を持ったと考えられる。一方の義統は三好氏の動きに注目していた。晴元からの偏諱で元栄から改名し、義元・信統から将軍義輝の偏諱を受け義統と変えて、将軍を支える三好氏の実力に期待をして将軍側であることを明確にした。将軍家も頼れる武家が少ない中で義輝の妹を正妻にしている姻戚と結んでいる武田義統に期待をかけたと思われる。

武田信豊と嫡子義統の対立が本格化したのは弘治二年（一五五六）であるが、この年の十月に信豊の片腕であった弟の信重（信高）が死んだ。信豊は嫡子義統でなく弟三郎元泰（後の信由）に武田家に伝わる家訓を渡したことが、義統が家臣たちに伝え、両派に分かれるもとになった。

翌年弘治三年（一五五七）は通常通り政務を行い平穏に収まっていた。翌永禄元年（一五五八）七月、義統は山県等を連れて高浜の逸見氏を頼りに向かった。信豊はこの動きを知り、自身を支持する家臣たちに支えられて熊川（近江国に近い）に進んだ。さらに近江国高島郡に進んだ。これは信豊の正妻が近江の守護である守護六角氏の娘であり支援を求められると考えたからである。六角氏はこの頃、近江国内に内乱を抱えており、与力は困難であったため、調停案を両方の家臣達宛に出した。その調停案は「義統に対し、信豊に隠居領を与える」というものだったが、その領地をめぐって纏まらなかった。この事は若狭国の家臣達の全体の意向は義統を正当な後継に認めるという事に動いていたことになる。

義統はこのあと若狭国領主らしく振舞うが、信豊も同じようにふるまっていた。その永禄元年（一五五八）十月、若狭国東部で戦闘があり、十一月、十二月と続き、義統が家臣の力で勝利した。

永禄二年（一五五九）義統の正妻の兄である将軍義輝から六角氏に調停の指示があったが成功しなかった。義統の拘りは強かった。

永禄三年（一五六〇）武田義統の家臣高浜の逸見氏の西の丹波国で反乱が起こり、援軍を送らなければならなくなった。逸見氏は直ぐに行動を起こし制圧したが反乱軍の一部は残り抵抗をつづけた。逸見氏は義統に援軍を要請したが敵わず、負担が多くなっていた。その逸見氏の中で内乱が起こり、一時は武田家家臣たちの仲介で収まったが、永禄四年（一五六一）逸見氏は丹波国の蓬雲軒宗勝（松永久秀の弟）らと若狭武田氏に反乱を引き起こした。義統は近江国に亡命していた父信豊と和解して若狭国に戻し、更に越前国の朝倉氏に応援を求めた。

永禄四年（一五六一）かねてから信豊が祈願していた若狭国羽賀寺池坊に「多門院」が認められた。信豊と次男元泰の「父子料所」が多門院の仲介で認められて解決し、五年に亘る一族の内乱は解決した。

しかし主家としての武田家の家臣団内に信用は失われていったと考えられる。義統の有力な味方は従来から逸見氏であったが、まだ家臣団の中にはどちら側と言えない武家の多くが存在していたと考えられる。

前述のように国内が父子の対立で分化されており、若狭国には自国単独で隣国の幕府中央出身の武家たちと対等に戦う国力は無かった。

朝倉氏は以前から若狭武田家の女子が婚姻を結んでおり、若狭国に近い敦賀郡司朝倉景紀が五月、一万人の兵を送り込んだ。若狭武田氏・朝倉氏連合軍対逸見氏・蓬雲軒義勝等連合軍の戦闘が始まった。又隣国丹後の国には武田氏に領地を没収された武家もいて逸見側に加担した。

武田氏は四代元信の時に最も栄えて若狭国武田氏を確立した。中央の戦いに参加し様々な事象を経験しその虚しさを実感した元信は京都の屋敷を引き払い帰国して、自国の自立確立こそが最も大事な事と考え後瀬山築城を計画し、その基盤を確立した。

しかし、都の中央の乱れは若狭国にも影響し、艱難を振り払う事もできなくなり、武田家も内部の確立が成功せず、外部の力を頼ることとなった。日本国内の大きな動きに対応しきれなくなった。

両者の戦いは、武田氏側は逸見氏側の攻勢を予測して、小浜の西の入り口、青井山に家臣（兼田氏、塩見氏、韓神氏等）を置き、その西の勢峠と加斗坂に大塩氏、寺井氏、土屋氏らの名田荘軍団を構えさせた。

戦いは海陸で行われた。武田水軍の桑村九朗衛門、竹長源八兵衛らが、六月、西へ向かい小浜湾の西勢の久手崎で逸見水軍を撃破した。この後で山県秀政の指揮で大島半島の中央部の逸見氏の拠点の曽伊（浦底）で逸見河内守を打ち取った。

陸路では六月、逸見氏・蓬莱軒宗勝氏連合軍が小浜に向けて出発し、勢で激突した。山側に陣取った朝倉軍は勢山に登り、逸見氏側の山の陣地を攻略した。朝倉景紀の軍は陸路はほぼ制圧したが、山間部の山城は残っていて、逸見昌経の行方が判らない。景紀は高浜に着陣した。武田氏は逸見昌経に帰順を赦し、逸見昌経は八月に降伏して城を出た。このようにして逸見の乱は三カ月で収まったが、応援を依頼した朝倉景紀は高浜に留まった。この事は後に朝倉氏が武田氏を助けたとして同時に若狭国への干渉を赦す結果になった。

乱の結果、若狭国と越前国の連絡係として、小浜に朝倉景紀の代理安田六兵衛尉忠治（朝倉家重臣前波景昌の家臣）が駐在するのである。

逸見氏の乱は収まったが、若狭国内の混乱は続いていた。永禄五年（一五六二）逸見氏の乱で、動員された名田庄田縄城主大塩長門守が湯岡城主南部九才と戦い敗れ美浜町の粟屋氏を頼って三方郡に移動する。

永禄九年（一五六六）若狭武田義統の正妻の兄の足利義昭が若狭国にやって来た。庇護されていた六角氏が裏切り、三好側に付いたので姻戚と自身の家臣（武田信実と信景）がいる若狭国に助けを求めたのである。しかし若狭国はそのような支援が出来る状態ではなかった。

義統を支持する家臣は弟の信方を頭に、逸見昌経、武藤友益、白井光胤・勝胤父子、本郷信富・方秀等で、反対派は三方郡の熊谷氏、入江氏、粟屋氏の分家等が東から攻勢をかけるのに対して、義統側は攻めてくる反乱軍に対して小浜の街を中心に、本郷氏、逸見氏、武藤氏等が奮戦して撃退した。この様子を見ていた義昭は、目的はかなわないと判断して越前をめざして敦賀に向かった。

永禄十年（一五六七）武田義統死す。四十二歳。死因は不明である。

武田義統の人物像

義統は若くして亡くなった為、その文化面に関わる史料は少ないが『親俊日記』天文十一年（一五四二）五月一五日条に「武田殿若子」在京の記事があり、一八日の条に「武田（信豊）伊豆殿若子」と見え（信豊、天文八年（一五四〇）十二月叙従五位、任伊豆守）、二十七日条に伊豆守女房帰国の過書（関所通過証）の記事がある。この頃、信豊の妻は子供と共に帰国した。武田殿若子（義統）が若年にして京都の空気に触れている事は注意を引く。下って「兼右卿記」永禄二年（一五五九）十一月二十八日条に、「嫡男彦次郎光栄今日参詣なり、豆州依産穢無其儀」とあり。これは信豊の妻が十六日に女子を無事安産したので、鎮守遷宮の参詣を嫡男彦次郎光栄が行ったというのである（「兼右卿記」十六、二十六両日条。兼右は若狭国在国）。この光栄は信豊の嫡男で後の義統である。そうだとすると「惟房卿記」永禄元年（一五五八）閏六月二十六日条に、兼右の言葉として「武田彦次郎所新図の人丸賛之事、勅筆（天皇の筆跡）申入度由懇望也、彼歌者、岩見方歌をと、自国懇望」とある武田彦次郎も元栄（義統）である。義統の文事を語る数少ない一例である。このほか「武田系図」義統の条に「あふぎても猶あまりある月と日の光りあまねき明暮（日々）の空」とあり、「若狭守護代記」四にも一首の和歌（「政要〈貞観政要―中国の言行録〉ハ時ノ　字二シクハナシ時ヲシラヌハ」、亡将ノワサ』、和歌は「武備百人一首」〈跡見学園女子大紀要9集所収伊藤嘉夫氏（跡見学園女子大学長）翻刻〉に採られている）を載せる。

次に禅僧の資料であるが「春沢録」下に収める「桂林寺殿下火法語」に、新捐舘桂林寺殿前光禄太夫聖叔清公大、禅定門、雅量海涵春育、慈愛雲行雨施・・・時々聴論語擬妙典、着々一以貫之、とあって、「枯木稿」に次の一絶（唯一）が載る。

桂林寺殿聖叔大禅定門、俄（にわか）然逝去　人僉慟哭、尊堂賦和歌一首追悼之、次其芳匂、助余哀云、

文彩風流独出群、坐花酔月避塵氛、

返魂伝聴総虚語、睡鴨空疑一縷雲、

これらによれば義統は度量広大、おおらかで、慈悲深く、時々論語を聴聞し、経典を学び、また、その文芸に群を抜いていたという事になる。

武田義統はこのようにして風流に遊んだというが、その具体相は必ずしも明らかにされていない。武家故実についての幾つかの微証があるだけである。すなわち、尊経閣文庫蔵『両家文書』のうち前半の「聞書」

一二二ヵ条は、奥に「永禄十一年（一五六八）五月下旬比、追越前一乗谷書之」とあり、後半の「聞書」は、首に「義統様へ被仰聞事」として、「一、太刀刃進上申事」以下すべて八十五カ条を挙げてあり、その奥に、

永禄十二年（一五六九）八月二十二日ニ是を書写之、
義統様江被御意聞書相伝申者也、
武田刑部（信実―義統の叔父）大輔殿上杉宮内大輔　元政

とある。この紙背文書には武田刑部信実・武田治部小輔信賢らの書状や、信実の和歌などが掲載されている。勘案するとこの聞書は、武田義統が学んだ武家故実を、一乗谷で上杉宮内大輔元政が書写して武田信実へ与えたのである。これによって義統が武田故実に注意を払っていたことが認められる。なお「山県系図」によれば、足利義昭が義統の若狭国へ頼った際に、連日小浜で犬追い物で供応した記録が残っている。

義統は才気と教養のある人であった。父との齟齬は年齢が近い事と生来の才能が原因であった。常に父の先を行く義統は武田家家臣が支持した。それが父信豊を東に熊川に逃避させ、それを支持する家臣たちが信豊に従った。この相克がなければ別の戦国時代を迎えたのかも知れない。

武田一族と武家故実

刑部大輔信実が「検見要法」を書写した事や、足利義昭近臣の武田右衛門佐信景（義統の弟）が弓箭雑記・故実稽古目録百三十九ヵ状を写したことも大事だが、英甫永雄（義統の従兄弟）も又、重要人物に数えなければならない。尊経閣蔵の各種の文書「射礼記」「騎射秘抄」「八廻日記」「矢開日記」「犬追物口伝日記三部」法量物（以上、武田治部小輔信頼撰）・「騎射秘抄（小笠原元長伝）・「口伝日記三部」・「犬追物検見射式要抄図訣」・「八廻日記」（信頼選とは異なる）」狩詞」などは奥に英甫（花押）があり、英甫が伝えた故実書がある。又香道「名香目録」もある。

後継者の孫犬丸は小さく政務を執れる年齢ではなく、弟の信方が代行で引き継いだが、家臣たちの動揺は小さくなかった。家臣たちは未来を考え、それぞれ自身の考えで行く方向を考えなければならなかった。

永禄十一年（一五六八）朝倉氏はこの機会を逃さなかった。朝倉義景が直接近江経由で、小浜後瀬山城に兵を率いて城下誓願寺前で武田氏と小競り合いの後、名目は幼少の孫犬丸を越前国で育て元服させる目的で引き取るという条件を武田氏側に交渉を行った。この時の武田側の体制は急で何も決められない状況であった。ただ、元明の命と安全だけは大事であったため、元明自身に問いだして、その考えを中心に進めようとした。この時の元明の年齢が問題である（資料が不明確）が、『信長記』と他古文書やこの時の状況の中で判断すれば可能性は五才～九才である。

誓願寺前で戦ったのが本当ならば八～九歳である。五～六才の幼児を戦場に出すことはあり得ない。家臣達に守られて後方で形だけ陣頭指揮を行ったのが真相であろう。戦いは家臣達が停戦を提案し、結論を城に持ち帰って返事をすることで一時をかせいだ事であったであろう。

後瀬山城に帰った元明は家臣に問い質され「どのようにするか、どちらを選ぶか」を聞かれ、元明は「われは若年である。未来は何もわからない。成行にまかせるしかない。」であっただろう。家臣たちは安心し、戦いや自害などを持ち出されては困ったが、よき結論だと相談し合って、朝倉氏側には若狭武田家の女衆も多く嫁いでいる、朝倉も育てると云っているから約束は守るだろう、武田と朝倉は過去に直接戦争はしていない間であり、朝倉側の提案を受け入れて収めようと考えたに違いない。

義統亡き後の若狭武田家は弟の信方が城代として代役を務めていた。

信方は兄義統を一貫して支えてきたが、信方は新保山城主の叔父信重の養子となり宮川の新保山城にいて、宮川殿と呼ばれていた。義統が最も信頼していた存在であり、周囲で反論があるわけはなかったが、少年で独立できない元明を後継にしたい家臣がいたことは事実であろう。この後朝倉氏と将軍義昭をめぐってどちらに着くかで家臣内で考えが割れる事が起きているが、それは強い当主がいないことが統率力を弱め家臣たちがそれぞれの道を歩むことになって行く、又反朝倉派は義昭が天正元年（一五七三）に失脚すると信長に代わり、やはり信方・朝倉氏側と信長派に分かれ三十六人衆は信長に着くことを選択し、朝倉氏が敗れると朝倉側に付いた信方は失脚して義昭のいる安芸国鞆へ向かうのである。

若狭武田家臣団はこの後、信長の重臣丹羽長秀・長重親子の下で永く従った。

戦国時代が終わり、時代が落ち着くと京極氏や細川氏などの大名に仕えて新しく出発してゆくのである。

若狭武田氏㈧　武田元明

第八代　武田元明（一五六七〜一五八二）の治世

—足利将軍家の子武田元明の悲劇—

前章で、武田義統の治世を一五五六〜一五六七年迄としたが、義統の時代の変化が収まらないうちに義統の急死によって若狭武田氏の混乱は極みに達した。父信豊との分割統治、その家臣団の分裂、家臣逸見氏の反乱とその外部の応援勢力丹後の武家とその関りの都の勢力、その解決の鎮圧のために義統が招いた朝倉氏の勢力の常駐、等の問題が未解決のまま義統は亡くなった。義統はその文芸等を見ても優秀な人物であるが、父親信豊の弟の後継指名やそれによって家臣の分断が起きていた。義統は嫡男の自身を期待する家臣団に支えられて戦いには勝ったが、やはり家臣団が一丸となっての体勢は出来ておらず分裂は痛手となった。兄弟達も父信豊側に味方して義統が頼りとする身内はいなかった。又父信豊が義統の為に正妻として都から迎え入れた将軍義晴の娘もすぐに後継出来なかった。嫡男元明が生まれたのは義統三十六歳の頃であった。義統はその文芸作品を見ても清廉潔白な性格で複数の側室は持たなかった。このような孤立の中で死去したのである。死因は不明である。

伯父将軍義昭（義秋）の若狭入り

第十二代将軍義晴には三人の男子と五人の女子がいた。

嫡子は第十三代将軍義輝で、次男が第十五代義昭、三男が周嵩（僧）である。女子は烏丸光宣の正妻、三好義継の正妻、もう一人が若狭武田義統の正妻となった。二名は詳細不明。

室町幕府は応仁・文明の乱（一四六七〜一四七七）以降、将軍の権威が下降していたが、一四九三年の管領細川氏による将軍の留守中の交替（明応の政変）は更に将軍家の権威を落とした。その改革を目指し第六代将軍義教の子で関東にいた堀越公方政知の子義澄を第十一代将軍とした。その後、一時、義視の子義稙が復帰するが、その後義澄の子義晴を十二代将軍とした。この間の将軍は権力基盤が弱く、諸大名の力が強くなる中でその子弟で作る将軍直属の集団奉公衆の力も将軍家の一層権威が下降し、管領・四職の相克の中で将軍は忠節を尽くす守護を探し続けていた。若狭武田氏は応仁・文明の乱の末、四代元信の時代からその将軍家の意向を受けていた。ただその時の元信は戦国化する時代に対し国元の基盤が弱いことを感じ、京都の屋敷を引き払って若狭国へ戻って再建を図った。その後も将軍家の要請は常に若狭国に向けられたが第十二代義晴の時代に実現した。将軍義輝の妹姫を若狭武田義統に嫁がせた。ところが、永禄八年（一五六五）重臣の三好氏とその家臣松永久秀が反乱を起こし、十三代将軍義輝と弟周嵩は殺された。弟義昭は興福寺一条院門跡となっていたが、この事件を聞き、将軍となるべく細川氏・一色氏等の援護を受けて興福寺を脱出し、近江国和田惟政の居城に辿り着き将軍になることを宣言した。今後をどのような道筋で進めていくかを熟慮した上で、翌、永禄九年（一五六六）七月、妹が正妻である若狭国に向った。一番最初に訪問したのは、身内の居るおそらく最も自身に近い守護家として将軍家再建の出発点として考えていたであろう。

義統から若年元明への家督と政権の継承と家臣団

武田元明は若狭武田家第七代武田義統の子である。義統の正妻は将軍義晴の娘で将軍義輝・義昭の妹である。それは政略結婚で、降嫁して正妻となった。義統にとってそれは父から継承した、引き継がなければならない若狭武田家の誇りでもあった。武田氏は中世武家であり武田家男子の嫡子が生まれるのを待ったが、出産は遅かった。父義統が三〇代半ばになって出来た嫡子であった。

義統の死によって若年の嫡子元明が後継となった。補佐役となったのは義統の家臣団であったが、親族としてかつては父信豊に味方していた義統の弟信方(のぶかた)の存在があった。信方は過去に軍事力で国内の反乱を治めた過去があった。このような状態で元明の家臣団は一つに纏まれない状態にあったが、その機を見て動いたのは越前国の当主朝倉義景であった。

朝倉義景の若狭国侵攻と守護元明(足利将軍の甥)の連行の真相

朝倉氏はこの機会を逃さなかった。

朝倉氏は若狭国の武田義統の時代に永禄四年(一五六一)国内西部の逸見氏の反乱を抑えるために朝倉氏を頼って反乱軍に勝ち治安を回復させた。その際に一時的に連絡場所として朝倉氏の小浜在住を認めた。朝倉氏から見ればかつて内情を知っていた場所だったのである。また、以前から武田氏の女子と婚姻を結んでおり、武田氏内の事情も知っていた。

永禄十一年(一五六八)朝倉義景は最初から戦いをする計画はなく、幼い元明を連れ去る目的で、抵抗する美浜の若狭武田氏の忠臣粟屋氏の居城を避け、近江経由で近くの三方郡の熊谷氏の領地を突破して若狭小浜の後瀬山城下にやって来た。名目は幼少の孫犬丸を越前国で育て元服させる目的で引き取るという条件を武田氏側に交渉を行った。この時の武田家臣側の体制は急で何も決められない状況であった。ただ、元明の命と安全の為の保障だけは大事であったため、元明自身に問いだして、その考えを中心に進めようとした。この時の元明の年齢が問題である(資料が不明確)が、『信長記』と武田信玄が朝倉氏に「元明は幼い」の伝言等、他古文書やこの時の状況の中で判断すれば可能性は五才~九歳である。

誓願寺前で戦ったのが本当ならば八~九歳である。五~六才の幼児を戦場に出すことはあり得ない。家臣達に守られて後方で形だけ指揮を行ったのが真相であろう。戦いは家臣達が停戦を提案し、結論を城に持ち帰って返事をすることで一時をかせいだ事であったであろう。戻った後瀬山城では重臣達の協議が始まった。前年に当主義統の急死によって幼い元明が後継となったが、以前から義統が父信豊と対立していたため家臣達の纏まりはなく、身内の義統の弟で叔父信方も義統急死の少し前までは信豊側であった。信方は以前に家臣粟屋氏との戦いに勝利するなど武勇は知られていたが、戦えば大軍に攻め落とされる可能性が強い、相手は元明を預かり成人になるまで大事にすると言っている、朝倉家は過去の援軍の際の様子から乱暴者ではないと知っていたので元明の意向を確かめた上でここは戦わないで妥結しようと考えたと思われる。

後瀬山城に帰った重臣達の協議が始まった。前年に当主義統の急死によって幼い元明が後継者になった。元明の意向を確かめた上でここは戦わないで妥結しようと考えたと思われる。元明には「どのようになさるか、どちらを選ばれるか」を聞かれ、元明は「われは若年である。未来は何もわからない。家族と家臣団の判断にまかせるしかない。」であっただろう。家臣たちは安心し、戦いや自害などを持ち出されては困ったが、よき結論だと相談し合って、朝倉氏側には若狭武田家の女衆も多く嫁いでいる、朝倉も育てると云っているから約束は守るだろう、若狭武田氏と朝倉氏は過去に直接の戦争はしていない。ただ、母の先代当主守護義統の正妻（古文書に名はなく、永禄十二年〈一五六九〉元明連行の翌年の事、連歌師里村紹巴が若狭を訪問した時に連歌会を開きその記録に「御屋形様のお局様」と記されているので「その存在は確認できるが（わが子を心配して簡単には承諾しなかったと思われるが）それが承諾したのは、次に述べる事前の経緯があったと思われる。

将軍家足利家の子武田元明（母は足利第十二代義晴の子　義輝・義昭の妹）

実はこの時の経過には別の真相があったと思われる。内情を説明する記録はないが、元明の母の存在である。将軍義晴の娘で、義輝・義昭の妹であり、将軍家の政略結婚で女子を若狭家に嫁がせて来た将軍家の姫の存在である。当時の将軍家は直属の自身の意を忠実に実行できる守護の存在を求め続けていた。それは応仁・文明の乱以来の将軍家の泣き所である直臣のない弱さが幕府の欠点であることを自覚していて、この時代若狭武田氏にそれを求めたのである。過去幕府内で常に中立を貫いてきた若狭武田家は四代元信の時からその期待を受けていた。幕府の弱体化したこの時代も猶更にその方針を進めていた。将軍義晴・義輝親子は新しい直臣の選定を計画して多く候補を考えていたが、若狭武田氏は既に将軍家の姫を戴く存在であったのである。義昭は僧侶であったが還俗して将軍になり近江国で京都に戻れる機会を狙っていた。永禄九年（一五六六）八月義昭は先ず妹の嫁いだ若狭国にやって来た。その期待は相当のもので若狭武田氏の守護の正妻で既に甥にあたる嫡子も出来ている。自身が采配を振るい若狭武田家を先鋒にして諸大名に伝達を行うことを考えていたが、時の若狭武田家は妹姫の夫義統は父信豊と争いの最中であり期待できる存在ではなかったが、犬追い物見物など数日を過ごした義昭は妹姫に「そなたは私の妹である。若狭武田家のことは何かがあれば相談するように。しかし自分は将軍家再興の目的があるのでこのままでは若狭武田家にはいられない、越前朝倉氏を頼る」を言い残して朝倉氏に向かった。この際に「朝倉氏は大きな大名家である、若狭武田家がこれ以上混乱した際は頼るのは先年若狭武田氏の混乱を鎮める役割を果たしてくれた朝倉氏である」と女子であり不安な生活をしていた妹に言い含めた事が考えられる。義昭は若い妹の後継者を自身の子の様に感じていたのであろう。義昭自身も朝倉氏の居城に着いた時も朝倉氏に若狭武田氏の混乱が話題になった可能性もある。義昭は先ず身の安全を保障出来る朝倉家の越前国の敦賀に約一年間身を置くことにしたのである。

この妹姫が女子であり無名で記録が無いのと将軍義昭が信長と最後の対決をして失脚して京都を追われたことによる足利将軍家の実質滅亡を受けてその身内も同じ扱いを受けたため、記録が書かれずに終わり、過去の歴史家は書けなかったと思われる。自身の後継者であり、永く待ったたった一人の後継者の大事な息子を他人に簡単に手放す母親がいるはずがない事を考えると何らかの事前の話し合いの経緯があったと考えられる。政略結婚で降嫁した、まだ子供が出来ずに後年やっと後継者が出来た大事な息子を持つ母親の決断が背景にあったのである。

この朝倉氏の元明連行は以上のような事情があったと考えられる。

この時を含めた後の数年間（一五六六～一五七三）は急速な変化で時代が進み複数の要件が重なり、人によって違う判断と行動が進むのである。

つまり、叔父信方はこの事情を知りながら朝倉氏と対応していた。将軍義昭は、最初は朝倉氏を頼る言動を示しながら、翌年からは朝倉氏を離れて信長を味方にしてその力で都へ戻るのである。若狭国の家臣たちが元明に期待しながら、その方針をめぐって朝倉派と信長派に別れたのもここに原因があるのである。朝倉滅亡時に元明と家臣達が時代の読み取り方を統一出来て対処すれば新しい戦国時代を乗り切れたと考えられる。

武田元明の年齢

ここで武田元明の年令について検証してみる。没年は明確であるが生年は明確でない。従来の伝承では没年三十一才説と二十一才説が伝わる。ここで歴史的な事象からその当時の年齢を検証してみる。

太田牛一が書いた『信長公記』によると天正元年（一五七三）信長が朝倉氏を滅して元明を救い出した際の記述が「孫犬丸（幼名）」と書かれていて、数年後の記述は「孫八郎（元服後）」である。元明は信長傘下で元服したのである。ついで京極竜子との婚姻も信長の許可のもとに、その相手は強力な大名の娘では困るのである。京極氏ならば信長が元亀元年の浅井・朝倉戦で京極高吉に従軍を要求し、高吉は今は浅井氏の城に居候の身で家臣はなく軍の協力は出来ないと云って本人は出家して、七才の嫡男高次を人質に送り恭順の立場をとった相手で安心であるので許可し、行われたのである。

また甲斐国の武田信玄が信長包囲網（元亀三年—一五七二）で朝倉氏と組んでいた頃の手紙として元明の朝倉氏の居城時代に「元明は同じ武田の一族であり幼少なので」の書状を送っていることから成人（元服）に近い年令ではない。「幼い」は武家の間では五才～十歳未満を指す言葉である。

それでは五才～九才であったとして実際は何歳であったのだろうか。

前述の誓願寺前での戦闘は永禄十一年（一五六八）であり五才とすると、実際五才で城の主が戦いに家臣に守られても出ることはあり得ない。この点を考えると年齢は十才に近い八才～九才である。又もう一つの見方であるが信長が朝倉氏を滅ぼした時武田の家臣団への指示は「元明は朝倉に味方したので処分しなければならない」と言ったのを家臣の粟屋・熊谷たちが必死で止めたと伝わる。「それは待ってほしい」と懇願して信長は思いとどまったという。粟屋たち家臣団は信長の味方をして朝倉軍と先陣で戦い貢献したので信長は現場であるので思いとどまった。実際は、元明は朝倉城内に五年の間、武田氏から降嫁した婦人たちと生活を共にして朝倉館に馴染んでいて、戦いの前は後瀬山城で留守を守る叔父信方に朝倉は信長と戦うので味方するようにと連絡していたという。信長は戦場では敵と味方の判断は敏感で誤らないので勝ち抜いてきた人である。この時元明が元服していたならば許さなかったであろう。粟屋たちが「まだ子供でよく判らない未熟者なのです」と必死に主張したことが元明の一命を救ったのである。この二年後に元明が京都の信長の許に家臣を伴ってお礼の挨拶に参上した時も、信長は打ち解けなかったという。打ち解けたのは九年後の本能寺の変の前年、高浜町の逸見昌経が死去し子がなく遺産を分けた際に高浜五千石を直臣溝口秀勝に、大飯郡石山城三千石を元明に与えた時である。

　以上の事からこの朝倉滅亡（一五七三年）時の元明は元服前の少年であったと判断できる。

元明の朝倉時代の若狭国

　永禄十一年（一五六八）武田元明の朝倉氏による連行は周囲から見れば若狭国は朝倉家の拡大であると捉えられ、京都では将軍義昭が妹（義統の正妻）の子元明を朝倉氏が連れ去ったとして信長にこの奪還を指示した事が考えられる。将軍義昭は永禄十一年（一五六八）九月に京都に戻り将軍職を継続した時から信長から「殿中御掟」を示され義昭が考えていた行動は出来なかったが、問題が行き詰まると全国の大名に「御内書」を出して自身の目的を連絡を取って伝えていた。今回も妹の嫁いだ先の問題として取り上げて自身の主張を信長に認めさせたのである。

　元明連行後の若狭国の内政は朝倉家が統制を強め、神社に禁制を掲げさせたり、矢銭（臨時税）を要求した。又、姉川の戦い（一五七〇）の翌年の朝倉氏の巻き返しの際に分隊の軍勢が若狭国に入り込んだ。

若狭三十六人衆の活躍

　元明連行の後の若狭国は父義統の弟で最も近い身内として叔父武田信方が城代として信長・朝倉戦争の間は若狭国内を統治していた。信方は朝倉支持で統一していた。それは元明を預かり返すという約束事を守る事が元明を助けることであり若狭武田家にとって未来があると信じたからであるが、家臣の中には若狭国と主人武田家の将来を考え、信長の力が元明を支えるには的確と考え、三十六人の家臣が信長に従う事を決めて、元亀元年（一五七〇）信長の朝倉追討の際に若狭熊川で待ち受け信長を出迎えた。有名な信長の家臣四名の名入りの信任状である。「この三十六名は武田家に仕える忠節を持った家臣達であることを認めるので精を出して信長軍に従うように―羽柴秀吉・丹羽長秀・中川重政・明智光秀の重臣四名花押」この信任状は若狭国の様々な場所（武家・社寺）に送られた。信長が将軍義昭の命を受けて朝倉討伐に向かうことに積極的に参加を表明したのである。この家臣のグループは若狭武田家の将来を見据えて元明を連れ去った朝倉氏を信じず、敢えて尾張国から日本の中央を目指す信長を頼ったのであるが、少年である元明には解らなかった。元明がこの信任状のことを知り、天正元年（一五七三）の朝倉攻めを的確に立ち回っていれば、若狭帰還後も信長は若狭国家臣団の元明奪還の意思表明を味方として扱っているので元明の処遇も変わっていただろう。このことからも元明は朝倉の城内になじんだ生活に明け暮れた少年（元服前）であったことが判るのである。

元明、朝倉氏へ―三代前からの若狭武田家の内紛の火種

　それは遡れば信豊・義統の父子対立とその前の元光・信豊時代（力が備わらない年齢の子信豊を溺愛し当主にして父元光が後見を行う）という当主が独立して自身の力を蓄えるという武家内の基本を無視した事に原因があり、そのしわ寄せが後代に続いてこのような事態を招くことになったのである。若狭武田家の最盛時代を築いた第四代元信の新時代を迎えた際に、自身たちの国作りが最も大事として、京都の屋敷を引き払い若狭国へ帰り後瀬山城を築城した。何よりも自分の家がしっかりしなければ今後の時代には危ういという危機感を持っていた。往時の教訓が

生かされて来なかったのである。

第一次朝倉攻めと浅井長政の裏切り

信長はこの後、美浜の粟屋氏の佐柿国吉城に立ち寄り若狭衆と面会して宿泊してから翌日若狭衆と共に朝倉攻めに向かった。

信長は朝倉領敦賀の支城を攻め落として越前に向かうが途中金ヶ崎で浅井長政の朝倉支援の情報を聞き引き返すが、近江に向かわず若狭丹後街道を遠敷郡から京都へ逃げ帰った。この間に若狭国では永禄十三年（一五七〇）朝倉派（信方・武藤・粟屋右京〈粟屋別家〉等）が三十六人衆の一人山県氏の居城ガラガラ城を攻め落とした。このように若狭国内が分裂して攻め合う状態が続いた。これらの悲劇は偏に国内が纏まらず、朝倉の侵入に対し元明を連行されてしまった国情があったのである。

姉川の戦い

信長は浅井軍の裏切りにあった後、京都へ戻り体制を整えてから美濃（岐阜）へ帰って準備をして、尾張東部三河の領主徳川家康を連れて北近江国の戻り、姉川の戦いで浅井・朝倉軍との戦いに勝利し、朝倉は越前に戻り、浅井長政は小谷城に戻り籠城した。

信長包囲網と武田信玄の死

信長の近江・越前進出は畿内と京都を中心に周辺の武家・寺社には脅威と不安定性をもって見られる様になった。以前、都を一時占拠した三好氏を代表とした畿内武家勢力・伊勢武家勢力・一向一揆・比叡山僧兵・再生した朝倉・浅井軍・そして日本中央部を制した武田信玄の進出が将軍足利義昭の指示に従って広まっていた。将軍義昭は将軍としての行動を信長に「殿中御掟」により数度に亙り制限されていて将軍としての動きが封じられていたため新しい勢力を求め続けた結果がこの時点では武田信玄であった。武田信玄は今まで築き上げた総力を結集して京都を目指すことを決めていた。一方姉川で敗れた朝倉氏と浅井長政は体制を建て直して信長の居る京都をめざして近江国の中心地である西南部に軍を進めた。この背景にはこの時代一向一揆の力が近江でも社会の中で力を持ち始めたのである。その本拠は大坂の石山本願寺であった。信長は最初為政者として矢銭（戦いの為の臨時税）を要求し、次いで元亀元年（一五七〇）場所の明け渡しを要求した。信長の政教分離の思想の要求であった。これには顕如は拒絶し、全国の一揆の同盟を決め決起した。この戦いが天正八年（一五八〇）明け渡しが纏まるまで続くのである。この内伊勢地方は信長の身内を城主に入れるなどして攻略が進んでいた。

朝倉・浅井軍は姉川で敗れた一五七〇年六月から九月には体制を建て直して進軍を開始した（志賀の陣）。大坂にいた信長は三好三人衆の摂津国野田城決起に対し攻撃を行っていたが、石山本願寺法主顕如が決起した事で釘付けとなっていた。（野田城・福島城の戦い）その間信長の家臣たちは坂本近くの宇佐山城に立て籠っていたが、比叡山僧兵が参加して勢い付いた朝倉・浅井軍は京都に向ったのを聞くと信長は柴田勝家らを残して京都に帰った。朝倉・浅井軍は信長の京都帰還を聞き比叡山に後退した。信長は比叡山に「味方をすれば荘園は保証する、できなければ中立を、敵対すれば焼き討ちする」と申し入れたが返事はなかった。

包囲が長引くと反信長勢力が勢いを増し始めた三好三人衆は野田城を出て活動し始めた。六角義賢も一向衆と合流して南近江に蜂起して近江・

美濃の間を遮断した。近江東部にいた秀吉と丹羽長秀は北近江横山城で美濃遮断を解放した。早期決戦が出来なくなった信長は作戦を進めるために明智光秀らに比叡山を包囲するように当たらせた。

包囲戦が長引くと冬季を迎え自国の状態が気になることを見越した信長は朝廷（正親町天皇）と足利義昭を動かして、十二月和睦が成立した。

比叡山の焼き討ち

一五七一年になると信長が比叡山の土地を無断占領していると比叡山側が天皇に訴えたため天皇から信長に是正を指示したが信長が認めなかったため比叡山側も硬化していた。信長は従来からの主張の政教分離を主張し近江国の平定には比叡山の武装解除は必至と考えていた。この計画を知った比叡山側は献金をして懐柔しようとしたが信長は拒否した。

元亀二年（一五七一）九月信長は比叡山を取り囲んだ全軍に攻撃命令を出した。全山放火され、僧侶、信者、近隣住民女子・子供まで巻き込まれて『信長公記』では死者数千人、ルイス・フロイスの書簡では一五〇〇人と記載されている。この跡地は明智光秀、佐久間信盛、中川重政、柴田勝家・丹羽長秀に分割配分され、光秀は坂本城を築城した。その後と最近の発掘調査によれば火災は事件以前のものも多いと見られている。

元明の若狭国帰還

元明は粟屋氏や若狭三十六人衆の信長支援の力で若狭国に戻ったが、後瀬山城には戻れなかった。若狭三十六人衆の元明を守護に返り咲かせるという努力は報われなかった。元明の判断の甘さから、信長から元明は朝倉側に見られてしまったのである。家臣がいくら努力しても主人が朝倉側ではないかと言われてしまったのである。元明から見れば自身は人質であり反朝倉を主張すれば殺される運命であり三十六人衆の意志は受け入れできなかった。この齟齬は家臣にとって痛手であったが何時かは認められることを信じて元明の周囲に集まったが、他の家臣達の中では元明の指示に従わず独自の生き方を目指す立場をとるものもいて元明の若狭国内での求心力は落ちていった。信長は丹羽長秀に若狭国を治めさせることを決め丹羽長秀が若狭国に入った。若狭三十六人衆は丹羽長秀の傘下に組み込まれたのである。

前城代の武田信方は元亀元年（一五七〇）から始まった信長・朝倉戦争の間は若狭国内を朝倉支持で統一していて、信長支持の武家若狭山県氏の城を攻める等朝倉側で動いていたが、天正元年（一五七三）朝倉滅亡を受けて若狭国から退き、直後は不明であるが、後、若狭武田の発祥地で人的交流のあった安芸武田氏ゆかりの地である備後国へ移り、最後は足利義昭の住む安芸国鞆に移り住み、死去した。

若狭国守護代理（実質）の信方から見れば将軍義昭が指示を出して自身の甥元明を助け出すため信長に命じている事と、元明を連行した朝倉氏との約束の中で揺れ動いたが、その朝倉と元明を人質に取られている立場で敵対することは出来なかった。信長のような新しい型の戦国大名を理解できず、中世的な世界を足利義昭に託して生きた一生を終えた。

元明復帰と家臣達の願い

元明は後瀬山城には入れなかったが、寺院として力のあった若狭神宮寺の別棟に住むことになった。旧家臣たちは多くが神宮寺（別棟 桜本坊（ぼう）と言われている）に集まり今後の対策を話し合った。重臣たちの考えは今一度信長に打診するべきと、いう考えで纏まっていた。

天正三年（一五七五）七月、朝倉氏の滅亡後二年目に元明は重臣（粟屋・逸見・熊谷・内藤・山県・白井・松宮・畑田）を連れて信長に京都相国寺に参上し謁見して自身の願いを奏上する。この時元明はまだ元服を終えたばかりで、同行する朝倉攻めに功績のあった重臣達が信長に頼んでみる見込みが有りとして参上したが、しかし信長の心は固く門戸を閉ざし広げることは出来なかった。元明復帰の話は出なかった。元明は暗澹たる気持ちで帰国した。信長は何か他の理由で元明を拒んだのではなく朝倉攻めの時の裏切りは許せなかった。因みにこの後、京極竜子姫との縁組も認めている。信長のこのこだわりが解けたのは、しばらく時間が経過した六年後の天正九年（一五八一）に信長の「馬ぞろえ」に家臣団を連れて参加している。またこの年若狭国の逸見氏が後継ぎなく死去しその遺領と他の遺領が八〇〇〇石あるのを元明に石山城三〇〇〇石城主として旗本として与えている。元明は謝礼に出かけている。信長はこの間七年間の間に安土城を作り近畿地方を明智光秀に攻略させ、一向一揆を大阪から移転させ、秀吉には中国地方鳥取城を陥落させて、更に東方の武田氏の息の根を止めるべく、また西国の雄毛利を攻略しようと変化を遂げているので、元明にその計画の一端を実績次第では任せようという意思はあったと思われる。

この時点で信長は元明の裏切りの過去は消し去っていたのである。

ただ、元明には別の想いがあったと考えられる。元明の育った環境が北陸の中世的な常識の中で自身が幼少時代から育てられた許せない行為を見て来た過去を消すことのできないこだわりを持っていたのではないかと思われる。朝倉の城で過ごした周囲の武田氏ゆかりの女性達は信長の朝倉攻略で全滅に近く殺され、朝倉義景の関係の女子たちは一旦許されて京都に護送中に信長の命を受けた従弟の朝倉景鏡（あさくらかげあきら）に途中の今庄で全員刺殺されている。朝倉戦の結果の情報が入るたびに少年の元明は怒りに震えたのではないだろうか。「何も女子までも殺す必要はない」少年の感じやすい心に永く忘れられない思いを残したに違いない。家臣達の前では戦略の話を進めていても信長へのこの思いは常に心の何処かに消えないであったに違いない。

又、この時期に足利義昭将軍の妹君の記述はない。この年天正元年（一五七三）に兄義昭は織田信長に反旗を翻して戦いに敗れて失脚しているので、信長から忌み嫌われ引き離された可能性もある。

他の武田家家臣の動き

信長は天正一〇年（一五八二）、三月に甲斐武田を滅ぼしたが、この戦いで若狭武田家の縁者が甲斐国で参戦して戦死している。元明が朝倉氏に連行された後、その解決策に足利義昭に仕えていた叔父たち（父義統の弟信由（のぶよし）〈元泰（もとやす）〉、義貞（よしさだ））は甲斐武田家に託したのである。

同年六月、信長はその後安土に帰り同年五月に家康への招待の会を催したが、その際の経緯をきっかけに明智光秀が反乱を起こし本能寺の変を起こし信長はあえなく死去した。その光秀に対し、重臣羽柴秀吉はその時備中国（びっちゅうこく）（岡山県）に居たが、その反乱直後に行動を起こし十一日間で京都に引き返し光秀を破った。

元明の挙兵

武田元明はこの乱直後、光秀から全国に出した書状を受け取り、共鳴するところがあり、義弟京極高次らを誘い出陣し、家臣団は遠征組（秀吉の備中高松城攻めに参陣していた粟屋氏・熊谷氏等）を除いてこの元明に従った。従軍しなかった家臣達もいたが同じように後に裁きを受けて領地没収の憂き目をみた。京極高次も元京極家家臣の阿閉貞征・貞大親子を筆頭に連れて参陣した。丹羽長秀の居城佐和山城（彦根市）を明智光秀の命であると口上して明け渡しを要求して奪取した。

又、長浜城にいた秀吉の家族母なか（後の大政所）・正妻おね達も郊外の農家に隠れ避難した。

その十一日後に光秀は山崎の戦で敗れ死去し秀吉の時代となった。

元明の最後と元明の子供たち

主君を庇護する目的で、熊谷兄弟は丹羽長秀に指定された近江国の寶憧院へ向かった。主従は主人が寺院の入るのを見届けて門外で待っていたが、時間が過ぎても主人が出てこないのを気が付いて、弟は兄に万が一のことがあるかも知れないので先に若狭国へ帰り奥方を守ってくれと言い残して一人で寺院内に入ってみると主人は既に殺されていた。怒り狂った弟は刀を抜き周囲の敵を切り捨てたが、多勢に無勢力尽くて切腹した。兄は急いで若狭国の神宮寺の武田の奥方の屋敷に向かい屋敷について見ると奥方は謀反人の妻として丹羽長秀の家中の者に京都へ連れ去られていた。兄は元明の子供三人が無事なのを見て胸をなでおろしたが、次に頭に浮かんだのはこの三人を何処に逃がしかくまうかであった。先ず女子は免れるであろう。男子二人は同じ場所では発見されやすい、一人ずつ分けてかくまう事とした。神宮寺より遠い家臣の中で東の美浜の粟屋氏と三方の熊谷氏が浮かんだ。遠敷郡から遠い鄙びた山奥の目立たない場所、粟屋氏には早速長子（後の義勝）を届けることにした。次男（源作—後に僧侶）は熊谷氏に頼み東黒田の寺院弘誓寺に、妹はこの奥の根来谷の農家へ預けた。この仕事が済むと兄はどのようにして奥方に知らせよう、早く安心させなければならない。竜子姫が着いた先に人を使い教えた。

元明と正妻京極竜子との間に三名の子供（男子二名、女子一名）がいた。地元の小浜神宮寺には竜子姫出産うぶ湯の井戸や「百姓平左衛門宅で松の丸出産」の伝承が残っている。産湯を使い安産させたことのお礼として後に豊臣秀吉から屋敷と山の一区画を下賜されている。元明と竜子の婚姻は一五七〇年代の半ば以降なので長子が一五八二年の段階では五才で以下四才以下二人である。男子の内一名は津川内記一義として京極家の家臣になり、後に家老職となった佐々義勝（先祖京極佐々木家の佐々の由来）である。

これには異説もある。記録は江戸時代貞享元年（一六八四）丸亀藩の幕府への上申書に「津川内記は武田孫八郎（元明）の弟、宰相（高次）の養子」とあるが、この時代は当時から既に約一〇〇年近く過ぎており、この時代の背景を視なければならない。この時代は徳川家康の幕府成立から寛永元年（一六二四）三代将軍家光が立つと家康時代の復活を目指し全国の諸大名に対し「参勤交代制度」や「諸大名由緒書き」の提出を数度にわたり要求した。これは徳川幕府が大名に対して封建時代の道徳の基本である「忠誠」を尽くす心を維持しているかを確かめるために大名達に対し引き締めを行うために、主君に如何に忠実で家臣達にも教育しているかを引き締める狙いがあった。要求された大名たちは自身の国内で調査し誠実に述べなければならなかった。戦国時代を経て経歴などは自己申告で通っていた時代から徳川幕府を主と仰ぐ時代になって既に戦争や反乱は無かったが、反面封建時代の主従の関係維持の理論つまり上下の責任と義務を論理で維持しなければ成り立たない時代であり、その為の盛んな教育が奨励された時代であった（湯島聖堂の朱子学等）。一言で表現すれば「争いはご法度、但し武家道徳はより厳しく」の時代であった。各大名が自身の先祖が封建時代の道徳を守れていない者はいないかを幕府に提出の後に指摘されないかを気にしながら自藩の由緒書きを見直して提出することが多かったと考えられる。事実として北海道松前藩は自藩の藩祖は誰かを七〇年に亘って秘密に若狭国に問い合わせを行うなど、各大名はその出自の過去に気を配らなければならなかった。その内容が主君（大名の主君は当時の日本のトップと言われた織田信長や豊臣秀吉・徳川家康）に弓を弾いた過去は無いか等幕府から疑われることを配慮しなければならなかった。又この江戸時代の前期後半の時代の寛文・延宝・天和・貞享年間（一六六一年～一六八〇年）は家綱の時代の自由な気風から改めて厳しさを要求される五代将軍綱吉の時代であり、元禄時代に向かう時代で前の代に育った新しい学問（考証学・古学等）が盛んになり時代の新しい傾向がみられる時代であった。武田氏の末裔は本能寺の変の明智光秀の反乱に加担して滅ぼされた若狭武田氏であり、その子供が生存して藩の重職家老になっている事実は小藩だけに上申し辛かったという事情が在ったと思われる。

又、武田元明の生存時に、朝倉氏に連行され若狭国は五年間領主なし（代理もなし）の状態が続き、宮川の叔父新保山城主信方が後瀬山城代として代行し、元明が若狭に戻された期間の九年間と、一五八二年の本能寺の変で元明が挙兵した際にも、死去した直後の後継者の話に弟の話は話題にもならなかった事実と、この間の記録にそれらしき弟の存在の記述は一切ない。

この事から津川一義の存在はこの時期の豊臣秀吉が織田信長の後継者としてふるまい、信長が最も恐れた武田氏を滅亡させた経過から武田姓の継続を認めなかった。しかし元明の正妻京極竜子姫を側室にしてからは初姫を京極高次に娶せ理解を示すようになり、大阪城・伏見城内では武田姓の名乗りは御法度であったが、時代も経過して、松の丸（竜子姫）は秀吉にとって大事な欠くことのできない存在になりその子の存在は認めるようになったと考えられる。

元明の遺児の一人津川一義は京極竜子の願望に沿って高次により家臣に取り立てられて、近江国（近江八幡・大津）に住んだ事から後に佐々氏（佐々木京極氏）の名を継承して、京極家の小浜藩が寛永十一年（一六三四）転封して、龍野藩、更に、丸亀藩では京極家家老職になった。

異説の二つ目は元明・竜子姫には男子が二人居たといわれているが、若狭国の地元（福井県嶺南地区）では戦国時代末期一五九三年に若狭国城主となった木下勝俊（秀吉甥と称す）は秀吉の正妻高台院（おね姫）が密かに元明の遺児を引き取り木下氏の養子にして成長させ若狭国の城主としたとの伝承が伝わるが、おね姫の人柄からは考えられる事であるが、現在実証できるものは見つかっていない。

若狭町東黒田の弘誓寺に残る京極竜子の記録

もう一人の男子は若狭町東黒田の弘誓寺に伝わる武田元明の子が僧に

なったとあり、十年後に豊臣秀吉の側室佐々木氏（京極竜子）が文禄年間に数十金（約数百万円ヵ）の寺再建用の献金をしている。竜子姫が出産に産湯を遣わした家に秀吉名でお礼を下賜したのと同じ例である。この対象の人物が津川氏と同人物か不明である。元明は謹慎の一ヶ月間に万が一を考えて小浜から遠い三方町（現若狭町東黒田）の奥の目立たない寺を選んで子供を隠そうとしたのである。子供を一時的に避難のために寺院入りした可能性もあり詳細は不明である。この人物が大人になっても僧になっていればもう一人の男子は僧になり一生を終え、武家の社会には復帰しなかった事になる。又、この寺からおね姫が男児を探し出して自分の郷里に連れて行ったのかもしれない。いずれにしても今後の新しい資料待ちである。

もう一人の子供の女子は母と同じ竜子と言う名で地元では農家で育てられたが病死したと伝わるが、それに関する墓誌や過去帳に記載がないので不明である。現在、武田家関連の寺院は数多く存在するが、記録が明確でない以上現段階では不明としなければならない。

当の京極竜子姫はすべてを知っていたと思われるのは、秀吉死去後は伏見城に残らず直後に京都市街（西洞院）に邸宅を建てて移住しているのである。淀君から見れば心強い義姉の存在だったので、残る意思があればその力になり豊臣家の城に居住は可能だったのである。

秀吉の城内では中世武家の立場と自身を貫いた竜子姫であったが、自身の子供に会える生活をしたかったのではないかと思われるのである。この後の竜子姫は徳川時代初期を義妹初姫と共に手を取り合って、自在に生きて、三十五年間の永きに渉って京極家と淀君とその遺児ために共同して当たるのであるが、自身の子供との交流についての記述はない。夫武田元明が謀反人明智光秀に加担したことが時の武家社会への影響と反応を考え、又豊臣家への影響も気遣い自粛したと考えられる。

武田元明の時代の文芸

元明自身は幼年で五年間朝倉に連行されて若狭国にはいなかったので直接関わっていないが、城代の叔父信方は五年間外交の顔としてかかわった。元明連行の一年後に連歌師里村紹巴の若狭国来訪があった。永禄十二年（一五六九）閏五月に京都を発って天橋立めぐりと称してその近隣を訪問した。若狭国には閏五月二十八日に内藤五郎座衛門の城内で一会を催したのを皮切りに六月二日、仁田越後守宅。六月四日、小野寺不動院興行。六月七日、若狭国主護家開催の連歌会に御屋形様の御局様、他出席。九日に御隠居様（信豊）の発句の会を催す。六月十日と十二日、御隠居様（信豊）主宰の『源氏物語」桐壺巻講釈をさせ、帰りに和漢尾の興行をせよと伝えた。六月十一日西村宗運の会。六月十三日浄土寺覚阿興行。六月十四日、高成寺で大野左衛門大輔栄親興行。八幡林越後守興行。六月二十七日、和田の粟屋小次郎との会。六月十九日高浜の祇園会を見物して小浜を出た。当主義統を亡くして二年目であった。

織豊政権と本能寺の変

信長の織田家独善方針の失敗

織田信長の尾張周辺の制覇から中央（京都周辺）制覇に変わりやがて全国制覇に向かった戦国時代は信長の途中で挫折し豊臣秀吉に引き継がれた。信長は中央制覇完成から全国制覇に向かう途中で最終目的を達成する前に結果を急いだ為に挫折した。重臣達の功労を自身の子供たちに分譲する計画が重臣たちに先読みされてしまい、その最大の渦中にあった明智光秀の行動により嫡子と共に殺されてしまった。この時の重臣達の状態・条件は皆が同じであった。光秀にはすぐ起こさなければならない条件が揃っていたのを信長は気が付かなかった。天正一〇年（一五八二）年の三月、嫡男で当主になっていた信忠を総大将にして武田家を滅ぼし信忠の武功を持ちあげる計画であった。武田家は滅び信長は全軍を集めて論考行賞を行った。その席で明智光秀は祝辞を読んだが、信長は気に要らず光秀に「信忠に対する賞賛の言葉が十分でない。大した功籍も経ていない人間が」と光秀を満座の前で罵った。この時光秀は織田家の未来を見てしまった。自身は信長の命で数々の人の道に沿わないことをやらされ貢献して最後の仕上げであった丹波国の攻略を成功させ信長から「光秀は天下の面目を果した」と大賞賛を受け、自身が今まで経験した病苦・妻の死・戦時の辛抱や結果の後悔を打ち消してくれる賞賛を聞いて丹波国へ帰り、家中法度を作り直し、家臣達に、「信長様のお陰で今の自分がある。信長様にはこれからも一層忠節に励むように」と指示していた。その自分が信長に満座の前で全く能力のない老臣扱いをされてしまった。信長には十一人の男子と同数の女子がいた。光秀はそのことを知っていて何時かは子供たちが跡を継ぎ日本全国を織田王国にすることは見えていたが、そこには功労のあった重臣たちが国を与えられた世界が来ることを考えていた。光秀の年齢は明確に書いたものはないが、徳川時代の初めに松平忠明（母は家康長女亀姫）文書「当代記」には六十七才と記述がある。光秀の出自は複雑で明確なものはないが、職業は多彩な経験者で、進士家（料理担当武家）家臣、医師、塾長、武器（鉄砲）技術者、将軍家家臣（奉公衆）等、この経験が信長の家臣として役に立ったが、これだけの職歴を持つにはある永い時間が必要であったと考える。又会議中に年を隠すために付け曲げをしていたがある時外れて落ちて信長から揶揄われたという逸話もあり、このような事を考えると六十七才で妥当であると思われる。七十才過ぎて現場は無理である。

また織田家の中では新入りで周囲に人間関係はない。この年齢で石見国を戦って奪い取れとは、それはもうできないと決断せざるを得なかった。苦難の連続（約束した波多野家三兄弟の刑死、光秀母の報復による死）、長曾我部氏との固い約束に対する信長の反故の命による裏切り、このままでは重臣たちの領地は、子供二十人の以外の領地は当てがえられない。

経験豊富な早見えする光秀は考える必要なく体で織田家の元では今後の未来はないと絶望し、考えてその感覚のままに計画して実行に移した。家臣団の過去への強い労苦に対する想いを理解できずに織田家は崩壊していった。

豊臣秀吉

当時の羽柴秀吉も明智光秀と同じ環境の運命にあったが、この機会を自分たち重臣の世界に切り替えることに成功した。周囲の重臣達も同感覚を持っていたが、織田家に忠実な柴田勝家とそれに従う旧臣たちは排除しなければならかった。それ以外は共に戦った仲間と領地を分け合い自身はその頂点に立った。上司信長の死を子飼いである身を利用して重臣筆頭を、実力を持って実行して予測できなかった光秀の反乱という機会を生かして自分のものにしたのである。嫡子信忠が織田家家督を相続していたことを利用して幼児の嫡子三法師を後継にして後継者の形を作り次男信勝と三男信孝を封じ込めて、重臣仲間と覇権を分け合い、天下を自身のものとした。そして織田家は没落した。

明智光秀の起こした行為の目的であった念願の重臣の共同運営を秀吉が同じ路線を選んで断行したのである。

徳川家康

徳川家康も同じ織田家の独占を懸念していた。永禄三年（一五六〇）桶狭間の戦い以降信長と連携の形をとっていたが実質は従属の関係にあった。尾張国の東に位置する家康は武田氏との戦いは自身が中心であり、天正十年（一五八二）武田家は滅亡した際にその論功行賞は元今川領の駿河国の権利を得ただけで、肝心の甲斐・信濃は織田家旧臣河尻秀隆に与えた。これは後に織田家嫡男で当主の信忠に渡し日本の中央を統治させる計画が誰でもわかる予測であった。家康は不満を出さず駿河国を得た感謝の気持ちで信長の帰途を歓迎の場所に変えた。お返しに接待を受けた家康は五月に信長に疑われる心配のなきよう少人数を選んで参加した。宴会は無事終わったが、接待役の光秀が持つ懸念を聞いた。しかし家康は信長に勧められたとおり京都・大坂見物を行い、茶会を楽しんだ。その六月二日、信長の死を知るのである。家康は光秀のことを思い出し事件の事実を確信するのである。急いで三河へ逃げ帰ったが、数日後、陣触れを出した直後に羽柴秀吉が山崎の合戦で勝利し光秀が戦死した事を知るのである。

その後の秀吉は順調に織田家家臣団を纏め、次男信勝・三男信孝を脇役に廻したため信勝が家康に助けを求めて来て、小牧・長久手の戦いで戦いに勝利した。家康は信長の独断専行には不満であったが秀吉の織田家臣団の長には独占させてはならないと考えて戦ったが、信長家臣団の秀吉の指示を変えることは出来なかった。やむなく秀吉との講和状態が続くが天下人は秀吉であったため臣従の儀式には参加しなければならなかった。関東へ国替えを強いられるが、この間に自身の実力を付ける機会に恵まれた。京都にこだわる秀吉に対し家康は広大な関東平野で実力を蓄えた。やがて国力と武力では押しも押されぬ武断派（武士集団）の頂点に躍り出て、京都になじんだ秀吉政権を打倒して天下人となった。

経歴は違っても同じ信長に仕えた両者であったが、旧都文化を愛し馴染み、外国遠征の未知を知らず、無謀な武力の使い方を行った秀吉に対し、広い関東を開拓して周辺を含め強い力を蓄え、国内政治に専心した家康の方向性が二六八年もの永い政権を作る基礎となった。

武田三家の滅亡

甲斐武田氏

これらの時代の中で武田三家は甲州武田信玄が戦国一の勇将を誇ったが、後継者の育成に失敗し信玄一代でその力を継承する事は出来なかった。二代目勝頼は戦争に於いて、武力とは完璧なものでなくその対策を相手に考える時間を得れば強力な軍事力も破られる事を父の様には用心深い思考が及ばなかった。ただ家臣の実績だけを評価して戦いを行った。信長は最新の武器は鉄砲でありその使い方次第で勝てると考えていた。

安芸武田氏

安芸武田氏は足利尊氏の両腕武田信武と山名親氏の安芸国守護（分郡守護）信武が終始一貫して尊氏に従った功績により安芸国の最も豊

かな四郡を得て豊かな経済を背景に栄えたが七代目元繁の時に新興の毛利元就に敗れた。中世武家の五十才元繁は五〇〇〇人の兵を率いて、二〇〇〇人の兵を率いる二十才毛利元就に対峙したが川を渡る時に五人の狙撃射手（弓）に狙われその内の一本が元繁の胸を貫いて即死した。川を渡る時は浅瀬を探して渡るので隊列が細くなるのを狙った元就の狙撃の手にかかったのである。予期しなかった突然の主人の死去に安芸武田氏は混乱したが嫡子光和（みつかず）の奮戦で一時盛りかえしたが天文九年（一五四〇）三十七才で嫡子なく急死した。その後若狭武田氏から養子信実（のぶざね）を迎えたが立ち治ることが出来なかった。家臣の中には大内氏と講和を結ぶものも出て、信実は出雲に逃れ、最後は安芸武田氏の一族武田信重（のぶしげ）が天文十年（一五四一）戦国大名化した毛利氏に敗れ、複雑で屈強の難攻不落の山城鏡山（かなやま）城は落城し、家中・家臣は多くは後に近隣の大名に仕官した。

若狭武田家の滅亡

甲斐武田家が天正一〇年（一五八二）三月天目山で滅んだ五ヶ月後の七月若狭武田家は第八代元明の時代に滅亡した。安芸武田氏の時代に時の将軍義教から（一四四〇）上意討ちを命令された奉公衆武田信栄が四職の一人の一色義貫を討ちその恩賞として若狭国を得た事から始まったが、同時代の評価は反感も多かったが、その後の応仁の乱後は落ち着いた状態にあったが、相手の隣国の一色氏だけは忘れることなく終生若狭武田氏と国境の内外で争うことになった。この事態に中で第四代元信は都の変化を目の当たりにして戦国時代の未来を予測して都の屋敷を引き払い若狭国に戻り国作りを開始して、難攻不落をめざした後瀬山城の建設をめざした。大永元年（一五二一）元信が死去すると、第五代元光がその後を引き継ぎ大永二年（一五二二）後瀬山城を築城した。しかしその後元光は都からの要請で戦いに参加したが、大永七年（一五二七）百戦練磨の三好氏に惨敗し若狭国に引き上げた。その後は家臣粟屋氏が肩代わりして若狭武田氏を支えたが、一時は持ちこたえたが、それが他の家臣達の反発が粟屋氏に向けられ、粟屋氏も一時国外へ逃れるという国内の混乱が起き、それが隣国丹後の一色氏とも絡み、互いに侵略し合い両者は国力を落とし、両者とも国外の勢力を頼り、国を守るという異例の結果を生み出した。この後国外の強大な勢力が介入し自国の力だけでは収まらなくなり、やがて日本国内の規模の争いに巻き込まれて、大きな流れに従わなければならない運命となって行き、幼少の守護第八代元明を抱き、家臣達も時代の変化に対応できず旧名家として滅亡した。

なおその子孫達は戦国時代に生き残った大名に仕えて武家としての家は継続され、次の徳川時代に引き継がれた。

武田元明の墓標

武田元明は不運の武将であった。将軍家の姫の継子でありながら、時代に遅れて生まれ、叔父の将軍義輝・その弟義昭と議論を交わす間もなく叔父達は失脚し、力を失った後に元服し大人になった。力になってくれる天下人は居なかった。秀吉から謹慎の命令が出た時も将軍家の血を引く武家である事を申し開きできなかった。力になってくれる忠言する家中・家臣は戦場に駆り出され周囲にいなかった。あまりに素直に現実に従った若年の姿は痛ましいものであった。

又、武田元明は武田家の苦難の時代に生まれた。中世武家が戦国武家に変化しつつある時の頂点の時代に若年で経過し、他家に留まり家中と家臣が分裂していて守護である若狭武田家の方向を決める事が出来なかった。正妻である母が足利将軍の娘で、政略結婚で輿入れしたため後継者が出来るまで時間がかかった。義統は人格清廉な人物であり戦いに向かう事が多かったため早くに後継者の子供が出来なかった。そして四二才の若さで死去した父、思いもよらない父の急死は嫡子として元明自身も若年である不運を担った。本能寺の変による信長の死による直後の叔父将軍義昭は永年の行きがかりから、一時期余裕を持つ時間に恵まれていた。信長が死んだ後の織田家臣達の心の内をよく見えていたと思われ、この間隙を狙って甥元明の命乞いの手助けを秀吉に交渉する時間はあったと思われる。元明とその周囲はその事に気が付かず挑戦しなかったことが悲劇の結果を生んだ。義昭は甥武田元明の死により、後に秀吉に反し柴田勝家を支援するようになり、賤ヶ岳の戦い天正一一年（一五八三）秀吉の勝利によってその距離は更に遠くなって行った。

入部当所の同時代の評価は反感も多かったが、その後の応仁の乱後、若狭国は落ち着いた状態にあったが、相手の隣国の一色氏だけは忘れることなく終生若狭武田氏と国境の内外で争うことになった。この事態に中で第四代元信は都の変化を目の当たりにして戦国時代の未来を予測して都の屋敷を引き払い若狭国に戻り国作りを開始して、難攻不落をめざした後瀬山城の建設をめざした。大永元年（一五二一）元信が死去すると、第五代元光がその後を引き継ぎ大永二年（一五二二）後瀬山城を築城した。しかしその後元光は都からの要請で戦いに参加したが、大永七年（一五二七）百戦練磨の三好氏に敗れ若狭国に引き上げた。その後は家臣粟屋氏が肩代わりして若狭武田氏を支えたが、一時は持ちこたえたが、それが他の家臣達の反発が粟屋氏に向けられ、粟屋氏も一時国外へ逃れるという国内の混乱が起き、それが隣国丹後の一色氏とも絡み、互いに侵略し合い両者は国力を落とし、両者とも国外の勢力を頼り、国を守るという異例の結果を生み出した。この後国外の強大な勢力が介入し自国の力だけでは収まらなくなり、やがて日本国内の規模の争いに巻き込まれて、大きな流れに従わなければならない運命となって行き、幼少の守護第八代元明を抱き、家臣達も時代の変化に対応できず旧名家として滅亡した。

なおその子孫達は戦国時代に生き残った大名に仕えて武家としての家は継続され、次の徳川時代に引き継がれた。

元明は自身が大事にしていた拘りを果そうとして起こした行動が人の道に合うものであった事を謹慎中に考え直し、ある境地に到達して後は運を天に任せる静かな境地であっただろう。

元明の墓標は滋賀県琵琶湖北岸高島市マキノ町海津の寶幢院（ほうどういん）に存在する。

写真提供　南越書屋（鯖江市）

近江国海津　寶幢院

写真提供　南越書屋（鯖江市）

武田元明五輪塔（寶幢院内）

武田元明正妻　京極竜子姫

京極様（殿）・西の丸様（殿）・松の丸様（殿）・京極局

京極竜子像　資料提供　京都誓願寺（同寺蔵）
※トリミング処理をしております。

プロローグ

戦国時代の武家の女性は武家の家に生まれてその宿命とも言える背景を持ちながら生きた。自身と生まれた子供のために、その生命を生き抜いた。戦国封建時代の男性中心の世界に生まれ、家系図には名もなく、あっても「女」とのみ書かれて実名は解らない女性が多い。歴史研究者はそれを別資料から探し出して該当する名を充てるのが実状である。「大人」と「子供」という概念からは子供に近い扱いとされている。

しかし、その条件の中で生きた一生は決して男性に劣るものではない。むしろ女性でしか解らない、出来ない心で活動し生き抜いた一生は、仏教で約四百体が並ぶ胎蔵曼荼羅図の一体の価値がある様に私には思える。以下その代表的人物として近江と若狭に生きた戦国女性を取り上げる。他の多くの地方にも同じ境遇の女性は多くいたと考えられるが、それはその地区の歴史家に任せることとしたい。

今回は浅井久政の娘で浅井長政の姉である後の名を京極マリアの名で知られる京極高吉正妻の長女京極竜子を取り上げる。格式高い中世の名門でありながら、同じ近江国の守護で佐々木氏本家六角氏に比べて京都から遠くの位置にあり、周辺の下剋上の国人にその本願の地を奪われ、戦いにも敗れ領主の地位を失った当主の宗女として、父から武家の作法を厳しく身に着けた女性である。この女性がどのように少女時代と、青春時代を送り、若くして同じ旧家の守護家に嫁いだ後、どのように波瀾の人生を生き抜いたかを述べる。

竜子姫の誕生

竜子姫の生年であるが、先述の通りこの時代の女子の記録は確かなものが少なく確定することは難しい。ただ、母浅井長政姉殿と京極高吉との婚儀の事情から、一五六二年の長男高次の生誕の前後の年、つまり一年前か、一年後であることは確かである。一年前であれば高次の姉、一年後であれば妹という事になる。高吉は結婚当時六〇歳前後、母は二〇歳前後であるが、この二人の相性は大変良く、高吉は高齢であるにもかかわらず二男子、三女子に恵まれた。竜子は姉であっても妹であっても高次とは後世、戦国歴史上の関係の深い間であった事に変わりはない。

父高吉は政治上の自身の人生は失敗の連続であり、婚儀の時点では所領無し、頼れる家臣無しの状態で浅井家に囲われていた事情から姫を与えられ、この後の人生に光明を見出し、幸運が舞い込んで来たのである。健康で若い女盛りの後添えを迎え、人生の再興の道を見つけたのである。姫を迎えた後は、後継ぎを残し、如何に子女を育て上げて現世を生き抜き京極家を再興させるための教育を自ら実演したと考えられる。事実、後世二男子は戦国大名に成り、江戸時代も継続した。女子三名は成人して守護大名・豊臣家臣の武家・戦国大名家へと嫁ぐことになる。

竜子姫は長女として生まれ、名前の付け方から一家の進展次第では京極家後継ぎの未来も考え男子とほぼ同じ教育を受けさせたと考えられる。

幼児から子供時代に向かう頃、母の実家である浅井家では変化が起きていた。当主浅井長政に織田信長の妹市姫の輿入れ計画が出たのである。この婚儀はかなり前から織田信長が西へ勢力を伸ばすために計画されたものであるとも考えられているが、実現したのは信長が美濃国の斎藤家を攻略しようと考えたが簡単には実現せずその西に位置する浅井家と共闘させる目的で浅井氏に話しかけたのである。浅井家では信長の桶狭間の勝利後、永年従ってきた六角義賢に十六歳の長政が戦いを挑み永禄三年（一五六〇）夏、野良田の戦いで勝利しその勇名が知れ渡っていたのである。信長は西へ出るには美濃国を攻略しなければならない。翌永禄四年には美濃の斉藤義龍の家臣の城を攻めるが、斉藤義龍が抵抗し簡単ではない。それには浅井家の西からの挟撃が有効と考えたのである。

この時点で信長は縁組による西方の強化を考えたのである。

これに対し浅井家は、桶狭間の戦いで今川義元を破り東海の大国尾張を制した勢いを持つ織田信長に気を遣わなければならなかった。竜子の母長政姉殿の京極家への輿入れはこの計画の直後に行われた。輿入れする城主長政の正妻の市姫に小姑がいては何かとやり憎いだろうと気を遣ったのである。

お市の方の浅井家輿入れは何時実現したのであったのかを見てみる。伝承や戦国本には、永禄四年説『川角太平記』、永禄八年説『浅井三代記』があるが、最新の説では浅井長政の手紙から信長の美濃国攻略とほぼ同時期に行われたというのが文献（永禄十年の長政の手紙）から推し測れるのである。永禄十年（一五六七）から永禄十一年（一五六八）である。この説に従えば浅井家滅亡の際の浅井三姉妹は、長女茶々は五歳～六歳、初は四歳～五歳、江は一歳である（いずれも数え年）。

戦国時代歴史研究の永い小和田哲男氏は市姫の輿入れは史料を吟味すると永禄十一年四月との説になるとする。この説を採ると浅井三姉妹の生年と他の子供たちの帰属は変わって来る。最も確実なのは第三女「江姫」は別の確かな史料で浅井家滅亡の際は数え年一歳（満〇歳）であるが、茶々姫五歳、初姫四歳であり三姉妹の年代は近づくのであり、嫡男と言われた万福丸はお市の方の輿入れ前の側室の子供という事になる。またこの時期の浅井長政は元亀元年（一五七〇）二十五歳の時に織田信長に敗れて、近くの横山城には羽柴秀吉が常駐しており、何時信長軍に攻めてこられるか解らない状況であり、不安でいっぱいで不安定な精神状態にあったと考えられる。男子二名、女子三名以外にこの三年間に生まれて来た子供の伝承は他にもある（①会津へ逃げて後に越後に落ち着いたという『浅井帯刀秀政』浅井俊典著・②前号で述べた福井県三方郡美浜町龍澤寺の「くす姫」の碑〈戒名〉と伝承）等、天正元年（一五七三）に滅ぶまでの四年間は「針のむしろ」の精神状態であったと考えられる。本書でもたびたび述べた様に女性の記録は系図も含め「女」と書かれているだけで詳細は書かれていない。小和田氏によれば戦国時代は古くからの思想として、生まれてくる子供は現在のような男女の遺伝子の結合によって生まれてくるのではなく、男性が持っている子種が女子によって体内で育てられて生まれてくるという思想・観念が通説として語られていたという。

落城のような敗戦直後の混乱状態では明らかにされず、後世明らかになった出自の子供は一般的には多かった。その後を後継者がしっかりした人で後世に残さなければならないという意思を持った件だけが現在残っているので、それ以外は伝えられていないと考えるべきであると思う。また、前回に述べたとおり、室町・戦国時代の武家たち（下級武士も）の異性関係は現代から見れば異状な関係である。戦国時代という明日をも命が知れない環境が戦場などで心の迷いから一時の憂さ晴らしから弱い女性に向けられる傾向がみられるのである。側室が一〇人以上いたり、侍女と称する女性が主人の子供を身ごもって側室になったり、現代の私たちから見れば忌まわしい事実なのでこれ以上は続けないが、このことは戦国時代を見る時に知っておかなければならない事実である。

京極家の兄弟・姉妹達と浅井三姉妹の交流

京極竜子にとってこの浅井三姉妹は五〜六歳下の従姉妹にあたり、しかも竜子姫の母の実家の従姉妹である。この三姉妹たちは、幼年時代は小谷城に住んだことは間違いないが、竜子姫は京極家の娘であり、父高吉が一時は小谷城の天守横の別邸に住んでいたが、前述の理由から婚儀を機に小谷城から外に出て、かつて京極家の本拠だった旧屋敷に住んでいたと考えられるのと、一五七〇年の信長の浅井征伐に父高吉は恭順しているので、小谷城には近づけず、この時点では茶々・発の姉妹は三才〜二才なので京極家の子供から見れば幼児であったので可愛い従姉妹という扱いであったと思われる。幼い初姫は（高次の後の正妻常高院）二才の可愛い姫であった。

京極家とは

京極家は、前述の通り、室町時代の侍所長官になる家柄の四識（山名氏・一色氏・京極氏・赤松氏）の一家であった。祖先は宇多源氏佐々木姓である。鎌倉時代の初めに源頼朝の平家追討に従い近江国に所領を拝領し、その後承久の乱（一二二一年）後、信綱の時代に子孫の兄弟4人がそれぞれの分領を受け継いでそれぞれの名を名乗ったが（長男重綱は大原家〈坂田郡大原荘—近江国中央部〉・次男高信は高島郡他—近江国西北部を、三男泰綱は佐々木家を継ぎ六角氏と名乗り—近江国南西部を、四男氏信は京極家〈坂田郡柏原荘—近江国東部〉を受け継いだが、京極氏は六角氏と共に京都の屋敷の場所を苗字にしたのである。四家はそれぞれに発展を遂げたが京極家は室町時代初期に京極（佐々木）道誉が出て足利尊氏に従い活躍したために領地を大きく広げて発展した。

近江国ではその後、それぞれの家の展開があったが家により盛衰があり、やがて都に近い佐々木家惣領であった六角氏が勢力を伸ばすようになる。

京極家家系図

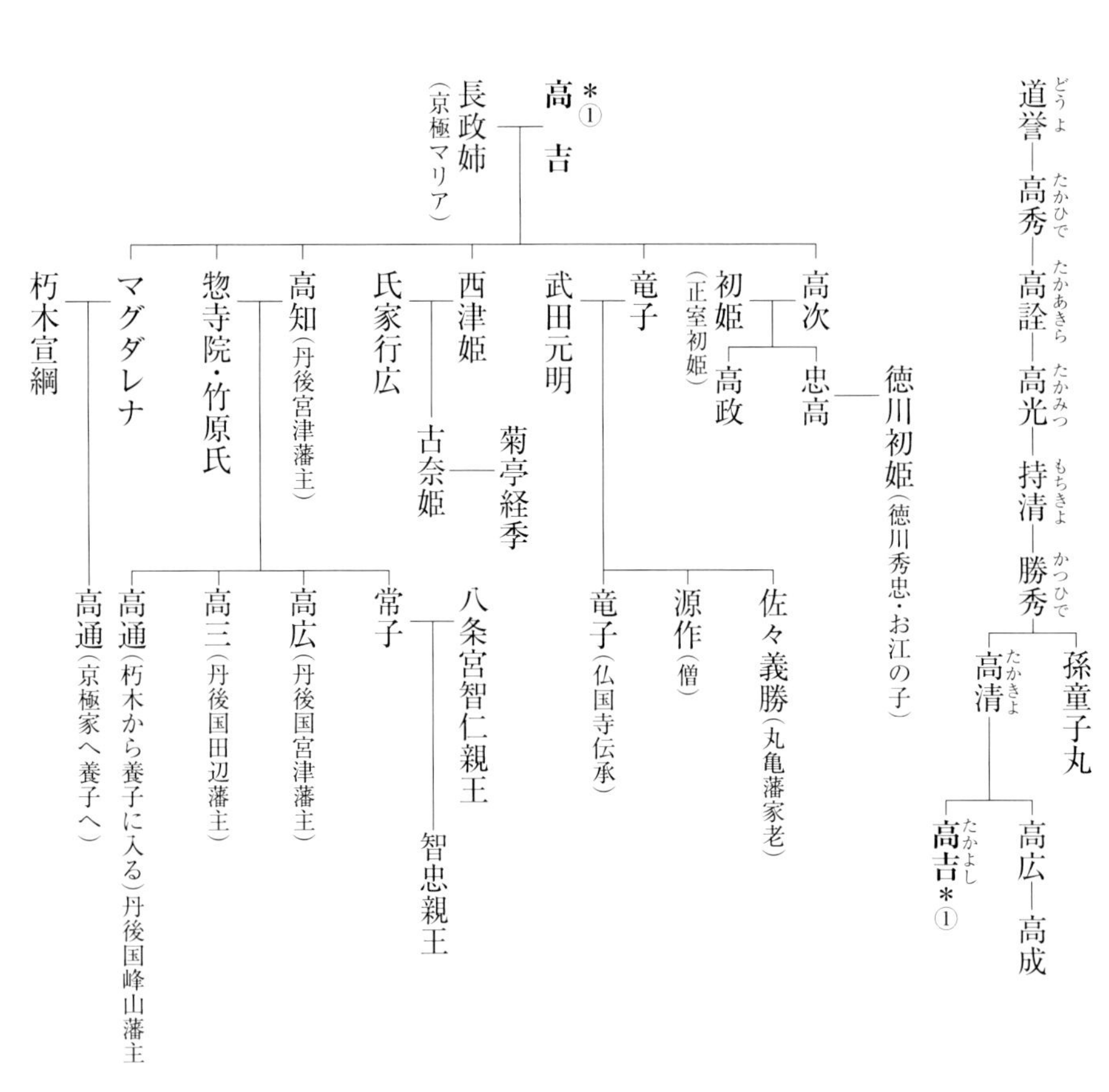

祖父京極高清（中世から戦国時代へ）

京極家は足利尊氏傘下の有力武家であった佐々木道誉から四代目の持清の子勝秀が跡を継いだが一四六七年に始まった応仁・文明の乱の最中に病死し、九歳の長男高清が跡を継いだが、翌々年文明二年（一四七〇）に京極家の重鎮であった祖父持清が亡くなると跡目をめぐって京極騒乱という内乱が起きる。高清側には持清二男京極政光と多賀清直（飛騨守護代）で、高清の弟孫童子丸についたのが持清の三男の政経と近江守護代多賀高忠であった。近江守護代の多賀高忠が将軍に孫童子丸を推薦して一時は家督と各地の守護職を手に入れたが、応仁・文明の乱の最中であり東軍・西軍の争いに巻き込まれることになる。兄高清は最初東軍（将軍側）についていたが、孫童子丸派は東軍についたのを見て高清は西軍の六角政堯に就いた。その結果、京極家のお家争いは将軍や六角氏を巻き込み様々な思惑が絡んで複雑化するのであるが、文明三年孫童子丸が夭折したため、高清は政経を追放し家督と各領地の守護代職を引き継いだ。だが北近江守護職は六角政堯であったので、翌年高清の後援者叔父政光が病死すると高清は解任され、すべての守護職が政経に戻った。その最中に高清の家臣多賀宗直が反旗を翻し、政経に就くのである。長享元年（一四八七）高清は多賀宗直を誅殺するが、政経は構わず北近江の国人衆などを集めて北近江に戻って来たのである。

しかし明応元年（一四九二）政経が将軍の怒りを買い解任され、高清は北近江の守護に任じられる。しかし、明応五年後押ししていた美濃国守護代斎藤妙純（妙椿の養子）が死去し、再び湖西の海津へ追い立てられる。

しかし明応八年（一四九九）高清は京極家の重臣上坂家信が国人たちを纏める名門家として象徴的存在として迎えられ、敵対した政経の子政宗と和睦して念願の京極家統一を果たし、伊吹山南麓に上平寺城（現米原市）を築くのである。しかし、その後高清の子供たちが跡目争いを始めるのである。もうこの時代は戦国期に入っていたのである。

父高吉（戦国時代の京極家）

戦国時代に入ると、近江国では国人（地侍）たちが成長して力を持ち合従連衡しながら下剋上によって領主を選びながら自身の勢力を伸ばす時代になっていて、京極氏もその勢いに巻き込まれるようになる。

京極高清は京極家が統一されると上平寺城を作り今後の守りを固める決意の表れであった。高清には長男高広（高延）と高吉（慶）の兄弟がいたが、高清は弟の高吉を後継に指名した。これに不満を持つ高広に地元国人たち浅見貞則、浅井亮政が就き高広が大永三年（一五二三）上坂信光に勝利して、支配が始まり、高清と高吉は尾張へ逃れた。だが前述のとおり家臣たちは自身の目的のために結集しているので互いの利権が合わず不安定な状態であった。大永五年（一五二五）高清は浅井亮政と和睦し、浅見貞則を抑えて追放したが、亮政自身も独裁的になった為、高広は父高清と和解し共に浅井亮政を相手に対決し、弟の高吉も六角氏を頼って戦いを続けた。しかし高清はほどなく浅井亮政と和解して、天文三年（一五三四）高清と高広は小谷城を居城にして過ごし、高清は晩年小谷城を出て上平寺城で天文七年（一五三八年）七十九歳の人生を終えた。高広は家督を継ぎ、高吉と六角定頼と戦った。天文十年（一五四一）高広は再び浅井亮政と不和になったが、天文十九年（一五五〇）亮政の子久政と和睦した。高広はその後三好長慶とも提携したが天文二十二年（一五五三）六角定頼の子義賢（義賢（承禎）に敗北し以後行方不明となった。

一方、高吉は六角氏を頼りつづけ、一時は将軍足利義輝の近臣になって仕えたが、北近江奪回を目指し六角氏の支援を受けて浅井賢政（長政）と戦ったが、永禄三年（一五六〇）八月敗れ、その結果近江のすべての支配権を失った。敗れた高吉は浅井家に恭順して、浅井氏はかつての領主の京極氏を小谷城内の「京極館」に住まわせた。この時に久政の娘（長政の姉）と縁組みの話が持ち上がったのである。

叔父長政とお市の方の婚約と長政姉殿の婚儀・京極高次・竜子誕生

浅井氏は亮政の時代に領主の京極氏との戦いに勝って北近江の領主となったが、自身への反感を和らげるために小谷城の天守の隣に京極館を設けて代々京極氏を住まわせていた。実力は失っても象徴として残っていたのである。京極氏も代が変わると入ったり出たりを繰り返していた。久政はこの京極高吉に自身の姫を嫁がせることを思いついて進め、二〇歳の娘を五九歳の老主のもとに嫁がせた。急がせた理由は長政の新妻お市の方の輿入れに気を使ったのである。年上の姉がいたのでは長政夫婦がやりにくい。この長政姉殿は自身の宿命と考え高齢の京極高吉に嫁ぎ寄り添うことを決めた。高吉が何を悔やみ、何を望んでいるかを知るように努め、実力を伴わないが、名家である家に力を捧げて生きることを決意したのである。高吉の望みは、幸運にも実力者の家の若い姫を娶ったこの機会を生かす希望が湧いてきたのである。それには後継者を設けることであった。幸いにも新妻は健康そのものの心身気丈な姫であった。

入嫁の翌年から次々と子供が誕生した。長男は後の京極高次である。高吉は生まれて間もない赤子に強くなれと竜丸と付けたが、やがて周囲の目を憚り「小法師」と名付けた。本心とは別に、世間には特に武家や大名には目立たない仏門を思わせる名をつけて長男を守ったのである。長女が生まれるが、女子にも竜子と名付け、姫でも何があるかわからない世を強く生きて欲しいと親心を噴出させたのである。この後も男子一人女子二人を設けて育て、高齢で武家として未来の不安を解消して、高吉の人生は復活したのである。

高吉夫婦と子供たちは順調に育ち一時期ではあったが家族は平穏な生活を享受していた。

当時の武家の一生涯は、戦いの多い武家人生の性格を意識して、子供時代から元服期に至るまでの時期には武家内の教育を受けながら私生活は早成な生活であったと考えられる。女子は十三歳位から婚約の準備、同年代の男子は、元服前は自由な存在で、元服式を迎えると一人前の自覚が要求される。高次・龍子は父から厳しく諭されていた。

高吉はその間、永禄八年（一五六五）将軍義輝の暗殺を受けて弟義昭の将軍就任に努力するが、義昭が信長と対立すると、京極一族の将来を考え、後継者の成長を第一として、この後は信長に臣従した。

信長と浅井・朝倉の戦いと父高吉

この後、元亀元年（一五七〇）信長の近江攻めには京極高吉は出陣の要請を受けたが、高吉は忠誠を誓うが集まる兵がないことを理由に固く拒み、妻は浅井家の出身であり信長への疑いを晴らすために、二心なき証として、自身は出家して、七歳の嫡男高次を信長へ人質として差し出すのである。高吉の一生をかけた渾身の踏ん張りであった。高吉は竜子姫を高次に万が一のことを考えてその代わりに竜子姫を教育した。

戦いは信長が朝倉を攻める途中で浅井長政の裏切りに会い、金ヶ崎から若狭国経由で京都へ引き返したが、岐阜で体制を整えて再び北近江の姉川の戦いで浅井朝倉連合軍を破った。勝利した信長は奪った近くの横山城に羽柴秀吉を常駐させて浅井長政の動きを監視し続けた。

天正元年（一五七三）再び信長は浅井氏の小谷城を攻め、祖父浅井久政・叔父長政父子は自刃し、祖母阿古の方は信長の憎しみを受けて死んだ。信長は同じ年、越前朝倉氏を滅ぼした際、領主朝倉義景の従弟の大野城主朝倉景鏡に裏切らせ、義景を大野城に呼び自害させたが、母（高徳院―若狭武田氏の姫）は助けると約束しながら、京都に送る途中の今庄で景鏡に殺させた。信長の母性に対する憎しみは異常なのである。阿古の方は朝倉を背負っていた部分があったのでなおさら長政を裏切らせたのは阿古の方の意志であると捉えたのである。

父高吉は妻の長政姉殿が親元を失い、世間の悪意を受けながら生きる姿を見て、この妻を家族が一つになって支え、高吉は信長に忠誠を誓い、家族と高次の安全を祈り続けるのである。戦国の世の父親らしい事は何もできないが家族を守る事に夫婦は共に徹したのである。

母長政姉殿は親元の全てを失い、母阿古の方に対する信長の残酷な仕打ちを聞きながら堪え、どん底の状態に追い込まれたが、父高吉の家族一丸の方針に助けられ高吉に対する畏敬と信頼が増して親元が全壊させられても、今は京極の一員である立場で高吉と心を合わせ、わが子高次と姉妹の身を守るために信長に従うことを決心するのである。母は強し、実家よりわが家庭・わが子が大事という女性本来の心に徹するのである。

この時期の住いは上平寺城（現米原市）であったと言われている。

父京極高吉一家、安土へ

それから三年が経った頃、信長は天正四年（一五七六）の近江国安土に進出し天下布武を宣言して安土城を作り、城下町作りを開始した。商人たちが集まり、寺院だけでなく一五四九年に伝来したキリスト教を街に持ち込んで新しい街作りを開始した。もちろん信長には別の目的があり外国人の出入りが多くなって外国の情報と物資が入ってきて、最新式の西洋の武器（鉄砲）が政権を維持するには不可決だったからである。この時、京極家では長男高次は十三歳で信長に従っていた。竜子姫は子供から大人になる時期、妹も成長し、弟の次男高知は四歳であった。

竜子姫の縁談

天正五年（一五七七）年頃になり気品を身につけた竜子姫に縁談の話が出るようになったと考えられる。それは信長の意向を打診しなければならなかった。高吉はかつて北近江時代に自身の養女となった松子を武田義統の側室に出したが、その子息ならば安心であるという申し出をしたが、信長にして見れば嫡子高次を家臣に取り立てていて、その身内の輿入れ先は敵対する武家であってはならない。名ばかりだが名門京極の血筋を持つ姫が様子の解らない武家に嫁げばどんな力になるかもしれない。武田家の息子のならば名門であり、高吉と元明は自分の手に中にあるので心配はない。信長はそのような判断で許可を出したと考えられる。

それでは輿入れは何時の頃であったろう。輿入れ後の武田家での状況は元明の死一五八二年当時竜子には三人の子供がいたと伝わるので逆算すれば二十歳過ぎと考えられるので、輿入れは一五七五年前後で、竜子姫は十五歳前後であったと考えられる。前述の通り政略結婚でありまだ若年の為にすぐには出産は無かったと考えられるので十八歳頃から年子で出産したと思われる。

武田元明の年齢

元明は本能寺の変の時は何歳であったか、今まで伝えられている年齢は一五八二年当時三十一歳説と二十一歳説があるがいまだに明確でない。前者なら竜子姫の輿入れの時は二十四歳で、後者であれば十四歳である。後者ならば若年結婚であり急いで纏まった形だけの結婚である。この間の十年間の判っている歴史を並べて判断すると両説とも違うと思われる。

現在の資料では概略没年は二十五歳前後ではなかったかと考えられる。

一五六八年、朝倉義景が前年の一五六七年に若狭国守護第七代武田義統が四十代半ばで死去し、その子元明が若年である事を知り、元明を連行するため若狭国へ入ったが、後瀬山城山麓の誓願寺前で元明率いる若狭武田氏家臣との間で戦闘があった。この際の元明は年齢が五才～九才である。しかし家臣を率いての出陣は五才～六才では無理であり八～九才である。根拠は甲斐国の武田信玄がこの時点で信長包囲網として比叡山と朝倉氏に同盟的接近を見せていた朝倉氏に「武田元明は幼いので」と書状を送っている。「幼い」は具体的な年齢は書いてないので少年と判断して上記の様になる。又信長が一五七三年朝倉攻めで朝倉氏を滅ぼした際に「元明は朝倉に味方したので処置をしなければならない」というのを信長に加勢した粟屋氏等が懸命に止めて「元明はまだ若いために」と云ってその場を切り抜けたが、信長の戦場での敵味方の判断は敏感であり、この時元明が元服を終わった年令であれば助からなかったであろう。元明は朝倉に連行されたが、朝倉義景は一乗ヶ谷城で育てて元服させてから若狭国へ送り返し朝倉の勢力下に入れる目的だったので、客分として扱われ、朝倉家に輿入れしていた武田家の姫たちと馴染んだ生活をしていたので朝倉に味方したのは当然であろう。そしてその後も信長の疑いは晴れず、地位に関する指示はなく、後に元明が京都へ参上しても変わらなかったという。又、信長の記録である『信長公記』には当初は「孫犬丸」と書かれていたのが若狭国に返された後には元服した名「孫八郎」と書かれている。

以上、この朝倉滅亡の際は、元明は元服前の十四歳くらいであったと考えられる。従って竜子姫との婚姻は二十歳頃であったと考えられる。

母長政姉殿のキリスト教入信

天正九年（一五八一）母長政姉殿はこの信長の政策に協力を考え、自らと夫高吉にキリスト教に入信することを考えるようになった。全ては高次（十九歳）、高知（十歳）、他の姉妹たちの将来の為である。戦国の時代に時流の変化の中で何が起きるか解らない。まして信長である。二人の息子とも信長の家臣として従軍しているのだから今はそれに集中しなければならない。一家は安土に移住して信長の変化が判る場所を確保した。

母の入信は信長に喜ばれた。宣教師の母国への報告書に日本の信長の城下のセミナリオに身分の高い日本人が入信したと話題になっている。

信長はこの話を聞いて上機嫌であったことは想像に難くない。

夫妻は子供たちのために懸命であった。ただこの直後、一家に不幸が訪れた。入信の七日後に父高吉は死去した。高吉は入信に協力することで母の日頃の努力に報いる最後の家族に対する奉仕であると思い詰めていた。母は無理をさせたと後悔したが、高吉が子供のためと同意したことを思い出し、思い直して今は亡き高吉と共に子供達と生きると心に決めて高吉の葬儀を行った。

入信した母はオルガンティノ神父よりドンナ・マリアと洗礼名を授かった。その一年後に事件は起こった。

本能寺の変と竜子姫の立場

天正十年（一五八二）六月二日、本能寺の変で信長、明智光秀に殺さる。その数日後に武田元明の処へ光秀から誘いの知らせを受けとった。

光秀は以前から元明とは連絡があったという資料はない。ただ光秀は信長の側近であり、武田元明の情報は熟知していたと思われる。信長の許へ武田の家臣から朝倉に拉致された主君を取り戻したいという強い願望を伝えた三十六人衆や、朝倉氏の居城にいる元明の話は熟知する立場にあり、最初の朝倉攻めの時には若狭国を通っていて、一乗ヶ谷城陥落の時の事情や一五八〇年若狭国の逸見昌経の遺領の分配の事など熟知していた事から、誘いをかけたのである。

元明には信長に対し一生祓い拭えない思いが過去にあったと考えられる。朝倉の館の生活は拉致されたものの、朝倉氏の処遇は冷たいものでは無く客人扱いに近い待遇で、武田家の身内が入嫁しておりその家族たちは若い元明には馴染んだ世界であった。一乗ヶ谷城陥落の際に信長から、朝倉に味方した嫌疑をかけられ、粟屋以下の家臣の説得で信長が収まった経緯もあり、また馴染んだ武田家の身内の惨殺、朝倉義景の母光徳院（武田元信の娘）とその身内の京都へ送る途中の今庄宿での殺害は若い元明には消し去れない心の傷を背負った。

その後若狭に返されても後瀬山城には入れなかった。

若狭国は丹羽長秀の管轄下にあり、信長の指示通りに動いていた。元明自身の住居は神宮寺内（桜本坊と言われている）の寓居にあり、守護大名家の扱いとは程遠い存在であった。信長の一度疑った猜疑心は簡単には拭えなかった。八年後の逸見昌経の遺領の分配時に初めて旗本として石山城三千石を拝領したが、信長直臣の溝口秀勝には五千石の高浜城を与えた。旧家や古式の格式を無視するまた、旧若狭国再建する意思は微塵も感じられない信長を許すことは出来なかった。

又この時点で元明夫妻にとって不幸であったのは力になる元明の腹心である粟屋氏以下家臣たちは中国攻めで留守であった。

高次は織田信長の旗本であり、明智光秀からの誘いに対し反応はしなかった、寧ろ主君の仇と捉えていたが、年上の義兄弟の元明が旗揚げするのをみて、血続きの身内に同調する考えに変わっていったと考えられる。又光秀という人物はかねてから信長の安土城では相まみえていたことからその人物像には思い入れがあったと思われる。京極家復興を旗印に北近江の阿閉貞征・貞大親子の頭として、竜子の夫武田元明と共に立ち上がった。丹羽長秀の居城であった佐和山城を攻めることを決めた。竜子にとっては信じられない現実の展開であった。亡き父京極高吉が最も力を入れた信長への奉公と忠誠を誓うことを第一に考え、それは順調に進行して、信長の家臣として従い、実績を積み、所領まで与えられた高次が何故謀反人光秀を非難しないで元明と共に光秀に加担しようとするのか、
しかし今の自分は武田家の一族に嫁した身であり夫の心も解らないではなかったが、何事も慎重な父母の下で育った竜子にはあまりに飛躍した行為に捉えていた。しかしこの戦国時代は夫の行為に従うのが女の務めという道徳からは逃れることは出来なかった。その心配も確認の最中に、また新しい知らせが入り、明智光秀は秀吉に敗れ討ち死にしたという。果たして元明と高次はどうなるのか、不安が募り眠れない日々が続いた。後で判ったことだが、高次は父高吉の菩提を祀る清滝寺（現米原市）に引き上げた後、地元の人の手引きで美濃の山中にしばらく潜み隠れ、追手が去った後に、山道を辿り、秀吉と対立する越前国北の庄の柴田勝家の館にたどり着いたという。竜子姫はひとまずは安堵したものの、元明のこの先の行く末が解らず不安がいっぱいの日々であった。

元明の謹慎

数日後に案の定心配したことが竜子の前に現実となって表れた。

元明に秀吉から神宮寺寓居の中に謹慎の命令が下ったのである。

元明は長秀の佐和山城を攻め占拠したのである。しかし、その口上は信長が亡くなり天下が光秀に移ったのだから城を明け渡せという趣旨であったと思われる。従って激しい戦いを起こして奪ったわけではない。しかし、長浜城にいた秀吉の正妻おねの方らが城から避難したという報告を聞いた秀吉は激怒して、元明と高次たちに厳罰にすると言い渡したのである。

夫元明の死

元明は竜子と共に神宮寺寓居に謹慎して秀吉からの沙汰を待つ毎日が続いた。一か月半が過ぎた七月に、近江国海津の宝幢院に出頭せよと指示が入った。

七月十九日に元明は二人の従者熊谷兄弟を連れて馬で寶幢院に向かった。元明は寶幢院の入口に着くと熊谷兄弟と馬を待たせ一人で入っていった。熊谷兄弟が主人元明を見た最後であった。暫らく時間が経ち元明が出てこない、弟は兄に「主人と私に万一のことがあれば帰って奥方に報告し逃げる手段を講じてくれ」と言って入っていった。弟は中に入ると事は既に終わっていた。元明は自害させられたのである。刀を抜き主人の死に関わった人間に斬りかかった。しかし、力尽きてついに自刃した。先に馬を走らせ帰還した兄は奥方の身を案じ神宮寺に戻ったが後の祭りであった。奥方竜子は既に丹羽長秀の手によって京都に向かう籠に載せられて輸送中であった。竜子は京都に着くまで真相は聞かされなかった。この時、竜子姫には二人の間に幼児三人の子供がいた。

丹羽長秀は元明の死よりも早くに竜子を屋敷から連れ出したと考えられる。武家の娘である竜子が元明の死を知れば自刃するのを防ぐために籠で道中を運ばせたのである。これが事実ならば秀吉は生きて京都へ送らせたと考えられる。それは噂のとおり竜子を求めたことになる。

京都に着いて周りの様子から真相を感じた竜子は元明の死に手を合わせた。しかし、しばらくの時間が経ち、武家育ちの竜子の頭に浮かんだのは、まだ高次は生きている、秀吉からは厳しく追及されるだろう、高次はまだ若い二十歳、助け出さなければならない。

竜子は京都に付くと秀吉の前に出された。秀吉からは元明の罪と罰に対するねぎらいの言葉が出されたが、竜子は毅然として答えた。「今わが夫は死出の道に旅立ちました。この上高次までを死に追いやるならば私は生きている望みはありません。この場を、暇を頂いた後に死を選びます」秀吉は驚き、「そんなに急がなくてもよかろう。元明殿は信長様に逆らい、それを主従の倣いに従い裁かれたのだ。」と諭すように話した。竜子はこの言葉を聞いてその中に秀吉の懐の深さの中に一筋の可能性を感じ採った。そして高次の助命に僅かながらの可能性を見出した。「万が一でも、高次は助命されるかも知れない、その可能性を信じ実現するまで生き延びよう」と決意した。秀吉はこの時点では高次は柴田勝家の処にいて秀吉の手の内にはない。いずれ勝家とは戦いがある事を予想しなければならないが、それでも目の前の竜子は自分を頼っている。この秀吉の認識が京極高次と竜子の処置を考えさせたと考えられる。

後に秀吉は竜子に求婚する（側室になるように伝える）。二十歳過ぎの竜子の旧家の気品と美貌に、今まで出会ったあった女性の誰にもないものを感じたからである。そうなった以上「高次が死ねば自分も死ぬ」と云っている竜子を死なすことは出来ない。

高次の救出

羽柴秀吉は光秀の行為を謀反として糾弾し、戦いで破った。しかし実は、この光秀の謀反という行為以外は、秀吉自身の周囲の状況は同じであったのである。信長は戦の度に功労のあった家臣には論功行賞を行い、栄転させて来た。しかしこの時点では信長（織田家）の周囲の状況は変化していたのである。それは成長した三人の子供の存在である。家督は既に嫡男信忠に移しており、次男信勝（のぶかつ）、三男信孝（のぶたか）（信勝よりも年上であったが母が違うために三番目に置かれたという）への分掌を決めなければならなかった。つまり織田家に於いては新旧指導者の入れ替えの時期が来ていたのである。光秀の反乱の一因もこの理由であったと考えられる。今まで身を粉にして実績を上げて来た重臣たちに降りかかった問題であった。賢い秀吉はこの信長暗殺の期を逃さず二男と三男には渡さず嫡男信忠の嫡子三法師に引き継ぐ事を丹羽長秀に誘いかけ実行したのである。光秀と秀吉は、或いは柴田勝家他重臣達も世代交代に関しては同じことを感じていながら、光秀は謀反の道を選び、秀吉はそれを鎮圧し信長の大葬儀を行って後継者となることを考え実行した。

翌天正十一年（一五八三）果たして柴田勝家と羽柴秀吉が信長の跡継ぎを巡って覇権を競うことになった。元々、織田家の古い家臣の勝家と農民から勝ち上がり出世した秀吉とは経歴や経験の歴史が違っていたと考えられ旧勢力家臣団と新興勢力の対決は避けられない戦いであった。結果秀吉が勝ち、秀吉が勢いをつける結果となった。敗れた勝家の妻お市の方は秀吉の誘いを受けず、勝家と共に自刃し、三人の娘はお市の方が本人達を呼び、考えを聞いた後、三人の生きる決意を聞き秀吉に引き渡すのである。この三姉妹は竜子姫とは因縁浅からぬ間になるのである。

同じこの時の京極高次の立場と秀吉との関係は詳しくは記録がないが、竜子を気に入り側室にしていた秀吉は身内の処分は避け、家臣にして使う決定をしたのである。

実はこの判断には明確な元明と高次の違いがあったと思われる。それは、秀吉は信長の葬儀を行い信長の後継者を演じたのである。その信長の最大の敵は武田信玄であった。信玄の死後は長篠で勝利し、一五八二年三月天目山で勝頼を滅ぼしたばかりで本能寺の変はその三ヶ月後の事件であった。それまでは信長・その重臣秀吉はともに武田家の脅威にさらされてきた経緯があった。若狭武田家は甲斐武田家と同族であり、天目山では勝頼に味方して若狭武田氏の身内も共に戦い戦死している。つまり若狭武田家は信長とその重臣秀吉の永い間の仇敵だったのである。

これに対し京極高次は七歳から信長に仕え十三歳で初陣している子飼いの信長の家臣である。秀吉は柴田勝家に対しては賤ヶ岳の戦いで勝家だけを目標にして戦い、勝家に味方した大物前田利家を咎無しとして扱った。信長の後継者として、なるべく処分者を少なくしたのである。京極高次はこの後懸命に励み俸禄を受ける立場にまでなるのである。

竜子はその経過を見守りながら夫元明が全く逆の不運な人生に巡り合ったことを、人の一生の運命の危うさをかみしめ嘆くのであった。

竜子姫は生涯観音教を身に着けていたことが知られている。

一方、弟の高知は順調に進み信長の家臣から秀吉の家臣になり、兄よりも早い出世の道を歩んでいた。

高次も弟よりも遅く出発したがやがて秀吉に気に要られて出世した。

この後の日本は秀吉の天下つくりの時代であり、秀吉の世界に組み込まれた兄弟と実家の母京極マリアの一家も安泰であった。

又、高次・高知の兄弟は文禄・慶長の役（朝鮮出兵）でも貢献した。

母京極マリアのキリスト教の布教

母京極マリアはこの頃からキリスト教の布教に力を注ぐことを始めた。家族にもキリスト教を勧めた。兄弟・姉妹の中では宗教に対しては濃淡があった。深く信じた人、形だけ信仰の人、後にキリスト教禁教令が出ると改宗したり、以前と変らない同じ態度で幕府に臨む人等であった。

母は一五八七年北九州における秀吉による禁教令、一六〇九年の家康の禁教令に於いても変わらず布教は続けた。

大坂城内での生活

賤ヶ岳の戦いで勝利した秀吉は天下を治める準備を考えその拠点として大坂城の築城を開始した。

竜子姫は最初は京極殿（京極様）と呼ばれていたが、大坂城が完成するとその大坂城内の西の丸に屋敷を与えられて「西の丸殿」と呼ばれるようになっていた。大坂城には最も早くから住んだため、大政所（おおまんどころ）（秀吉の母）とねね（秀吉の正室）・古参の侍女以外は気を遣う事も少なく、この後は大坂城に縁があって入って来る女性に対し才色兼備の才を使って、導き役のような立場にいたのではないかと考えられる。

姫路殿　天正五年（一五七七）

この竜子姫の以前にも天正五年（一五七七）に織田信長の信包（のぶかね）の娘をもらい受け秀吉築城の姫路城に置き、姫路殿と呼ばれた側室もいた。

三条の局殿　天正十一年（一五八三）

天正十一年（一五八三）賤ヶ岳の戦いの帰途味方した蒲生氏郷の家により今後の連携の約束を確認した際に氏郷の妹とら姫をもらい受け大坂城に帰還し後に側室として京都に住んだ。三条の局と称した。

加賀の局　天正十三年（一五八五）

天正十三年（一五八五）閏八月秀吉は小牧長久手の戦いで徳川家康に味方した佐々成政（さっさなりまさ）を攻めて屈服させ帰りに前田利家の金沢城に立ち寄り今後の盟約を約束させ、利家は三女と言われるまあ姫（十四才）を秀吉に預け大坂城に行かせる。これは秀吉と利家が今後も連携を続ける証として利家から秀吉に提案されたものと考えられ、秀吉は大坂の加賀屋敷に住まわせ側室にしたのである。この屋敷で上坂した利家と秀吉が合い旧交を温める場所となった。まあ姫は加賀の局と呼ばれた。

竜子姫の従姉妹（いとこ）茶々姫（ちゃちゃひめ）（後の淀君（よどきみ））　天正十六年（一五八八）秀吉の側室に

又、天正十六年（一五八八年）頃、従姉妹（いとこ）茶々姫（ちゃちゃひめ）が秀吉の側室になるという話が実現する。一五八三年賤ヶ岳の合戦で秀吉に預けられた茶々姫は十五才であったが、その後織田家の家族の庇護を受けて転々としていたが、二十歳近くになって、秀吉の要請を受けて、大坂城へ参上することになったのである。秀吉が何時この意志を示したかは残っている資料は無いので判らないが、織田信長家と羽柴秀吉家との間には、かつて天正四年（一五七六）に秀吉・おねの夫婦が子供がないことを信長に訴え、信長の四男秀勝（ひでかつ）をもらい受けた事があり、必ずしも一方的な話ではなく、大坂城にいる従兄妹（いとこ）秀勝（ひでかつ）の義父秀吉と年上の従姉妹（いとこ）竜子姫と伯母京極マリアを頼りに大坂城にやって来た事も考えられる。又秀吉が信長との繋がりが欲しく要望を受けて、茶々姫が妹たちの将来をも考え、今より良い生活が出来る事を目的に承諾したと考えられる。この後、妹初姫は京極高次正妻に、江姫は変転を経て秀忠の正妻に着くのである。大坂城の竜子姫は五年が経ちこの従姉妹茶々姫の心はよく理解できていたと思われる。生活は保障されるが男社会の抗争に巻き込まれる恐れを予想できた。

秀吉は京都に淀城を造らせ茶々姫を住まわせ淀君（淀の局）と呼ばれた。文禄二年（一五九三）秀頼が生まれると、淀君は大坂城に入り以降秀頼の母として秀吉の死後は大坂城の主になった。

竜子姫の伏見城内（京都）での生活

秀吉は大坂城での日本の国作りが安定すると、京都にも隠居後の拠点を作る事を考え、文禄元年（一五九二）京都伏見指月に伏見城を築城する事を考え文禄三年（一五九四）に完成し入城する。

文禄三年（一五九四）竜子姫は眼病を患い秀吉はひどく心配し養生することを勧め、有馬温泉へ母京極マリアを伴って行き、湯に入って出たならば打肩やお灸や肩もみなどをして養生するようにと指示している。

「かへすがへす、めは大しの事にて候間、其のためにゆへいれ申候
（一五九四）二十二日　にしのまる五もしへ　まいる　太こう」

「先だっては暇乞いもせず別れたので、いたく心残り多く思っているが、その後目の容体はいかがであるか。入湯した方がよいという事だったから、有馬温泉におもむかせ、前田玄以の子主水を付けて遣わしたのある。

二十七、八日頃には有馬の普請が出来上がるので、その心構えで入湯するように、下々の者、はしたなる心を持たぬように申し付けることが大切である。西の丸の母をも連れて湯に入り、無用の者を一人も伴うようなことのないようにありたい」その松の丸の返事の二日後の返しに「目が大事のことであるから湯に入れるのである。太閤自身が一緒でなくて、一人西の松殿を入れるのは至極迷惑であると思うが、目の悪くなるのをいやす目的であるから、迷惑ながら遣わしたのである。灸などし、また肩もみなどした方がよかろうと考えたが、ぜひ入湯をと希望するので遣わしたのである。だから、湯からあがったなら、打ち肩か灸打ちをしてはやく全快するようにと、その内太閤が行くか、もしくは代わりの孝蔵主（おね侍女）を使わすかしよう」と言って心細かに消息を送っている。

しかし慶長元年（一五九六）慶長伏見地震に会い倒壊し、一㎞北東の伏見木幡山に新しく再建し慶長二年（一五九七）完成した。竜子姫はこの城の松の丸に住んだ事から「松の丸殿」・京極殿（京極様）と呼ばれた。

この伏見大地震が起きた際に加藤清正が秀吉に謁見した際に北政所と共に松の丸殿が秀吉に取りなしたという記事がある。

三の丸殿

また信長の第五女を伏見城三の丸に住まわせ、三の丸殿と呼ぶ側室がいた。

この他にも、宰相の局以下が存在したが資料がない事から詳細は判らない。

醍醐寺の花見会

慶長三年（一五九八）秀吉主催の醍醐寺に於いて大花見会を実施した。その花見会の際には、輿に乗って順番に花見を行った。その順番が記録されている。一番輿、北政所・二番輿、淀君・三番越、松の丸・四番越、三の丸・五番輿、加賀の局・六番輿、大納言（前田利家正妻まつの方）の順で全て従者が二人就いているが、竜子姫には三人就いている。後世、淀君と竜子姫が順番を争ったという話が残っているが、実際はあり得ない。あれば淀君が先輩格の松の丸に遠慮したが、竜子姫は固辞して順番が決まったと考えるべきで侍女達の贔屓目があったから噂になったと思

われる。淀君と竜子姫の間は後の件も含め不仲はあり得ないのである。

これを見ても竜子姫は正妻おね・世継ぎ母淀君に次ぐ順位は城内で地位が並み居る家系の女子の中で秀吉の大事な女性であった事が読み取れる。

竜子姫の従者は朽木元綱（妹マグダレナの舅）・石田正澄・太田牛一（『信長公記』・『たいこうさまぐんきのうち』著者）である。

この花見会の竜子姫の和歌

うちむれてみる人からの山ざくらよろず代までと色に見えつゝ
あさ霞春の山べにたち出でておもふことなき花をみるかな
幾千代もみるべきともの春なればちるをもけふの花はおしまじ

侍女も傍で手伝っているだろうけれど見事な詠みっぷりである。

慶長二年（一五九七）奈良時代から続く京都誓願寺の再建に竜子姫は施主になっている。

秀吉の死去

慶長三年（一五九八）八月十八日、伏見城で豊臣秀吉死去。

竜子姫は秀吉から与えられた俸禄一四〇〇石を返納し、出家して寿芳院と称して、京都西洞院の屋敷に住居を移した。今後の暮らしを考えれば複雑な思いがあっても竜子姫の武家の娘としての潔い品格が感じられるのである。竜子姫はお城の生活から蓄えは十分にあったと推察できるが、屋敷の管理人や若狭国に行く際の同行の侍女が必要だったと考えられる。

又、この時、今まで信長・秀吉と続く武田氏仇敵の怨念から、名乗れなかった実子三名と晴れて名乗りを上げたと思われる。

関ヶ原の戦い

秀吉の死後、政権の内部は各武将の間で不安定な状態が始まった。

五大老筆頭徳川家康が独自の動きをみせ、五大老・五奉行の内部が変化し始めた。家康の動きを抑えようとした石田三成は反家康の同調者とむすんだが、慶長四年（一五九九）前田利家が亡くなり大事な秀吉の擁護者を失った。家康は動きを活発化させたため戦いが起ころうとしていた。

慶長五年（一六〇〇）五大老の一人山形米沢の上杉景勝が家康に従わず家康は上杉を討つべく米沢に向かったが、この期を見て石田三成が味方した大名と挙兵した。家康は途中の栃木小山に居たが軍議を開き、福島正則らの戦う意思を確かめた後で、小山に二男結城秀康を残して江戸へ引き返し戦いの準備を始めた。九月初旬、両軍が関ヶ原へ向かった。

関ヶ原の戦いでは高次は大津城主であった。最初西軍であったが家康の度々の訪問や手紙により、東軍に寝返り、籠城を始めたが、この時城内には竜子姫、初姫が高次と同居していた。竜子姫は秀吉死去の後葬儀が終わると京都市街に住んでいたが主人がいない身であり、高次が心配で身を寄せていたのである。

前年から徳川家康が京極高次に焦点を当てて逢いに来て勧誘していることは聞いていた。高次は三十八歳になり大津城を与えられていたが、秀吉の時代とその末期の出来事を見ての判断は、豊臣家の親族の少なさと比較して家康の親族の多さは、味方する両者の諸蒋は互角とみても家康に分があると判断したのである。戦いが始まると西軍の要請により敦賀の大谷吉継の軍に加わるべく大津城を出発するが琵琶湖沿岸の途中で引き返し東軍に味方し大津城で籠城するのである。城内には正妻初姫と家族と従妹の竜子姫が同居していた。西軍から毛利元康・立花宗茂等一万五千の兵に囲まれ攻撃を受けるが、持ちこたえる。西軍は大砲を持ち出し開城を要求する。この大砲の弾に竜子姫と侍女は当たり侍女は死傷し、竜子姫は気絶したという記録がある。淀君の配慮で京都へ運ばれた。高次はやむなく開城を決意する。しかしこれは大坂城の淀君から初姫とその家族を助けるよう指示が出ていたのである。高次は西軍から死罪は免れ、高野山へ退去する。家族と一族は大坂城に引き上げた。

戦いは家康の勝利で終わり、論功行賞が始まり、高次は籠城して西軍を引き付け、家康の息子秀忠本隊の遅れを帳消しにしたと評価され、高次は当初は拒むが、やがて若狭国九万石の大名に指名されるのである。

高次の助命は淀君の意思の結果であり、初姫は胸を撫で下ろすが、竜子姫も全く同じであった。竜子姫は高次が家康に受け入れられ、若狭国に入部してからも、周囲の目や家康の要求が心配で若狭国に身を寄せている。

竜子姫には高次・高知の他に妹姫二人がいた。

妹西津姫は豊臣秀吉家臣氏家行広の室。戒名松雲院　生没不明である。氏家行広は豊臣秀頼と淀君が大坂夏の陣で亡くなる迄共に生きた武将。

娘古奈姫は大坂夏の陣で氏家家が滅び、実家を失った。

姪古奈姫、初姫（常高院）の養女に

この状態を見た初姫（常高院）は自身の養女にすることを決め、初姫が江戸に下る際に同行させ、江戸城で将軍に謁見を許され、初姫（常高院）の養女として三百石の朱印状を受けた。竜子姫親子は嫁である初姫の思いやりと実行力に感謝した。この後古奈姫は将軍の正室の姉の子として初姫の勧めで京都の公家今出川経季（菊亭経季）に嫁ぎ結婚式は淀君の世話で祝言を行った。大坂城の、江姫（秀忠正妻）の子千姫（豊臣秀頼正妻）とも交流があった。実子は早世したため、徳大寺公信の子を公規養嗣子として、京極高政の子高和の娘姫（高林院）を公規の妻とした。

初姫は死期に関して古奈姫を自身の後継として伝え、家臣への指示は貫徹した人で有名である。養女古奈姫の事は藩主忠高に「かきおきの事」を残し後を託し、又七人の侍女には屋敷を与え、扶養米を決めて遺言し、侍女たちは何代にも亘ってその恩恵に浴し、主である常高院の菩提を祈り守り続けた。

明暦三年（一六五七）古奈姫死去。

慶長九年（一六〇四）八月、豊国廟（秀吉廟）で湯立ての供養祈祷。北政所（五釜）と竜子姫（五釜）は宇喜多秀家の正室（三釜）と豊国神社で秀吉とその関係者と八丈島にいる宇喜多秀家の為に湯立ての祈祷を大原の巫女に依頼した。

末妹朽木マグダレナの死

慶長十一年（一六〇六）末妹のマグダレナが病死する。幼い時から母の影響でキリスト教に帰依し、最も可愛がっていた末娘の死は悲しみとこの子に負わせた自身の罪の意識を感じることになった。仏教徒の多い社会の中で近江の山村である寒い高島村での生活はマグダレナには厳しかった。夫の愛と二人の子宝に恵まれたが環境は厳しかったと思われる。

葬儀は朽木家や周りの懸念を背に受けながらキリスト教による葬儀を行った。母は初志の貫徹を行いたかったと思われるが竜子姫には悲しい

若き妹の死であった。

後日、夫の朽木宣綱は仏教寺院にマグダレナの碑を建てている。

高次の死

慶長十四年（一六〇九）今度は長男高次が死去する。京極家の嫡男でありこれから京極家の将来を背負う立場の主を失ったのである。生まれた時から七歳で信長の人質に出され、その傘下で苦労を重ねて武将になり、その後の数度の危機にも生き伸びた苦労人の高次がこんなに早く死を迎えるとは、竜子姫は改めて人の一生のはかなさを感じていた。

しかし京極家にとって幸いだったのは弟高知が丹後国で健在であったことである。高知は兄に比べ、幸運な人生を歩んだ。幼少から兄に倣い織田信長の傘下に入り、秀吉の時代には二十三歳の時に信濃飯田城主として六万石の所領を与えられ、文禄の駅では戦功により一〇万石に加増された。母の教えのとおり国内はキリスト教を許し自身も教徒として布教にも努めた。関ヶ原の戦いでは東軍に属し、西軍織田秀信の守る

岐阜城攻めに参加し、関ケ原の合戦では大谷吉継の軍団に戦功をあげた。その結果丹後国十二万石を与えられた。丹後国は兄高次の若狭国とは西隣りである。兄弟は身内を入れて様々な交流を行ったと想像できる。母京極マリア、その子竜子姫、高次正妻初姫（常高院）、西津姫、その子古奈姫、若狭国の南の隣国近江国高島の朽木家正室の京極マリアの末娘マグダレアが一同の会し、又それぞれに交流を深めた時間であった。

時代は徳川家康が天下を制したため、戦いは出来ない社会になり、平穏な社会が続いたが、一六〇三年、家康自身は征夷大将軍になり一六〇五年には二代秀忠に将軍職を譲り駿府に隠居した。この秀忠の時代は正妻が江姫であり、従姉妹浅井三姉妹（特に初、江）が縦横無尽に活躍する。したがって姉である初姫は人生最大の解放された時代を生きることになり、夫の京極家系は繁栄するのである。主のない竜子姫も一緒に生きた幸せな時期であった。

駿府に隠居した家康は現役を引退したわけではなかった。慌ただしい将軍職を秀忠に任せ、今後の施策を考えていたのである。外国人の受け入れは戦時は必要だが、異教の繁栄は政治にとって好ましくない。国内もまだ豊臣政権後継者とその傘下であった武将達が残っている。

大坂冬の陣　慶長十九年（一六一四）

関ヶ原の戦い後、家康は豊臣家の所領を直轄領の近畿地方中心の六十五万石を除き、家康に味方した大名に与えたが、慶長八年（一六〇三）征夷大将軍に着き、大名達を豊臣方に傾かないように様々な手段で豊臣家から分離し、慶長十六年（一六一一）秀頼を臣従させようと会見を実施し、有力大名に幕府の命に従うように要請した。豊臣家は秀吉の蓄財遺産を使い豊臣恩顧の大名や侍たちとの関係を維持して来たが、慶長十六年（一六一一）から慶長十九年（一六一四）に掛けて豊臣恩顧の大名の多くが亡くなったのをきっかけに家康はさらに支配を強める方策に出た。豊臣方は危機を感じ秀吉恩顧の大名や浪人に檄を飛ばしたが、大名の参加はなく、家康に対抗した牢人の集団約十万人が集まった。家康の目的は豊臣家の権威を剥奪し一大名にすることを目論んだものであったが、豊臣方は多くの支持者を得た為従わず、戦いは避けられなかった。慶長十九年（一六一四）十月に駿府を出発し、秀忠も江戸を出発し、大名達も加わり総勢二十万となった。戦いは豊臣浪人たちの奮闘で勝敗は

決着せずに和平交渉に持ち込まれた。幕府方は阿茶の局、豊臣方は初姫が付き添い付きで行われたが決着せず、徳川方から大坂城の外堀を埋める提案が出され、大坂方は家臣たちの相論の上受け入れる事を決めた。

大坂夏の陣　慶長二十年（一六一五）

和平条件として外堀を埋める約束を取り決めたが家康側は守らず、さらに大砲を持ち出し大坂城天守閣を砲撃した。逃げ惑い傷つく侍女たちを見て淀君と秀頼と共に自刃。秀頼の子国松は処刑され、国松の妹（後の天秀尼）は常高院の歎願で助けられ、後に尼寺東慶寺の住持となった。

淀君は戦国大名の家庭に生まれ、苦難の道を余儀なくされた三姉妹の姉として姉妹を守ろうとした姉としての生涯であった。残された妹達は労苦を重ねながらも後半生は幸せな一生を全うした。

竜子姫は淀君が大坂城に来た時の事を思い出し不運な長女の死を悼んだ。

竜子姫は処刑された国松を引き取り京都誓願寺に葬り終生守り続けた。又、大坂城から脱出した侍女「お菊」を侍女に召し抱えた。後にお菊が孫に語った大坂城脱出の際の物語『おきく物語』が成立した。

又、美浜町の龍滝寺「くす姫」（浅井長政の女）も秀吉に仕え、竜子姫の侍女であった可能性が強い。

母京極マリアの死

小浜城で長男高次が死去した後、母京極マリアは家族の世話で丹後国の若狭国に近い泉源寺で寓居を設けて独り住まいをしていたが、この場所に訪れる身内は多く、京極家関係の女性のファミリーが出来ていたが、元和四年（一六一八）年八月二十日　母京極マリヤが死去した。

竜子姫と兄弟姉妹の一生を導いた母の死はまさに尊敬の一念であった。

弟京極高知の死

元和八年（一六二二）弟京極高知が死去。兄高次より早く出世し徳川時代は丹後藩初代藩主、後に分家後次男高広は宮津藩主、三男高三は田辺藩主、その子高直が跡を継ぎ、高知の養子高通は峰山藩主、高広の子高国は寛文六年（一六六六）宮津から豊岡藩へ転封。

高知は高次・竜子の弟で家族に対し心優しく育った愛すべき弟であった。

（若）初姫の死（若狭国二代藩主京極忠高正妻）

寛永七年（一六三〇）甥京極忠高の正妻（若）初姫が江戸で死去した。享年二十九。徳川秀忠の四女、家光の姉、忠高とは従兄妹同志。（後述）幼い時から病弱であったと言われるが、一世代新しい身内の死は愛しくも悲しい出来事であった。

義妹・従姉妹常高院（京極高次の正室初姫）の死

関ヶ原の戦い以降、高次正妻初姫との共同の作業は意思の合った同士の良き従姉妹であった。西軍の大砲により竜子姫は大津城で瀕死の重傷を負ったが、高次は敗軍の将でありながら助けられ奇跡の帰還を果した事は共同の作業の成果だった。夫高次の死後は常に姉淀君側であった。

大坂の陣では初姫は姉淀君側に立ち和平交渉を行った。だが戦闘の最中の必死の説得は功を奏さず姉淀君は子秀頼と共に死を選んだ。しかし秀頼の女子（後の天秀尼―東慶寺住持）は妹江姫に掛け合い、家康に承知させ命を助ける事が出来て豊臣家の血筋は生き延びる事ができた。戦闘中の女子の交渉など誰もできない状況の中で初姫は頑張り通した。男世界の中で身内の力を使い女子として渾身の力を振り絞った。

初姫は将軍秀忠と妹江姫が産んだ四女（若）初姫を生まれてすぐ養女にもらう事を懇願して認められ、伝承では誕生のその場からもらって江戸屋敷へ帰ったとも言われている。子のない自分が徳川家と京極家を確実に縁結びを行い、養子忠高の正妻として迎えたのであった。

竜子姫の妹西津姫の娘古奈姫を京極家の養女にしてくれた。

全ての事で頼りになる、年下の大事な嫁であり従姉妹であった。

寛永十年（一六三三）八月二十七日　江戸で死去。

京極竜子姫（寿芳院）の死

前年、長く苦楽を共にした年下の従姉妹常高院初姫（高次の夫）が亡くなり同胞の友を失った。竜子姫は秀吉の死後は出家し京都の西洞院に住み、秀吉と国松の菩提を弔い続けたが、主のいない竜子姫は事がある毎に、若狭国藩主となった身内京極高次・初姫夫婦と母京極マリアの寓居を訪問して歓談していたが、その時に起きた様々な身内達との交流の出来事と会話を思い出し、寂しさを感じ、涙を浮かべる時期であった。

竜子姫の一生は、二人の男兄弟、二人の妹、年下の三人の従姉妹の一生を見届け、最後に生を終える気丈な京極家の長女らしい生涯であった。

寿芳院（竜子姫）は誓願寺で秀吉の孫国松の墓を守りながら豊臣家代、の菩提を守り続けた。同時に国松の祖母従姉妹淀君の菩提を守った。

冒頭の肖像画は一説では四〇歳頃のものと言われるが、顔立ちや数珠を手にしていることから見て、国松の七回忌か十三回忌を無事終えた安堵の姿に見える。武家の娘に生まれ戦国の荒波を直接受けながら、自身が父高吉から受け社会に出て身に着けた教えを守り秀吉と孫国松の豊臣家の菩提を最後まで守り抜いた一生であった。それは女性が持つ、持たされた生涯の宿命を真っ直ぐに受け止め、全うした現世の時間であった。

寛永十一年（一六三四）十月二十二日京都西洞院の屋敷で死去した。

実子三名達は、皆ともにあったと思われるが、記録はない。

永く帰依した京都誓願寺に葬られる。**法名寿芳院殿月晃盛久大禅定尼**
現在の墓所は、明治維新の際に豊国廟に移され現在も祀られている。

（竜子姫の三人の子供については「武田元明」の項で述べた）

武田竜子が神宮寺桜本坊に住んでいた頃の近くで世話したと言われる土豪河野氏（元伊予河野水軍）の家紋の鎧を着用する準備をしていた。

（写真：「若狭武田氏の誇り」より）

武田竜子の鎧（河野家所蔵）

若狭武田氏重臣（八氏）

若狭武田氏の重臣達とその配置について

＊一部、武田信賢の項と重複する。

若狭武田氏は一四四〇年（永享十二年）六月末、安芸武田家当主は信繁であった。嫡男信栄（のぶまさ）が初代若狭国守護として若狭国に入部した。しかし、入国後一か月後の同年七月に死去した。二十八歳であった。弟の若い信賢が二代目の当主となった。信賢はこの後約三十年間当主としての座にあった。

若狭国入部の初期

この時期の家臣の配置は信繁と信賢の意志で決められた。信賢はこの初期は京都に起きた大きな事変に対応するべく動いていて又安芸国の実権力者信繁の代理として武力の中心人物であったため若狭武田家の差配は信繁にあったと考えられる。

信繁は京都にいて、若狭国の歴史・地誌などを取り寄せ、一色氏が都をおいた西津を中心に家臣達をバランスよく配置した。最も脅威となる西は最強の逸見氏、京都に近い南部に強力な粟屋氏を、都の有る中心部は温厚で永い忠臣である内藤氏を、東部は対朝倉氏、近江国守護達を考慮して勇敢な熊谷氏を配置したものと考えられる。四老の地位がいつ成立したかは明確ではないが当初の時期はこの布陣で始まったと考えられる。

その後、応仁の乱を経験し国の守備体制を見直す処置がとられた。信繁は寛正六年（一五六五）死去した。このためこの後は四〇代半ばになっていた信賢に武田家の差配が任された。

応仁・文明の乱後

応仁の乱（一四六七～一四七七）では乱の最中に若狭湾において海賊に襲われた。急遽、安芸国の武家吉川氏の応援で撃退し難を切り抜けたが海辺の脅威に対策を取らなければならなかった。西津の都を守るためには、水軍の補強が必要であった。安芸国時代の水軍白井氏を加茂地区に配して矢代湾と北川を使って小浜湾に出られる体制を作り、更にその東側には麻生野にやはり安芸国時代の水軍香川氏を山頂の城に住まわせ、日本海の矢代湾田烏湊に出られる体制を作った。

更に西側は、応仁・文明の乱で西軍の一色氏と対決したため、更に防御を必要とした為に、今まで京都屋敷の奉行であった武藤氏を大飯郡に住まわせ佐分利川に拠点を設けさせた。この際に四老の中に比較的安定していた東部の熊谷氏に代わって武藤氏が参加したものと考えられる。

元信の時代（領国を中心の時代に）

この後、応仁・文明の乱中に信賢が亡くなり、国信が跡を継ぎ、更にその後、国信の子元信が継ぐと元信は都の状態が変化して将軍の権威が下り坂になった情勢を判断して、京都屋敷を引き払い、若狭国の常住を選び若狭国内を見直す時代が来るのである。元信は西の敵国一色氏の丹後国を占領して守護になるが、維持は難しく、やがて撤退し、逆に京都出身の武家の応援を得た一色氏とその家臣が若狭国の一部と結んで若狭国に攻め込むのである。元信は後瀬山の麓に別荘を持ち後に後瀬山城の築城を計画する。元信は直後（一五二一年）に死去した為、子元光が翌年築城する。

この室町時代中期の若狭武田氏の領国経営の組織は、初期は守護は在京し、守護代は一色氏時代の在国から在京に代わり領国へ指示を出して統治していた。その下に郡を実際に統治する小守護代・在国奉行・郡司・代官（主に荘園）が置かれた。

国の政策の立案は在京の奉行が行い領国に指示を出していた。

家臣の格式は、最上位は四老（逸見(へんみ)氏―高浜地区、粟屋氏―当初名田庄地区、後に三方郡美浜地区・奥名田地区、内藤氏―守護代―小浜・遠敷地区、熊谷氏が東部三方郡を管轄に於いていたが、後に東部よりも西部に防御の拠点が必要となり武藤氏が変わった。武藤氏―大飯郡佐分利地区　何れも甲斐国から続いた安芸国の在住の出身の武家であった。

次に四家（白井氏―加茂地区・山県氏―太良荘・香川氏―鳥羽地区・後に熊谷氏―三方郡　何れも家系は古いが安芸国から若狭武田氏に仕えた武家であった）

この四家に続く三氏（四氏　寺井氏―後世三宅氏に代わる―、畑田氏、松宮氏）を前の四家を加えて七家（実際は八家）と称した。

四氏の出自は、寺井氏は京都在住で財政・文芸を受け持っていたが、後に若狭国に城（谷小屋城(たにのおやじょう)―口名田中井）を構える城主となった。

三宅氏（―名田庄の一部）、畑田氏（―西津）、松宮氏（―瓜生）は若狭国在地の武家であった。

四老と七家（八家）は「大身分(たいしんぶん)」と称して上級武家として扱われた。

政務は、七奉行（逸見氏、粟屋氏、内藤氏、武藤氏、熊谷氏、山県氏、白井氏）がそれぞれの領地の実務と武田氏の政務と軍務を分担して受け持っていた。

その他の家臣名

安芸出身者　福島氏、綿貫氏、馬越氏、温科(ぬくしな)氏、南部氏、大塩氏、窪田氏、入江氏、山中氏、久村氏、毛木(もぎ)氏、阿曽沼氏、野間氏、笠沼氏、渋谷氏、中村氏、秋山氏。

若狭国在地者（地名と同姓者）山東氏、津田氏、竹長氏、鳥羽氏、多田氏、富田氏、久々子氏、三宅氏、包枝(かねえだ)氏、瀬木氏、興道寺氏、和多田氏、青氏、長法寺氏、生守氏、小南氏、早生氏、安賀氏、早瀬氏、佐野氏、池田氏、芝田氏（以上）。

その他（神主・名主等を兼ねる）：牟久氏、桑村氏、大音氏、野崎氏、田辺氏、片山氏、須摩氏、松本氏、村松氏、渡辺氏

関戸氏（秋田安東家と両属）

出自不明者（現在）永井氏、岡本氏、貴志氏、大野氏、宇野氏、梶氏、則光氏、清水氏、市河氏、西村氏、大隅氏、太田氏、杉氏、上杉氏、倉谷氏、城氏、桑原氏、坂上氏、坂根氏、林氏、森氏、土屋氏、平成氏、原氏、山内氏、山本氏、和久氏、石井氏、葛西氏、岸氏、小島氏、芝氏、杉若氏、長谷川氏、志賀摩氏、伊崎氏。

又　若狭国は鎌倉時代～南北朝時代から続き将軍の直属の領地があり、室町時代には足利将軍の直属の家臣団（奉公衆）が所領を持っていた。

本郷氏―大飯の一部、大草氏―高浜の一部、曽我氏―大飯の一部、佐分氏―大飯の一部、沼田氏―瓜生、飯河氏―恒枝（旧松永保内）。

又、前時代から続く禁裏領（皇室）、寺社領（荘園）が存在した。

武田氏は若狭国へ入部後、国内の統治強化を図り、これら荘園の管理

を新しく代官を任命した。このため、荘園の元役人たちは浪人となって、後の一揆の原因となる。

注1、応仁の乱後、日本海側と国西部の防御組織の変化がある。

注2、武田元信の末頃から国内事情の変化から（戦国時代化する）国元に在住するようになり、組織・分担も変化があった。

注3、家臣の地位・領地は初期・前期・後期では変化と移動があった。

若狭武田家の重臣 ㈠ 逸見氏

―武田氏の源流に最も近く、常に武田家と共に歩んだ武家―

清和源氏逸見氏の起源は平安時代後期に遡る。清和源氏源氏源頼信が長元二年（一〇二九）に甲斐守に任じられて在任中に房総で起きた平忠常の乱を平定したことで名を、東国に清和源氏の勢力が東国に基礎を築いた。その子の頼義が東北で起きた前九年の役（一〇五一〜一一六二）を、その後起きた後三年の役（一〇八三〜一〇八七）を頼義の子八幡太郎義家が平定した。その際に兄義家の苦戦を知った弟義光は都の官位を返上して戦いに参加して功績を挙げた。

その源義光が常陸国（現茨城県）北部を拝領したことに始まる。義光はこの地の北部を嫡男義業に与え、その南部を弟の義清に与えた。この義光の狙いは、当時の日本国内の所領拝領の競争に勝ち抜き安定した領地経営を得るために考えられた事と言われている。本題に入る前に大事な時代背景を説明しなければならない。

当時の都では皇孫出身の武家たち、飛鳥時代から権力の中枢にいた藤原氏の一族、朝廷に近い寺社たち（主に神社）が地方の領地を拝領する政治のシステムが出来ていてその競争に勝たなければ自家を継続して行くことは出来なかった。武家は紛争の解決に功績をあげるか、貴族はその政治手腕を発揮して朝廷に貢献するか、寺社は朝廷の国家鎮護にいかに役立ち信頼を得るかによって評価が決まった。武家である清和源氏は朝廷への反乱や豪族同士の抗争を如何に収めるかで評価が決められたが、この時期に関東で起きた平家の一族が起こした平忠常の反乱の鎮圧を同族の平直方に任せたが解決せず、源頼信に命が降ったのである。その後、東北で抗争から始まった反乱が起き源頼義以下子供たちが活躍してその功績が認められ所領を拝領したのである。しかし、拝領したと言っても基は他人の土地であり、領地経営は自身で工夫して安定させなければならない。又、当時の周囲の状況は前述したように競争相手が多く存在し、その経営手法の結果は朝廷に報告されていた。この常陸の国を拝領した義光は四方を見渡して対策を建てなければならなかった。東は海、北部は未開拓の地、問題は西部と特に南部であった。ライバル桓武平氏と鹿島神社領があったのである。義光は策を思い立った。それは所領北部のライバルがいない地（久慈郡佐竹郷）は嫡男義業に、南部（那賀郡武田郷）は弟義清に任せその行く末を見守ったのである。無論、両者が成功すれば満願であるが、万が一トラブルはが起きれば弟の地であろう、兄の地は弟のお陰で安泰であるだろう、このようにして拝領地の経営が始まった。

領地経営の最も大事な仕事は新耕地の開拓であり領地境界線を広げる行為が伴う武力が必要な仕事である。この後の日本の歴史も殆んどがこの原理で進行するのであるが、隣地とのトラブルが常に絶えない。

この約三〇年後、義光が抱いた懸念が現実のものとなった。弟義清とその嫡男清光が隣地とのトラブルを領主から国司に訴えられ朝廷が裁断を下したのである。義清の領地は平繁幹の次男で吉田郡の群司である吉田清幹・清幹父子の領地に接していた。

かくて武田義清・清光父子は新拝領地の甲斐国へ移るのである。

兄義業は領地名の佐竹氏を名乗り戦国時代・江戸時代に転封はあったものの明治時代まで生き残った武家出身の最古の華族となった。

さて、一一三〇年、甲斐の国に移った武田義清・清光父子は父祖が国司を務めた国であったが、常陸の国とは違い、多くの山間部に小さい集落が散在する一カ所に集約出来にくい土地柄だと判り、当初、甲斐国の中では開けた土地ではあった平白岡の地に居を構えたが、息子清光は逸見の地に移りその名をとって姓とし、逸見冠者と呼ばれた。

逸見の地の歴史

甲斐国逸見の地は律令制下で巨麻郡速水郷に比定され「速水」郷が後世の「逸見」であり読みは一貫して「へみ」であった。巨麻郡九郡の一つである。後には逸見荘とその後は逸見筋と呼ばれた。郷域は旧逸見筋（北巨摩郡下の釜無川左岸・塩川とその支流域の諸町村と韮崎市の一部）の全域と見る見解とその一部に限定する見解がある。後者はさらに、長坂町から小渕沢町・大泉村に掛けて、若神子以北、韮崎市中田町付近等諸説がある。

逸見郷に限らず巨麻郡の諸郷は山梨郡・八代郡の諸郷が互いに境を接し稠密に分布するのに比較して、きわめて分散的で郷域も明確でない特徴がある。現在の市町村区域に比定すると複数にまたがる。郡全体が大きな面積を有し、構成する一つ一つの郷も広い地域を持つ、畢竟面積と人口の割合は疎であり、人口密度は希薄であった。

古代の巨麻郡は集落がまばらに点在し、その間には大きな空閑地を呈していた地域だったのである。

九世紀第二四半期から、八ヶ岳山麓台地上では急速な人口増加がみられ以前からの伝統的な在地勢力（郡司）の及ばなかった地域に公権力が浸透を始めたことを意味する。御牧（朝廷の牧場）の設置と拡大に伴う地域開発が行われ、この開発事業に従事する人たちが他地域から移入し集落と人口を作り上げたと考えられる。

逸見地区に比定される地で云えば本町穂足地区（北巨摩郡穂足村）や韮崎市藤井平地区が該当する。逸見郷成立の始めから中核的地域であったと見られる。

奈良時代はまだ比較的狭い範囲であったが、平安時代以降に八ケ岳山麓台地上の開発が進んで隣接地の広い範囲に含まれ、若神子地区以北はこの拡大に含まれたと考えられる。

十世紀初めに国の諸制度を伝える延喜式（格式の始まりは弘仁十年（八一九）の弘仁格式であり、貞観十一年（八六九）貞観格式を経て延喜式に集約されている）では、牧は諸国牧（官）、御牧（勅旨牧）、近都牧に分類される。御牧は八世紀後半に設置された内厩寮所管の朝廷の直轄牧から始まり後に左右馬寮に所管が移され九世紀から十世紀に掛けて拡大整備されこの時期に牧馬、貢馬の中心的存在となった。

御牧の設置場所は全国の甲斐・信濃・上野・武蔵の四か所に限られた。延喜式によるとその献馬数は、甲斐国は三牧六〇匹、武蔵国は四牧五〇匹・信濃国は一六牧八〇匹、上野国は九牧五〇匹であり、一牧では甲斐は広大な面積を保持していた。

甲斐国の駒牵（御牧から来た貢馬を内裏に入れて馬の質を鑑定する馬寮に配分する儀式）の初出は天長六年（八二九）で淳和天皇が武徳殿で甲斐御馬を御覧じたという記事である。

九世紀、桓武平氏の祖葛原親王の御牧であったという伝承もある。

この駒索の儀式は後には定式化して紫宸殿で天皇が出席して行われた。

後世ではこの儀式は後退し、摂関家などの力が強くなると家司として私的に献馬するような傾向が出てくる。

牧全体の場所も時代が変化するのに合わせて十二世紀初頭の頃の、甲斐源氏勃興期になると逸見郷の中心が逸見牧（冷泉院領牧場）や逸見荘（冷泉宮荘園）等の所在するより北側に移ったものと考えられる。

逸見御牧は史料の初出は

平安初期『古今和歌集』の編者の紀貫之が天慶二年（九四六）以前

「都までなづけてひくをがさわら　へみのみまきの駒にぞありける」

（都まで綱を付けて引いてゆく小笠原御牧と逸見御牧で育つたの見事な馬であることだ）

又、天徳二年（九五八）七月頃、藤原兼家が妻（蜻蛉日記の著者藤原道綱の母）に送った長歌の中に

「甲斐の国　へみのみまきに　あ(荒)るる馬を　いかでか人は　かけとめんと」

とあり、この頃には逸見御牧は盛んであったことが知られる。

その後、小笠原御牧と逸見御牧は荘園と化し、それぞれ「小笠原荘」・「逸見荘」となる。さらに御院領から皇室領となり、平安時代末期には摂関家（近衛）領となった。

逸見氏の歴史

甲斐国へ入部して暫らくの内に新任地の環境を理解し、将来発展できそうなこの地を選び、自国が発展するための将来の方策を考えた清光は多くの子供たちを近隣の武家に養子に出し、国内の武家とのつながりを重要視した。双子の長男光長は父の逸見を継ぎ、次男信義は清光の父の武田姓を継いだ。以下三男遠光は加賀美氏を、四男義定は安田氏[*1]を五男清隆は安井氏を、六男長義は河内氏を、七男光義は田井氏を、九男義行は奈古氏を、十男義成は浅利氏を、十一男武清は矢代氏、十二男吉氏は利見氏を継ぎ、その第二世代もまた多くの他家を継いだ。一条氏、板垣氏、吉田氏、秋山氏、小笠原氏、南部氏、於曾氏等、このように地域に適合した武田姻戚集団が成長して行くのである。

甲斐源氏集団と言われる所以である。

この記述で解るとおり清光の長男は逸見を継ぎ、次男に武田姓を継がせたのは、父と子自身がこの地への対応を最も重要視して地元尊重の方針から出発しようとしたのである。武田信義の次代の信光も多くの兄弟たちは養子に入り、武田を継いだ信光が源平合戦で頼朝に従い活躍して武田氏の名を挙げ以降武田家が甲斐の守護に定着して行くのである。この両者の関係は歴史上特別な例である。この武田信義の子信光が武田を名乗り、弟有義は逸見姓を名乗るのである。当時はまだ祖父逸見清光が健在の時であるから、この創世時代の数十年間はこのような異例な世襲、つまり、逸見氏は逸見清光が甲斐国で領地の政務を執った時点から武田信光が出て実績を上げるまでの数十年間は、甲斐国の中心だった清光を中心に起きたこととして解釈する他はない。

逸見氏はこの立場から時代によって盛衰はあるが、この後も常に武田家の家臣団の中で中枢に近い位置にあったことが推測される。一例を挙げれば、室町時代応永二三年（一四一六）に起きた上杉禅秀の乱に武田家は存亡にかかわる危機を迎える、甲斐国第一〇代当主信満が息女を禅秀に嫁がせていた為に加担して討伐され廃国の危機を迎え、内紛の動きも生じるが、将軍義持の格別な許しを得て、高野山に避難していた信重

を指名するが信重は都に住み甲斐国へは帰らないと固辞するが、その理由が甲斐国にいる反藩主勢力には勝てないと訴える。その中心人物は逸見氏であったと言われている。結果、幕府は姻戚である信濃国守護の小笠原氏を補佐にして信重を甲斐国に返すことになるが、甲斐国は前述の通り中小武家の集団であり、本家が衰退すれば、その代わりにその時点の力のある武家が変わることが他国に比べて起こり易い成り立ちであったのである。武田氏・逸見氏の創設時代には姻戚筋の他の武家が逸見氏を名乗った事も文献上出てくる。以上のような理由から逸見氏は甲斐国では武田氏の家臣として重臣と言ってよい屈強の武家だったのである。

　逸見氏の記録に残る事績は創世初期には少ない。平安時代末期の甲斐国はその創成期でもあり、それは山合の小集落の集合体であった地域を地方国としての纏まりにして行くにはある時間が必要だったからである。義清・清光父子の拠点は現在不明だが、逸見氏の拠点は伝承では、平安時代末治承年間に、甲斐源氏が蜂起して武田信義らが集結した逸見山(『東鑑』)とある場所を「若神子城」(北杜市須玉町若神子)又「谷戸城」(現北杜市大泉谷戸)等とするが現在明確ではない。

　十二世紀後半に入っても、過去の経緯もあり、都の誰に繋がりがあるかは集落に拠って個々に違い、甲斐源氏と言っても一括りに出来るものではなかった。武田家が甲斐国に移動してから二十五年後に都で騒乱「保元の乱(一一五六年)」・平治の乱(一一五九年)」が起きても甲斐国の主力は大きな動きは出来なかった。

　治承四年(一一八〇)以仁王が全国に令旨を出し平家討伐を呼びかけ、王を支持する源三位頼政が呼応しそうな源氏を選んでいて、その中には甲斐源氏も含まれていた。以仁王は平家に追われ南都奈良へ避難する途中宇治平等院で敗死するが、源行家によって東国の源氏に届けられた。当時の甲斐武田家は各氏毎に地区に分居していたが令旨を受け取ったのは武田・小笠原・逸見・一条・板垣・安田・伊沢である(『源平盛衰記』)。この時点の甲斐国は居住区によって三集団があり、一つは、信義が武田(現韮崎市)、信義の嫡男頼忠は一条小山(現甲府城跡)で一条氏を、同弟兼信は板垣郷(甲府市)で板垣氏を、有義は甲府市西部で塩部氏・小松氏・飯田氏を名乗った。二つ目は安田義貞。義資父子を中心の(山梨市~牧丘町)東部一帯に勢力を持ち、三つ目は加賀美遠光で(現若草町)、長男光朝を秋山(甲西町)次男長清を小笠原(区鹿田町)三男光行を南部(南部町)に配していた。遠光は上洛して御所の警護に従事し、その子光朝・長清の兄弟は平知盛に仕えていた。

　令旨が東国に送られたことを知った平清盛は相模国の大庭景親を向かわせて源頼朝を監視させた。頼朝は石橋山で挙兵して伊豆目代山木兼隆を攻略したが石橋山で大庭軍に敗戦し、援軍を求めて甲斐へ北条時政を向かわせようとした。大庭は甲斐にも目を向け攻撃の軍を派遣した。甲斐源氏と平家との最初の争いは波志太山で起きた。安田義定・工藤景光・同行光・市川光房等が大庭軍の俣野景久・駿河目代 橘 遠茂を攻略し撃破したが、頼朝の敗戦を聞いた為に甲斐に帰った。このことが都に知らされると武田氏は警戒の目で見られることになる。

　波志太山での戦いの後、翌月になると信濃の国で平家方の動きを聞いた武田信義と一条忠順等は兵を動かし諏訪上社近く庵沢に宿泊翌日西へ向かい大田切郷城の菅冠者を攻略した。これを契機に信濃方面への戦いの足掛かりを掴んだ。帰国した信光たちは「逸見山」(城か)に宿泊し、戦いに勝利した信義らと武田氏の祖清光の所縁の地に戻りさらに決意を固めた。しかしこの「逸見山」は現在どこにも見つかっていない（前述）。広域の名であるので個別の名は残らなかったのかは、戦国の雄武田信玄が言った名言「人は城、甲斐に城はなし」の地域を知り抜いた言葉のように地名の移り変わりの早い地を表現しているのかも知れない。候補は多く上がっているが現在調査中である。

治承・寿永の乱（一一八〇〜一一八五）では武田本家（信義・信光）・安田氏・一条氏・加賀美氏等が参加し、頼朝軍の中心的存在として破竹の進撃で、富士川の戦い・信濃の戦いなどで連戦連勝の結果、信義は駿河守・越後国守、安田義貞は遠近江守、加賀美遠光は信濃守など重責を担い、武田集団はさらに西へ進み活躍する。

次いで木曽義仲との戦いでは勝利し、平家を西国へ追いつめる主力として活躍し、西国では安芸・周防まで進み安芸守を叙任される。

文治五年（一一八九）の奥州合戦では、南部氏、浅利氏が参加していて、千葉氏などの関東集団と共に東北でも定着する者も出てくる。

しかし、逸見氏の名は『源平盛衰記』などに見えるものの主な要人としては出てこない。この時期、武田有義が逸見氏を名乗っており、早くから都へ出て平重盛に仕えていて、すぐには参加できず甲斐源氏が勢いをつけてから同族として参加したのである。しかしその二十五年後の鎌倉幕府の下での和田合戦に参加し、逸見太郎・次郎・五郎が和田義盛側に付き戦死している。このことから解るのは甲斐国武田集団の中でも個々の家でそれぞれが当時の情勢の中で選択肢を選んでいたのである。この後の承久の乱では逸見光長の孫惟義とその子義重が鎌倉方に従軍し、その功で、惟義は和泉国朱守と摂津国三条院を与えられ、義重は美濃国大桑郷を与えられている。この段階で初めて逸見氏が世に出て発展し、甲斐国でもその地位を保ったと思われる。

又、この乱後に安芸国守護となった武田信光から逸見の一族が安芸国へ転属させられている。この一族は逸見有義（武田信義の子）の子孫であったと想像される。その理由は安芸に移った人名は系図2のように唯一「有」が続く家系であるからである。この二国兼務は安芸に配属になっても甲斐と安芸は人の交代と交流は常にあったのである。

系図1　武田冠者義清（父）―逸見清光―長男逸見光長―惟義―義重―惟長（本家）・弟義嗣・弟重氏（大桑氏）。

系図2　逸見清光―次男武田信義―有義流逸見氏―有信―有朝―有綱―有政……有直…

逸見家は甲斐育ちの傾向であろうか、発展して国外へ出てゆくケースが多く全国に領地を求めて機会あるごとに分家を増やし全国に八流が存在している。

逸見氏本流の活動は室町時代に入ると、南北朝時代には甲斐国では須沢城（南アルプス市）城主に逸見氏が、安芸では安木町村の地頭職であった逸見有朝が建武中興時当時武田家の歴史の中で最も勢いのあった武田信武に従い（建武三年五月七日発行の軍忠状発行写による）安芸武田の重臣として守護氏信に仕え、波多野氏・周防氏・吉川氏・須藤氏・毛利氏・三戸氏らと共に尊氏派として畿内・西国を転戦した。

一三五一年には足利直冬（尊氏の子で直義の養子）の命を受けた安芸国内の南朝方国人達を相手に、鎌倉時代からの甲斐出身の武家一条・秋山氏他と共に戦った結果、南朝軍は次第に衰退していった。

（有朝には地元国人出身の説もあるが武田信武の側近として畿内周囲で戦い、直冬等を相手に多くの戦いを乗り越えた武家として信頼と実績

から以前から本家と繋がりのある武家と考えるのが妥当だと思う）
又、前述したように甲斐国では一四一六年の上杉禅秀の乱では甲斐守護の信満の死により、逸見有直が守護の任官を申し出たが将軍義持に拒絶され、戦いに敗れるが、子孫は新守護武田信重に仕えている。

この後の安芸逸見の動きと事績は一四四〇年武田氏の若狭国守護拝領まで史料には出てこないので若狭国に入った逸見氏は、特に領国に大きな変事がないため、そのまま一四四〇年を迎えたと考えられる。

一四四〇年、安芸武田家の信栄が若狭国を拝領すると、安芸国の家臣たちは、若狭国は都に近い国であり商業港を持つ利便性から甲斐国や安芸国に比べ更なる発展を期待して魅力を感じ主君に伴って移動する。

新しい領地の配分は安芸国当主武田信繁と子信賢が行ったが、家臣たちの上位の順に合わせて都と安芸国に近い最西で海運が利用できる高浜町を逸見氏に、次いで粟屋氏、武藤氏、内藤氏、山県氏、白井氏、香川氏、最後に熊谷氏が三方郡（のちに美浜は粟屋氏）を領地とした。

急死した信栄の後を継いだ信賢は若狭国・安芸国両国を跨ぎ同じ領土として安芸の国人をも若狭の土地と交換させる手段を考えたり、不作の地の税金を豊作の地のものに置き換えたりする事を考えていた。つまり、当初は両国一体での経世を考えていた。しかし、後には両国内の事情に追われた結果、応仁の乱の途中で弟の元網の西軍宣言により、安芸国は離れ独自の道を歩むことになった。

逸見氏の初若狭入国は逸見真正で当時安芸国入江保で守護請け（代官職）であった。若狭国では国富荘の代官を務め、武田信賢の最側近であり、文安二年（一四四四）まで勤めた。次は粟屋氏に代わり、康正元年（一四五五）真正の次男繁経が奉行になり、寛正六年（一四六五）から兄宗宗見に変わった。この二年後に応仁の乱が起こり逸見家は武田家の最強集団として京都へ出陣する。

一四六七年、応仁・文明の乱が始まる前の文正元年（一四六六）十二月に畠山氏の家督争いから畠山義就が上洛し千本釈迦堂に陣を敷いた為に将軍義政は怒り紛争相手の畠山政長を指示した。背後に山名宗全、斯波義廉、政長に細川勝元、京極持清、六角正嵩、赤松正則らが支持した。その後義政は均衡を保つ為か義就の館（山名屋敷）を訪問する。

勢いを得た山名方は将軍御殿を警備の名目で占拠する。これに対し細川方は将軍御所を包囲する。義政は両者に対し紛争の停止を指示する。

しかし一度優位に立ったと思った山名側は活動を始めた。それまで将軍の指示を守っていた細川方は、将軍の最初の決定である義就の都からの追放を要求して軍を起こした。都は動乱前夜の騒然としてきた。

若狭国は、細川勝元の要請で何度かのやり取りの後、東軍傘下に入った。京都入りしてすぐに戦闘が始まる。京都入りした武田軍は予測していなかっただろう。細川氏傘下に入りその指示を待つ予定で入洛した筈である。しかし両軍は準備していた。当初西軍だった朝倉勢（朝倉氏は斯波義廉の重臣であり斯波軍の中核を担っていた）も待ち構えていた。武田軍が京都に到着すると五日後に戦闘が始まった。先ず幕府の近くにあった西軍の一色義直邸を攻撃した。一色氏はもと侍所長官であり京都の治安を受け持っていたため幕府御所に近い場所にあった。東軍は幕府を味方にしてその場所を確保するために目の前の一色氏屋敷を占拠した。一色義直は情報を聞いて既に退去していた。攻撃隊は若狭武田氏と細川成之（阿波細川家）で、両者とも国元の共通の敵である一色氏を攻略するには適した人選だった。

その次はその西隣の正実坊と実相院であった。その西には西軍山名氏の屋敷があったのである。実相院攻略は武田氏であった。若狭武田氏の主力を構成していたのは逸見氏軍団であった。

　この結果義政は将軍御所の門を厳重にして将軍の中立性を守ろうとした。その結果は、やはり細川方の要求を入れて旗を勝元に与え、六月三日、将軍御所の四足門に牙旗（将軍家の旗）を掲げた。これに従い応仁元年六月六日、東軍は作戦を協議し足利義視を総大将にして西軍に総攻撃をかけることが決定した。しかし、動揺した西軍の中にはすぐに東軍に下るものが現れ総攻撃は中止された。義政は西軍諸将に御内書を送り降伏を勧告した。同日、一条大宮で西軍の山名教之と東軍の赤松政則が戦い東軍が勝利した。九日、土岐成頼、六角高頼、富樫政親が降伏を細川成之に申し入れた。しかし富樫氏は本気だが、土岐氏・六角氏は偽装だった。斯波義廉も降参しようと将軍に伝えたが部下の朝倉氏を罰しなければ許さないと言われ、麾下の最強の家臣朝倉氏の処罰はできる訳もなく、許されなかった。幕府御所は義視が掌握し西軍派を追放した。この時の情報として西軍の西国大名大内氏の大軍がやって来ると予想され、東軍は管領職のままの斯波義廉の屋敷を襲ったが、ここは西軍の拠点管領の屋敷であり西軍の守りは固く防備を固めていた。武田方は待ち伏せしていた朝倉勢に出合い急襲されて二四人が戦死したという。（経覚私要鈔＊2）

　応仁元年（一四六七）六月末に西国の西軍が京都に到着した。大内政弘は七月に兵庫に到着し翌八月に入洛して南の東寺に陣をとった。その接近を知った東軍は斯波義廉邸の包囲を解き、後花園上皇と後土御門天皇を将軍御所に移した。西軍に奪われることを避けた措置である。幕府では大内氏に内通するものがおり追放された。大内氏の加勢で勢付いた西軍は、武田勢が守る三法院義賢（醍醐寺座主）の邸宅（法身院）を焼いた。将軍義政は畠山義就に御内書を送り「不本意だろうが天下のため山名氏と相談し停戦を」を指示したが、大内氏の大軍を目の前にして西軍からの講和はあり得なかった。西軍の攻撃で一〇月には将軍御所東の相国寺の伽藍は悉く焼け落ち、将軍御所もその半分を焼いた。将軍義政は激怒し、その要請を受けた後花園法皇は山名宗全を治罰の院宣を発した。この時の幕府内部は、将軍の弟義視は内部の人事問題による義政との方針の違いから幕府を抜け出し、比叡山に入った後、西軍の管領斯波義廉の屋敷へ身を寄せたのである。大内政弘以下西軍は義視を将軍と仰ぎ西幕府と呼んだ。義政は義視を「朝敵」とした。その後も西軍の攻勢は続いたが、戦いが膠着状態の兆しが見えると義政は策を考え始めた。西軍の弱点は斯波義廉である。重臣朝倉氏が指揮を執っている。朝倉氏の越前国では斯波義敏が優勢である。義政はこの朝倉氏に注目し、勧誘を狙っていた。文明元年（一四六九）七月に仲介を指示されていた伊勢貞親から書状が届いたが、朝倉は動かなかった。朝倉は大内氏の活躍を見ていて、幕府に越前守護職を要請したのである。通常ではありえない事だが将軍義政と細川勝元は「後日越前守護に任命する」という内容を与えた内諾を与えた。後日朝倉孝景の嫡男氏景は京都の戦場から細川邸へ駆け込み、義政の面談を許される。朝倉氏から見れば、斯波氏と応仁・文明の乱に挟まれ多くの死者を出しこの状態から抜け出す方法を真剣に考えていたのである。

　戦いが膠着状態になれば次は補給路に目が移る。東山・鳥羽・山科などの戦場では近くの補給路が必要である。庶民の物流も重要である。東軍は最も大事な北陸方面の補給路を自軍のものにしたのである。

これがこの戦いの転換期と現代の多くの研究者の見方は一致している。

文明二年（一四七〇）六月、山科の勧修寺の戦いで西軍大内政弘によって、背後を衝かれ守備をしていた東軍武田家の多くの兵が戦死し、総大将の逸見弾正繁経は自害した。逸見氏宗家宗見の弟で若狭国では武田氏の奉行を一〇年間務めた重臣であった。大内軍はこの後、醍醐・山科に進撃し、七月までに細川勝元に服従していた山城一六人衆の大半を降伏させた。武田勢はその対大内氏の先鋒隊として犠牲になったのである。この後武田軍は北上し、東山の如意岳に守備に入るがやはり西軍に攻められ、館を焼き北白川城に戻った。その後北白川周辺の地元守備に徹し、東軍の補給路を維持することに徹した。

文明三年（一四七一）に入ると京都で疫病疱瘡が流行し、後土御門天皇以下京都中が感染し、足利義尚（将軍義政の子）も病に倒れた。

文明四年（一四七二）両軍に和睦の兆しが見え、山名・細川で交渉が始まった。将軍義政は官軍東軍に停戦の兵を引くよう指示する。赤松正則は指示に従ったが、西軍の大内政弘と畠山義就は反対した。

文明五年（一四七三）三月山名宗全〈七〇歳〉死去、同年五月細川勝元（四十四歳）死去。両者共に、心労である疲労が原因と見られる。

同年八月、細川勝元の後継政元が幕府に出仕し、認められる。

同年十二月、将軍義政は将軍職を子義尚に譲る。後見は義政。

翌文明六年（一四七四）二月、政元と山名宗全の子政豊が交渉する。

四月和睦成立。山名政豊の子俊豊が将軍義尚に拝謁し帰参認められる。

山名一族が帰参し東幕府に降伏したため、以降西軍は大内氏と畠山に移行した。一色義直の子義春は帰参が認められ東軍となった。この東軍入りは武田氏にとって脅威の帰参認可だった。もともと一色が西軍に入ったのは領土が細川・武田と接していたため奪還するためだったのである。

一色はすぐ丹後の領有を認められた。細川政国・武田国信は拒絶した。

丹後国は文明元年（一四六九）幕府から信賢時代に武田家が拝領した国である。しかし現実は紛争の中の拝領のため旧領主は返還を虎視眈々と狙っていてその機会が来たのである。お墨付きを盾に迅速に行動した。

武田国信は将軍の命令は大事、この同じ時期に将軍に息子信親の将来をかけた犬追いもの初参加を希望していたのである。丹後国を守るのも大事である。丹後国を守るのは、逸見宗見（逸見家の宗主で武田軍の最強軍団）は一点の曇りもなく防備を固めていた。しかし援軍は来なかった。

国信の判断よりも一色氏の行動が早かった。宗見は孤軍奮闘したが四方からの大軍で攻められ、少人数の**宗見は破れ自刃した。**（一四七四年）

室町幕府は更に和睦を進め、細川勝元の後を善尚の伯父日野勝光に任せたが、西幕府義視の処遇を巡り進展しなかった。

文明七年（一四七五）西軍の甲斐敏光が降伏し、甲斐氏の主君である斯波義廉も尾張に帰った。そして越前は完全に東軍の手に落ちた。

文明八年（一四七六）義政は大内氏に御内書を送り終戦への協力を求め受諾を得た。西幕府義視も大内氏の行動を見て義政に許しを乞うた。

義政は弟を許し、兄弟は和解のきっかけを掴み仲直りしたのである。

畠山義就は九月京都の自陣を引き払った。

大内政弘は十一月、幕府に帰参し、自陣を引き払って周防への帰路に着いた。十一年間続いた応仁・文明の乱は終わった。

応仁・文明の乱後（逸見宗見・経繁兄弟の後）の逸見氏

繰り返すが、逸見家の歴史は、前述の「若狭武田氏Ⅲ武田国信」で述べた通り武田家と双頭の家系であった。武田家祖義清の嫡子清光は居住地の名逸見を名乗り双子の長男を逸見氏、次男を父の姓武田を名のらせた。清光は多産で男子十七人女子八人他多くの子供を甲斐国の小村に養子・養女に出して甲斐源氏の世界を作り、その子供達と孫達が軍団を作り上げた。別性を名乗っていても本家が弱小化すれば代わりの家が当主になって補った。源平時代には逸見氏は加賀美氏と共に早くから都に出て平家の家臣となっていた為に頼朝の蜂起には間に合わず、武田、安田、一条家が主役になったが、源氏の復活が成ると甲斐源氏の集団に戻った。

その後も逸見家は武田家集団の中では常に本家の補佐的役割を果たし、鎌倉時代に安芸国に移った逸見氏の一族が若狭小浜へ移住した。移住しても常に最大、最強の家臣として奉仕し、武田家のために尽くした。

逸見宗見の子三郎国清は宗見の後を継ぎ、文明十五年（一四八三）国信の重臣として将軍義政が銀閣寺へ移居する儀式に在国の国信の京都での武田家代理として務めた。『親元日記』（室町時代政所執事蜷川親元の日記）おそらく宗見の死後、逸見軍団は壊滅的で再建に時間が掛かる為、兵力は他の家（粟屋氏）に託し、逸見家はその貢献度を示すために将軍家に願い出て近習か又は在京で将軍家との窓口役に任命したのではないだろうか。その後も延徳二年（一四九〇）六月に国信がなくなり二男元信が跡を継いでも駿河守国清は在京して、将軍義材（義視の子）の近習として逸見民部之丞として仕えて将軍家との介在役として元信と連絡をとっていたことが記録に残っている。しかし元信は次男であり嫡子信親よりも若く、粟屋氏を起用するなど、十数年前の国信の思いからは遠くなって行き、明応元年（一四九二）将軍義材が所領を返さない近江の六角高頼討伐に向かったが、六角勢四〇〇〇と対する幕府軍三家（武田、浦上、織田）合同七八〇〇人が衝突したが武田の主力逸見弾正軍は動かなかったという。この時の逸見弾正は宗見の弟勧修寺で戦死した繁経の子であると言われている。又近江に出陣中の際に草津の武田陣営の中で内部争いがあり武田勢十数人が死んだという記事もある。

宗見亡き後の逸見家では兵站の中心が粟屋氏に代わったことに対する不満があったのではないかと言われている。安芸時代から当主武田信武に仕えその主力で活躍した実力派の逸見有朝の家系である逸見氏はその誇りが数々の武功の源である精神的支柱だったのである。

永正三年（一五〇六）に始まった武田元信の丹後攻略に名は見られず、白井氏が中心となっている。

そして、永正十四年（一五一七）には丹後国守護代延永春信の誘いに呼応、反乱を起こすに至るのである。

この時期、丹後国では内紛が起きており、守護一色義清に対し延永が別の一族を守護にしようとしたため、武田元信は義清を応援したが、若狭国では延永に逸見が味方したのである。両国の内紛が結びついて両国中に広がるのである。一時は延永が若狭国西部へ侵攻するなどしたが、幕府が介入して鎮圧されたが、この時以来逸見氏は武田家奉行人としては記録に名は出てこなくなり、大永五年（一五二五に）逸見高清が松永庄を明通寺に寄進している記事があるだけである。

大永七年（一五二七）元信の後を継いだ武田元光は細川高国の下で京都桂川の戦いで三好氏らに大敗して多くの死者を出し信頼を失っていた。

天文六年（一五三七）武田元光子の信豊と一族の中務信孝との家督争

いが起きた。逸見に代わって戦闘の中心となっていた粟屋氏はこれまでの戦いで多くの犠牲者を出していたが、今度は逸見氏と共に信孝に味方し、信豊に反乱を起こしたのである。結果、粟屋元隆は信豊に破れ、幕府に説得されて断念する。

天文頃（一五三二年）から、高浜町の中央部に位置する砕導山に城が築き始められた。天文七年（一五三八）以降、体制を建て直してこの城を築いたのは逸見駿河守昌経であった。彼は天文二十年（一五五一）武田信豊が丹後国田辺に陣立てしたとき同行し、翌二十一年には信豊がこの砕導山城に入っている。弘治二年（一五五六）武田氏に家督をめぐって争乱が起こり、武田信豊の弟新保山城主宮内少輔信高が討死し、信豊が隠居させられるという、信豊と子義統の家督争いであった。信豊は隠居したが隠居料をめぐって争いが起こり、一時信豊が近江へ退出した。義統には朝倉氏が就き、信豊には家臣（粟屋・逸見・他）に丹波勢を味方にして、永禄四年に二度（正月、六月）行われたが、結果、朝倉軍一万の応援を得た義統が勝利し、逸見氏の砕導山城は陥落した。

永禄八年（一五六五）砕導山城を放棄した逸見駿河守昌経は向いの海浜に城を作り高浜城は完成した。平山城で海城であり新しい城であった。

永禄九年（一五六六）守護義統と子元明の確執があり、逸見昌経、粟屋勝久は元明を擁立して、東の国吉城の粟屋勝久が、西は逸見昌経が対抗したが、義統は戦力を東西に分け、西軍には海岸の諸拠点に守護被官や国人衆を守らせ、水軍を編成して西部海岸久手崎（小浜市勢ヵ）に向った。大島半島浦底が戦闘の中心地になり戦闘の結果、逸見軍の大将逸見河内守が戦死して敗戦となった。しかしそれ以上の攻勢はなかった。

永禄十年（一五六七）武田義統死去。子元明が守護となるが，実権はなく家臣団はそれぞれの所領に籠り独立してしまった。翌年には元明は朝倉に連行される。この頃は朝倉氏が実力を見せており、武田家臣たちはそこから逃れる手立てを考え、信長に通じ、信長と三好氏との戦いに武田家臣が討死している。『信長公記』

逸見昌経も同じく信長と手を結んだと思われる。

元亀元年（一五七〇）四月、信長が朝倉攻めに京都を出て熊川に向うと出迎え、粟屋勝久・内藤勝之等と朝倉攻めに先陣として参加している。

天正元年（一五七三）朝倉滅亡後は丹羽長秀に属し、同年、越前一向一揆攻めに海上から船で攻め参戦している。

信長の与力として旧領五千石と新地三千石合せて八千石を得ている。

信長から若狭被官として武田家臣一の評価とその実力を認められていた。

天正九年（一五八一）二月二十八日、京都の馬揃え（軍列）に参加。

天正九年（一五八一）四月一六日、逸見昌経病死す。享年六十

『四月十六日、若州逸見駿河病死仕る。』『信長公記』

逸見真正、宗見、経繁の意思を再興しようした昌経の意思は戦国の世に充分に展開できたが、不運にも本能寺の変前十四カ月の時間の壁が昌経の意思を阻んだ。

遺領八千石の内、三千石は武田元明へ五千石は信長家臣溝口秀勝に移譲。

一説には、子息に源太虎清がいたとするが、家臣沢村吉重はこれを擁して再興を計ったが天正十年（一五八二）本能寺の変で頓挫したという。

また、沢村氏を初め、多くの家臣達は丹後の細川氏に抱えられた。

逸見昌経の菩提寺は園松寺（福井県大飯郡高浜町宮崎）。

＊（逸見氏）は今後も新しい研究が行われている。

注1：武田氏初期の系図は詳細と細部に至る間に伝本による差がある。安田氏を継いだ義定は『須玉町史』では清光の弟となっているが、『山梨県史通史編』巻一は清光の子となっている。発行年の後年をとる。

注2：『経覚私要鈔』は室町時代、興福寺大乗院別当門主、関白九条経教の子、経覚の一四一五年～一四七二間の日記。

逸見昌経像（園松寺（高浜町宮崎）所蔵）

若狭武田氏の重臣　㈡　粟屋氏

―武田家重臣逸見氏の応仁の乱後、武田家傘下の最強の武家―

応仁の乱に於いて若狭武田氏の主力逸見氏が活躍したが、戦闘の中で文明二年（一四七〇）の逸見繁経の死と文明四年（一四七四）の逸見宗見の相次ぐ戦死は逸見氏自身だけでなく武田家にとって大きな打撃となり若狭武田家当主武田国信は落胆し、傷心の余り出家したが、応仁の乱の途中（後半）から逸見氏に替り粟屋氏がその任務を負うことになる。

第四代当主元信の代になると改めて粟屋氏が蓄えていた力を期待されて起用される。

粟屋氏の出自は多くの家臣と同様に安芸国出身であるが、その多くの家臣が甲斐国武田家直臣の出自を持つが粟屋氏は少し違っている。

粟屋氏は甲斐国の武田氏家臣団の中には見当たらないが、しかし甲斐国には実在したと書かれている。その経過は甲斐武田家第二代清光の子で甲斐安田家を継いだ義定が、源頼朝が鎌倉から東海道を相模国、駿河国を制圧して行く途中で活躍したが、頼朝により禁を犯したとして安田義定・義資親子が廃されたが、その孫元義が鎌倉幕府政所大江氏に仕え、武田家発祥の地で大叔父佐竹義業（武田家祖義清の実兄で佐竹氏の祖）の子孫が住む常陸国の粟屋庄に住んだ事から粟屋氏を名乗った。

大江広元の四男季光が相模国毛利荘を拝領して毛利の姓を名乗っていたが、南北朝時代の建武三年（一三三六）に安芸の国へ移住した。粟屋氏はその際に毛利時親に就いて安芸国へ移住した。安芸国では粟屋一族は繁栄し多くの分家が成立したが、その内の一族が、当時安芸国で最も幕府の信任厚く権力をふるった武田信武の安芸国の安芸武田氏に仕えた。

若狭武田家の中では四兄弟（信栄・信賢・国信・元綱）の父信繁の時代に京都屋敷で在京奉行人を務めている。在京奉行人とは在京の武田家の屋敷内で領国の政務を当主の下で実施する立案や領国への指示を出して執行させる役目を担う役職である。実務の経験の実績や法知識・文筆に巧みな力を持った人達の職能集団である。

粟屋氏は若狭武田家初代信栄が若狭国に赴任した時から同行したかどうかは不明であるが、京都の武田家屋敷で奉行として采配を振るっていたことは記録にある。

信栄の赴任が普通でない着任であったことは前述の通りであるが、武田家当主である父信繁が若狭国入り武家集団の選抜を熟慮して決定し、粟屋氏はあまり遅くない時期に若狭国に移行したものと考えられる。

信繁が恐れたのは、信栄が若狭国守護を命じられた経過が周囲の理解がされているかどうかの恐れから慎重に人選を考えた結果大掛かりな武家の移動が必要と判断して入国させたと考えられる。京都では粟屋惣領家粟屋右京亮越中守繁武と分家粟屋左京亮長行が奉行として存在するが、その一族が若狭国の武家集団の一部をなしていたと考えられる。

粟屋氏が若狭武田家の重臣として表舞台に名前が出てくるのは、応仁の乱途中に文明二年（一四七〇）勧修寺の戦いで逸見弾正繁経が戦死して逸見氏の軍団が大打撃を負った直後であった。劣勢の武田勢は北白川館を拠点として京都の北東の通路を遮断して陣地として広範囲を確保していたが、文明四年（一四七二）幕府からこの地の税の徴収を求められるが、その際に地元の住民との間に立ち軋轢を解消する役目を果したのが粟屋越中守繁武の子賢家（武田信賢から偏諱）であった。その後応仁の乱中の文明六年（一四七四）若狭武田氏は丹後国の一部を領有していたが応仁の乱の和睦途上に際し、将軍から一色氏に返すように指示されるが、丹後の領地を現地で守っていた逸見宗見はその連絡が届かず押し寄せた一色軍と同調した大軍に囲まれ自刃した。国信の失政とも言われるが、何よりも若狭武田軍の主力を失った。武田家の重臣を自負自任してきた逸見氏の損失は武田家にとって大打撃となった。この結果当然のことながらもう一つの大きな軍団を持つ粟屋氏に期待が懸られたのである。国信はこの損失から応仁の乱が終息するまで大きな戦いは起こしていない。この間に次期の主力軍団の筆頭に粟屋氏を中心に構想を建て直していたのである。この後の大きな戦いには逸見氏に代わって粟屋氏が負う事になって行くのである。

長享元年（一四八七）将軍義尚は近江の六角氏が寺社領や将軍の奉公衆の地を押領したとしてそれを返すように六角高頼に命じ、守護達に出陣を命じ、自ら将軍直属の軍事集団奉公衆を率いて出陣したが、多くの武家の中で武田氏は近江守護代伊庭貞隆を攻撃した。この主力は粟屋賢家であった。この戦いの途中で将軍義尚は体を壊し病死した。

延徳元年（一四八九）新将軍義材が、六角氏が赦免されて押領した寺社領を返す約束が実行されていないのを六角高頼を討伐に乗り出し守護に出陣を命じ、自らが出陣した時は初めて戦場に出る元信が後陣を任され、その先陣は粟屋賢家とその一族であった。

延徳三年（一四九一）将軍義材が二度目の六角氏を討伐に出かけた際にも若狭武田家の先陣を務めたのは粟屋賢家とその一族であった。

明応七年（一四九八）明通寺文書によると、神宮寺興行の際の僧の席次をめぐって争った際には明通寺の主張を認める裁断を下している。

賢家は惣家であったため記録には残っているが弟の国春や分家の長行とその子賢行は武田信賢の偏諱を受けており、内紛を起こすことなく粟屋家一丸となって武田氏に仕えて貢献したと考えられる。

文亀元年（一五〇三）粟屋賢家は死去した。賢家は応仁の乱後の若狭武田氏の主力を常に勤め、先代からの継承間もない主君元信の補佐とバックアップを務め貢献した。賢家の後継は子の国家が継ぎ、分家は長行の子賢行の子元勝が継ぎ両者とも武田家奉行を務めるがその後国家の後を元泰（後に元隆）が跡を継ぎ、大永元年（一五二一）粟屋家惣領となった。元隆はこれまでの粟屋一族の発展を代表する存在になっていった。

元光の治世の粟屋一族―小浜代官粟屋元隆

若狭武田元信が初めて戦場に出た際に粟屋一族の力によって若狭武田惣領の地位を確保できたため、その依存度は一層強くなっていたが、粟屋家惣領に就いた元隆の時代になると元信の代行を受けることが多くなり小浜代官と呼ばれるようになった。元々粟屋家の一族は武田家の奉行職を受け持っており若狭国の内部に通じていて、経済・財政などの基幹の運営と事務を知っていた。その差配は政務組織・軍事組織・財政構造・経済流通にも通じていたのである。小浜代官の仕事は若狭武田家の諸事・諸物の管理だけではなく生業に必要な経済・流通・財政（徴税）・外交貿易などにも権限を持つことになる。通常業務は税所の監督、各種税金の徴収（段銭・棟別銭）、土地所有の安堵と訴訟の裁可である。

粟屋氏は名田庄を領有していて周山街道から京都西・丹後・丹波を、九里半街道・朽木街道からは近江・京都東への流通ルートを使い物流の関係を持ち、また小浜港から入荷する物資に関税を課して税収を確保する。

　このように本来武田家が掌握するべき業務を旧家武田家の古くからのしきたりで奉行に任せる体質が、粟屋氏一族が若狭国を背負っているという自負が作りだされていったのである。

京都桂川の戦い

　大永六年（一五二六）都では細川高国が細川家の従兄尹賢の讒言を聞き入れ重臣の香西元盛を自害させたため香西の身内丹波国の波多野種通と柳本賢治が阿波の細川晴元を誘い反高国の兵を挙げた。高国から要請を受けた武田元光は粟屋元隆に出陣を命じ、元隆は高国軍に参陣した。

　十二月二十七日元光は京都に着き、翌年元旦に三条西実隆を訪ね和歌を披露し、実隆から返歌を受けている。高国からは招かれていて粟屋家長（分家）他の家臣たちは高国と杯を交わした。

　大永七年（一五二七）二月、阿波勢が京都山崎に着いた知らせが入ると高国側は細川尹賢率いる二四〇〇人が鳥羽に、高国勢八〇〇〇人が東寺に、将軍義晴が奉公衆五〇〇人を従えて六条に本陣を構えた。武田勢は元光一五〇〇人、粟屋一族五〇〇人は別動隊で桂川に到着し、三好兄弟等阿波勢が桂川を挟んで対峙した。この桂川の戦いは阿波勢が作戦を変え大軍の待つ高国陣を避け手薄な後詰めの武田勢のいる桂川東岸に狙いを付け、三好勝長・政長兄弟らの大軍が桂川を渡って来るのを迎え撃ったが大敗に終わり、多くの戦死者を出した。この敗戦を知った高国勢は戦場へ向かったが敗れ、阿波勢は勝利し丹波勢と共に都入りし、将軍義晴と細川高国は近江へ逃れた。阿波勢の大軍を予測できなかったのである。武田元光も共に逃れたが近江には長居せずに若狭国へ引き上げた。あまりに損害が大きく立て直しが必要だったのである。粟屋勢も若狭へ引き上げたが多くの戦死者を出しながら立て直しを図った。

　大永七年（一五二七年）一〇月、在京の阿波・丹波勢と三好元長が呼び寄せた摂津堺に陣を構えた阿波にいた将軍義澄の子義維と細川晴元（澄元の子）に対し、京都奪還を目指す近江の将軍義晴と細川高国は将軍義晴の名で大名を呼び寄せ六角定頼、朝倉教景が応じ合流して入京した。粟屋元隆は翌月には事前に従弟の勝春を都に行かせて情勢を報告させてから元隆が単独で一族八〇〇人を揃え入京した。武田家の立て直しがまだ十分出来ていないのを見て粟屋氏には単独で出陣する事が出来る勢いがあったのだろう。都の人は数か月前あの打撃を受けた粟屋氏が立派な武具を揃えてよく参加したと称賛した。今回は大きな戦いがないまま帰国したが、高国に対する忠誠心と単独でも行動する自立性の強さを都人に認めさせることになった。

　将軍義晴と細川高国は近江に退いたが、高国は味方を求めて諸国を巡回するが若狭国には寄らずに出雲から備前に向かった。高国は武田家には寄らなかった。粟屋氏が味方であることと武田元光が高国とは先の戦いの後距離を置いていたからである。

　享禄三年（一五三〇）になると高国達は有利に展開し翌享禄四年（一五三一）三月、細川晴元側が京都を出る等、粟屋氏もその勢いに乗って高国の内部に入り功を奏するかに見えたが、しかし六月高国は摂津の戦いで三好元長らとの戦いに敗れ自害した。粟屋氏は落胆しそのまま若狭に帰国した。

　翌天文元年（一五三二）六月細川晴元が三好元長を倒し、足利義維を四国に追い、近江の将軍義晴に近づき共に手を組む動きを始める。

　一方、高国の弟晴国が都に立札を立てて都を奪還すると宣言したが実行できず若狭国谷田部の谷田寺に滞在する。谷田部は粟屋元隆が代官を務める名田庄があり、小浜の南の入り口であったので粟屋元隆が一時の滞在の場所として進めた事が考えられる。それから間もなく晴国は丹波の波多野秀忠を頼った。翌天文二年（一五三三）晴元軍と戦っている。翌天文三年（一五三四）将軍義晴は三年ぶりで六角氏の元から帰京する。武田元光は太刀・馬を奉納している。元光は将軍義晴から父子どちらかが都に常駐して欲しいと頼まれたが実行していない。ただ将軍義晴・細川晴元側に立ったのである。しかし粟屋元隆は自身の力を信じて、若狭国のために細川晴国側でありこの齟齬が両者を亀裂に追い込むのである。

粟屋元隆の失脚

　若狭国内では、元光は桂川の戦いで大敗した後悔から積極的に国外へ出る気力を失い都の動きには敏感には動かず静観する姿勢が見られる。同時に嫡子光豊（後の信豊）に家督を譲り自身の隠居を考えていたと言われている。

　これに対し元隆は元光の消極的な態度に飽き足らず多くの戦死者に報いるためにも、細川高国側に付き、初期の目的を達成する為に、粟屋氏の身内の粟屋勝春を高国の弟晴国に近づかせるなどの連携を続けていた。

　元隆は武田家の継承問題に異存はなかったが、元光の年齢と信豊の成長度を見てまだ早い元光に頑張ってもらわねばと思い独自に動いていた。

　しかし家臣内では主命に従わない元隆と主家を第一に考える家臣団とは次第に距離が出来、多くの利権を持つ元隆に対して溝が出来ていった。

　天文五年（一五三六）将軍義晴は元光に真意を問う御内緒を出している。これは武田家内で賛否が分かれ不穏なうわさが聞こえてくるという趣旨の文書で、将軍が若狭武田家の内部を心配して送ったものである。

　天文五年（一五三六）七月家臣でトップの座を維持していた粟屋元隆が急に丹後国へ出て行った。その理由は様々に伝わるが、真相は武田家が元光に従わない元隆を家臣たちと相談して役職を解く相談が始まり、元隆は主君に逆らうことは出来ずに現職を辞退して出て行ったという事であろう。ここに粟屋氏の心根を感じる。武田家の戦場には常に先陣に立ち、多くの戦力を使い貢献して誰にも異を唱えさせない実績を持ちながら、主家の方針には従わなければならない。この時点での主家は粟屋元隆にはふさわしくない状態になっていたのかもしれない。

　元隆はしばらくの間丹後の若狭国の占領地に居る故意にしていた武家の処にいたが、半年後には若狭国名田庄へ戻った。勝手を知った元の領地であるので動き易いと考えたのか、この情報が都にも伝わり将軍義晴は若狭国守護になっていた信豊に御内曽を送り無事に事態を収めるようにと言っている。

　信豊の指示を受けた武田軍は名田庄に討ち入り、元隆は逃走した。名田庄を追われた元隆は以前から交流のあった丹波の武家の元に入り再起を図った。

　この同じ時期に天文七年（一五三八）越前国で朝倉氏のもとに身を寄せていた若狭国に因縁のある武田中務信孝が若狭国に攻め入ると言う噂がたち、元隆と結んで信孝が東から、元隆が西から進攻するという噂が流れた。元光は将軍義晴に朝倉孝景に使者を送って阻止して欲しいと訴えた。朝倉孝景は武田中務信孝（人物不明―宮川の新保山城に関わる継承の問題か・他）の侵攻を認めなかった。

この件は若狭武田家内部に継承権争いがあったことを示している。

今回の両件は将軍の直接の指示を得て無事に治めることが出来たが、武田家内部の弱体化は避け難く今後に暗雲が立ち籠るのである。

この後の粟屋家一族は、惣家元隆は国外へ放逐されたが、有力分家左京亮家など分家はこのまま武田氏を仕えそれぞれの道を歩んだ。

元隆は天文一一年（一五四二）河内・大和・山城に拠点を持っていた国人領主木澤長政（きざわながまさ）が晴元に背き晴元派の三好氏と戦った河内太平寺合戦で木澤に与力して粟屋元隆を始め子元泰（もとやす）他一族の多くが戦死した。この合戦がどのような経緯で行われ、元隆が参加したのかは詳細は判らないが経歴から見れば京都の政権に対し自身の主張を貫いた戦いであった。一族の内数名の名前が共に戦死した記録がある。

元隆は自身が若狭国の為に粉骨砕身した結果が武田家とその家臣達に理解が得られず若狭国を出る結果になり、元隆の行動の根幹にあるものは桂川の合戦で身内と多くの戦死者を出しながら、その数か月後に八〇〇人の兵を揃えて武田家の為に京都の政権の為に貢献し、桂川の戦いで傷ついた主君元光をかばいながら、元光がその状態での後継を行う事の危弱さを憂いて反対し続けたのは偏に主家を思う心にあったのである。若狭国を出て様々な策を考えたが、時代が戦国期にかかり中央政権が流動的になり、更にそこから起きる地元国人達の地元主義の引き締めにあい意の如くにならなかったが、最後に自身を貫こうとした事を世に見せて後世に残す最後であった。

この二〇年後に始まる国吉城の永い戦いも粟屋惣領家を名乗った右京亮・越中守を名乗る粟屋勝久（かつひさ）（勝長）が登場するが、元隆出奔後も武田家に残った元隆嫡流分家か分家の一族の中から元隆の意思を継ごうとした人物によって継承され武田家の家臣として武田家の義統と元明の戦いでも元明を支持し、元明が朝倉氏に連れ去られた後も元明を支持し続け、信長による朝倉攻撃により元明が解放されると元明に付き守った。この最後まで主君を武田家に捧げた心根は元隆の意思を知っていた一族である証拠である事を示すものである。

この勝久（勝長）の出自については福井大学松浦義則名誉教授は永禄四年（一五五八）に勝長という人物が美浜町山東郷の国人田辺氏に所領を安堵し、天正元年（一五七三）にもその名が現れる。又天正五年（一五七七）に「粟屋越中守請取状」内に粟屋美作守長景・粟屋長吉という粟屋家家臣がいたことが判り「長」の字が勝長の偏諱（へんき）であるとすると、花押が一致する事と共にこの勝長が越中守であると考えられるという。

又、勝久・勝長の名前の一字「勝」から同じ字を使っている先代を辿ると元隆と行動を共にした従弟粟屋勝春（かつはる）、分家で元光の時代に元光が桂川合戦で留守をした若狭国の守りを固める高浜に陣を構えた粟屋元勝（あわやもとかつ）がいる。

「勝」という字が何らかの意味を持つのならば先代の何かを遺しているのかもしれない。

太平寺の戦い天文十一年（一五四二）の際に元隆以下多くの粟屋勢が戦死したが、粟屋右馬允入道と粟屋八朗入道は生き延びた。

天文二十一年（一五五二）粟屋右馬允入道は若狭東部へ侵入したが武田信豊は撃退した。敗れた粟屋右馬允は越前に亡命中の武田中務信孝（たけだなかつかさのぶたか）に近づき、合流して再度若狭国へ攻め込もうとしたが朝倉教景に強く説得され断念した。

この後の武田中務信孝は若狭侵攻を諦め、朝倉氏に臣従して越前在住の武家となりその子孫は現在まで続いている。

信豊治世の粟屋氏一族

元隆の乱の後、信豊は国内の役職を一掃して小浜代官に山県秀政、名田庄を梶清仲、武田中務信孝騒動の地宮川保には弟信重、小浜長源寺に次男日感、粟屋一族でありながら乱に関わらなかった粟屋氏分家左京亮元行の地位はそのまま宮川保代官に、桂川の戦いで戦死した粟屋家長の子光若を奉行に抜擢し粟屋氏には気を配っている。

信豊は天文七年（一五三八）頃から武田家を継承したと思われる記録が存在するが、粟屋元隆が信豊が政治力が不十分であると懸念した事を隠居した元光も同じで、引退せず大事な決定には元光自身が決定した。

天文二〇年（一五五一）信豊は武田氏が支配していた丹後加佐郡田辺の代官を家臣山県に暗殺させた。理由は判らないが、宴席での些細な言葉の齟齬か、四年前には丹後国で反武田の動きに対し粟屋光若が派遣されている。その役人の息子が周囲を集め反乱を起こすことになる。信豊は弟信重を丹波に派遣し、神宮寺に祈願している。神宮寺と懇意の粟屋光若や戦地田辺で頑張る粟屋孫八郎に陣中見舞いを送った。

丹後の戦いは一進一退で戦死者を多く出したため、天文二十一年（一五五二）初、信豊は自ら軍を率いて高浜まで進めたが、粟屋右馬允の熊川からの侵入（前述）を聞き、引き返した。

弘治二年（一五五六）信豊には嫡子彦次郎（記録に残るのは元栄→義元→信統→義統であるが紛らわしいので以下義統で統一する）（一五二六生）と弟三郎（元泰のちに元康）がいたが、武家の心構えというべき『弓馬聞書雑々』を弟の方に伝授しようとした。義統は反発して家臣達を巻き込んで争いが起きていたが、この年に信豊の弟で軍事の要であった信重が死去したことから抗争となった。

永禄元年（一五五八）嫡子義統は支援してくれる家臣達を伴って高浜に向かい逸見氏を頼った。この知らせを聞いた信豊は近臣の家臣達と熊川まで行き、高島郡に入り、正妻の実家六角義賢を頼ろうとした。六角義賢は事態を鎮静させようと武田家の家臣に使者を送って打開に努めた。

しかし若狭国東部（東部は先年粟屋右馬允が若狭侵入を図り熊谷氏を巻き込み熊谷氏が自刃した地）で両者の間で戦闘が起き義統が勝利した。

永禄二年（一五五九）将軍義輝から六角氏に調停の命令が降ったが成功せず、対立は続いた。

永禄四年（一五六一）信豊は入道して紹真と称し、義統に同意を求めて五年間に亘る和解が成立し、信豊は若狭国へ戻った。

義統治世の粟屋氏一族

信豊の時代は京都の政権経験のある武家（細川晴元等）との交流を持っており細川晴元の時代には義統は最初名元栄を義元に変えていた。

当主となった義統は武田の当主の字「信」の字を取り信統に変え守護としての自覚を持ち、以前から京都の政権と関係を結んでいた政権から期待をかけられ、争いに巻き込まれるのである。

義統は将軍義晴の娘で将軍義輝の妹を正妻に迎え偏諱して最終義統に変えた。しかしこれは三好氏に圧迫されていた将軍家が常に中立的な立ち位置を通した武家武田家に期待をかけていたのである。

永禄四年（一五六一）逸見昌経は逸見家を再興し、平穏でなかった丹後・丹波の牢人達を纏めて影響力を持っていたが、丹波の国人松永長頼（松永久秀の弟）、粟屋（勝長カ）と丹波・丹後の牢人達と反乱を起こした。義統は信豊と和解して協力して越前朝倉氏に協力を取り付け敦賀郡司朝倉景紀率いる一万人が五月若狭国に向けて出発し逸見・松永・粟屋氏等と本格的な戦いが若狭国西部・小浜西部で始まった。

戦いは海陸で行われたが、八月、逸見昌経が砕導山城を出て帰降して、武田・朝倉軍が勝利した。

この乱の終結後若狭国には朝倉氏の武家が駐在することになった。

朝倉家重臣前波景当の配下で安田忠治が連絡係と若狭国の情報報告の役を果していた。

永禄五年（一五六二）逸見氏の乱の対策として赴任していた城主大塩長門守が北西に隣接する湯岡城主南部久才に攻められ敗れ、領地のある三方郡の佐柿国吉城主粟屋越中守を頼って三方郡に逃れた。この件は武田家の統率が執れていない状態を表している。この後もその傾向は京都の政権の混乱も伴い、国としての一体感が薄くなって行く。

永禄九年（一五六六）当主義統派と子孫犬丸を支持する反義統派が反目した。永禄四年の乱以来義統が朝倉氏を頼り、国内の立て直しに目を向けないのを、それに反感を持つ反対勢力が孫犬丸の名で結集したと思われる。それぞれの支持をする武家の中で、三方郡の粟屋氏（勝長）は入部してその立場が安定するまでは義統に従っていたが、義統の朝倉一辺倒の方針に、かつて若狭武田を持ちこたえた先代たちの事を周囲の武家から諭されて段々とその自覚を持ち始めたのであろう。

この年九月将軍義昭が若狭国の義統を訪ねるが、若狭国内の乱れ方を知り義統を案内させて越前朝倉氏の元へ赴く。この時武田一族の武田信方に無礼があったと義昭の重臣から問い詰められる。おそらく信方にしてみれば今の若狭国内はそれどころでなく、将軍の御身も危ないくらい明日をも知れない状態であることを言いたかったのであるが、義昭はせっかく頼りにしてきた将軍に断るとは無礼であると言いたかったのである。後に朝倉氏を通して義昭から赦免されている。

永禄十年（一五六七）五月に義統が死去した。子元明は若輩であった。

これを機に家臣達はそれぞれの感じ方と将来の方向を考え始めた。

これに対し義統の弟武田信方は武田氏を支えて来た武闘派ともいえる山県氏、白井氏、かつての小浜代官で戦力の中心で武田家を補佐した粟屋氏等を誘い武田家中心の結束を図った。信方は自身の権力拡大を気にする周囲をおいて将軍家や朝倉氏との関係を従来通りに保ったのである。

佐柿国吉城記（美浜町二〇〇四年講演録）勝久を勝長と記する書もある。

弘治二年（一五五六）粟屋勝久、佐柿の古城跡を修復し国吉城を築く。

永禄元年（一五五八）粟屋勝久、武田義統に反旗を翻す。

永禄四年（一五六一）四月、粟屋勝久、佐柿館で連歌会を催す。

永禄六年（一五六三）八月、敦賀天筒城主朝倉太郎左衛門、国吉城を攻める。九月朝倉勢撤退、粟屋勢が城を守り通す。

永禄七年（一五六四）九月、朝倉勢、山東郡を荒らし粟屋勢と銃撃戦。

永禄八年（一五六五）八月、朝倉勢、耳庄へ乱入。
九月、粟屋勢、中山の付城を夜襲。朝倉勢撤退。

永禄九年（一五六六）八月、朝倉勢、駈倉山に付城を築いて攻め寄るが、粟屋勢の奇襲によって撃退される。

永禄十年（一五六七）八月下旬、朝倉勢、駈倉山付城を根拠に山東郡を荒らす。

永禄十一年（一五六八）武田元明、小浜誓願寺前で戦い、朝倉義景に連行される。

元亀元年（一五七〇）四月、織田信長、越前攻めの為京都を進発し、若狭国熊川を経て国吉城に入城。織田勢、敦賀金ヶ崎城を攻め落とすが浅井氏の裏切りによって越前から撤退する。若狭国は丹羽長秀に、粟屋勝久は若狭衆として仕える。

天正元年（一五七三）四月、朝倉勢、中山の付城に拠り山西・山東郡を荒らす。八月、粟屋氏他若狭重臣ら信長を迎え、朝倉氏を追撃する。朝倉氏滅亡。武田元明、若狭神宮寺に帰る。

天正十年（一五八二）六月、本能寺の変、粟屋勝久、秀吉に従い西国にいたが、光秀に与した武田元明自害。

天正十三年（一五八五）粟屋勝久死去。

朝倉氏の武田元明の連行

永禄十一年（一五六八）八月、朝倉義景は、国吉城を通らず、若狭小浜へ侵攻する。若狭武田氏を直接の目標にしたのである。安田忠治を小浜に駐在させてから義統の死によって若狭武田氏が古参の家臣を中心に自国中心の引き締めを行い、朝倉氏を受け入れた以前の環境はなくなったことを打開する目的だったのである。戦いは小浜後瀬山城の麓の誓願寺前で若狭武田氏の若い当主元明が対戦したが大軍で歯が立たず、山頂の後瀬山城へ逃げ帰って家臣たちと相談したが、敵は大軍でやがて城は攻め落とされると聞き自決を考えるが、家臣から朝倉側は武田氏の内部事情をよく知っていて武田家当主が反朝倉ではない事は理解している、目標は若輩の死ではないと聞かされ、諭されて降伏を決心する。朝倉氏は戦わずして降伏させた。戦死者も無く、朝倉義景の母は武田家が実家でもあり、若狭国を自身の管理のもとに置けばよいと考え、元明を連行して近江経由で連れ帰った。

これで永禄四年（一五六一）武田義統から依頼を受けて朝倉景紀が若狭国へ進軍して乱を治め、その後に若狭国に安田忠治を小浜に駐在させたあれから七年目で若狭国が朝倉氏の手中に落ちたのである。

織田信長の若狭国入り

しかし若狭武田氏の家臣達の主力は武田元明の奪回を目指して織田信長に期待をかけ、協力を約束するのである。信長は若狭武田家臣に対し将軍に挨拶をする事と、信長の重臣の四老（丹羽長秀・木下秀吉・中川重政・明智光秀）は武田氏の家臣や寺社に書面を送り、若狭国の各々の領地は安堵されると諭した。

永禄十三年（元亀元年一七七〇）信長は朝倉攻めの為に京都を発って熊川に到着すると若狭武田家臣達が出迎えた。その後粟屋勝久の居る国吉城に寄り粟屋勝久の籠城の武功を誉め二日間宿泊した後、敦賀に向かった。敦賀では手筒山城と翌日金ヶ崎城を落として越前に向かったが浅井長政が反旗を翻したと聞き引き返し京都に帰った。

京都に戻った信長は再度朝倉・浅井軍の討伐を計画するが、思わぬ敵が現れた。大阪本願寺である。大阪本願寺は浅井・朝倉・六角・信玄武田と連携し、浅井・朝倉連合は坂本に進出し比叡山山頂に陣取った。この最中に若狭の武藤友益が反乱を起こし朝倉義景は武田信方に忠節を依頼した。武藤・武田五朗・粟屋右京亮が、元明派で反朝倉氏の山県孫三郎のガラガラ城（賀羅岳城—小浜市太良庄）を落とした。若狭国は朝倉氏・織田信長の両者の間で二派に分かれていたが粟屋小次郎は本郷の達城で信長に忠誠を誓っていた。

朝倉・信長の両者は将軍義昭の仲介による勅令で両者に和睦が成立した。若狭国では朝倉氏の影響が強くなっていたがそれを推進した信方が他の家臣達から責め立てられたが、将軍義昭の側近に依頼して将軍から理解の文書を受け取っている。

朝倉義景は浅井長政からの救援要請を受けながら、若狭三方郡へ侵攻した。先年若狭国主の武田元明を連行して若狭国への支配を強め影響力を行使しようとして、信長に味方した三方郡に向けて討伐の計画を建てたのである。しかし信長の訪問を受けた粟屋勝久の率いる三方勢は勢いをつけていて攻めきれなかった。三方郡倉見荘の熊谷治部丞は粟屋氏と連携して力をつけ朝倉氏側に立つ若狭国当主代理信方と対立した。

朝倉氏は、三方郡は置いて、遠敷郡では神宮寺・長源寺等を味方につけて若狭国の支配を広めていた。

若狭国は朝倉氏滅亡による織田信長支配へ

元亀四年（天正元年一五七三）織田信長は、将軍義昭が反旗を翻し朝倉・浅井・甲斐武田に信長打倒の命を出したため、決戦の準備を始めた。三方郡の佐柿国吉城に三〇〇〇人の兵士を送って対朝倉氏への準備を始めた。若狭三方郡が朝倉氏の西方を固め牽制する目的だった。

七月に将軍義昭が京都で挙兵したが上洛した信長に敗れ、追放され、室町幕府は終焉を迎えた。朝倉軍は浅井氏応援のため一乗谷城を出陣し敦賀に着陣した。八月朝倉義景は浅井長政からの要請で近江木ノ本へ向かった。一方信長は同じ頃、岐阜を発ち江北（滋賀県北方部）をめざした。敵前線基地の大嶽城、丁野山城を寝返りによって落とし、刀祢坂で退却する朝倉軍を追撃して多くの諸将を戦死させた。粟屋氏の佐柿国吉城に対する朝倉氏の付城も落とされた。

朝倉義景は大野で自刃し、浅井久政・長政父子は小谷城で切腹した。

朝倉氏滅亡後、若狭国は信長重臣近江佐和山城主丹羽長秀の支配下に置かれることになった。若狭武田の家臣たちは「若狭衆」としてまとめられることになった。武田元明は解放され若狭に戻されることになったが、朝倉家に滞在中に朝倉氏に味方したのではないかと信長に疑われたが粟屋勝久・熊谷直之らの必死の歎願で許されたという。又元明の若狭国主復帰も歎願したが信長は応じなかった。元明はしばらくの間神宮寺に滞在していたが、天正三年（一五七五）京都で改めて信長に謁見した若狭衆は、武田元明、逸見昌経、粟屋勝長、熊谷直之、山県秀政、内藤勝高、白井政胤、松宮玄蕃、畑田氏等であった。

武田元明の自刃

武田元明は若狭に戻され後、信長からは若狭復帰後の沙汰はなく、若狭国は丹羽長秀に任されて代官が若狭国を統治していた。

天正九年（一五八一）若狭国の重鎮逸見昌経が死去すると継嗣がいないことを理由に、廃絶後その遺領とかつて反信長の兵を挙げた武藤友益と粟屋右京亮の医療を合わせて八〇〇〇石の内、丹羽長秀の直臣で代官の溝口秀勝に五〇〇〇石を、武田元明に三〇〇〇石を分け与えた。信長は天下統一を成し遂げておらず慎重な戦勝地の経営を行っていたのである。

元若狭国の守護武田元明から見れば、朝倉時代の方針が自身を若狭国へ戻してくれる約束は不確かではあるが期待はさせる状況にあった若狭国へ帰還してから九年も経ち旧家臣からは復帰の期待を耳にして過ごす毎日であったが、溝口の多くの知行に比べ、自身の扱いには不満があったと思われる。信長にしてみれば状況下では気を配ったつもりだった。

天正十年（一五八二）本能寺の変に誘われ、信長の政策への絶望と天正元年（一五七三）の事変の痛い思い出が蘇ってきたのではないか。五年間の朝倉氏の下で朝倉時代に親しんだ若狭武田家の女性たち（朝倉義景の母は武田嫡流の娘で元明はこの人の兄弟姉妹と馴染んだ可能性がある）が朝倉氏滅亡と共に城から逃れた女人達が逃れる中で幸運にも寺に逃げ込んで助かった人もいたが、若狭の国をめざして南へ避難した途中に敦賀入り口の木の芽峠で織田側に捕らえられ惨殺された「木の芽峠の斬撃」を若い元明は聞いて知っていた、織田軍は罪のない女子迄を殺戮した。織田を許せない心が心底にあったのではないか。

元明は近江海津の宝幢院で静かに丹羽長秀の言葉に従った。

奥方龍子は同じ日、丹羽長秀に誘い出され護送の籠に乗せられ京都に向かっていた。しかし龍子のこの後の人生は力強い母の言葉によって力強く生きることになる。

その後の若狭国と粟屋氏

若狭武田家は義統死後、弟の信方（元明の叔父）が永く国の梶取りを代行していたが、将軍義昭と連絡を取り、義昭の後は朝倉氏との関係を持ちつづけ、信長を受け入れた家臣達からは不評を買ったが、義昭が備後に逃れるとその後に後を追い備後に住んで一生を終えた。

信長に従った家臣たちはそれぞれに戦国の世を生き抜いた。

粟屋勝久は本能寺の変の際に秀吉に従い備中にいたが、山崎の合戦、賤ヶ岳の合戦も羽柴秀吉に従い、馬廻り（近侍）となり、天正十三年（一五八五）死去した。その一族も豊臣家直臣となり子の勝家は大阪で知行一〇〇〇石を得たが慶長十九年（一六一四）病没した。その甥の五右衛門は勝家の家で育てられ勝家の妻が稲葉一鉄の姪であったことから臼杵藩稲葉家の家臣となったが、その後出世し延宝二年（一六七四）家老職となった。以降臼杵粟屋家は代々家老職を歴任した。

勝家のもう一人の子である粟屋助太夫は秀頼に仕え大坂夏の陣では大阪方として戦い、落城後は藤堂高虎に仕えた。寛永十二年（一六三五）に死去した。

以上、粟屋氏の活躍を述べて来たが、主君武田氏と同じ氏族である逸見氏とは違って途中から若狭武田家に仕えた粟屋氏は一貫して最も主君に忠誠を尽くした武家であった。元隆を頂点にして代々庶子分家に至るまで、若狭武田氏が滅びる迄、尽くし切る意思があったという証拠を見せてくれた事に確かな大事なものがあるのだと感じる。

冒頭の件で粟屋氏と若狭武田氏と主従の契りを何故、何時築いたかは文献上の検証不明と書いたが、この粟屋氏の終始を見ると自ずから解って来るような気がする。主家として粟屋氏を受け入れた側と素直に受け入れてもらえた側の期待と喜びが自然に見えてくるのである。

粟屋氏と文芸

粟屋一族の文芸とのかかわりは文亀元年（一五〇一）粟屋親栄が三条西実隆の屋敷を訪問した。これ以降、在国、在京に関係なく永正四年丹後で戦死するまで永く交流した。

実隆だけでなくその周辺の公卿たちと関わり、教養を身に着けた。実隆の邸宅を訪問して実隆サークルとの付き合いの中で、酒を酌み交わし、奉公衆・僧侶・歌道者・連歌師・医術師など多くの文化人と交流した。実隆からは源氏物語の講義や歌道の師匠として自身に足りないものを求めた。久しく交流が実現しなかった時に実隆が

わかれての心を我にならへとやかつかつ人のうとくなりゆく

を送ると、親栄は素直に

別れても君か心のかはらすはひなのすまゐも何うからめや

と返歌し、柿を送った。

次に交流を持ったのは親栄の子粟屋勝春であった。

粟屋勝春は山科言嗣を訪れている。実隆とは在国・在京に関わらず贈り物や、主君武田元光や粟屋家従兄元隆の詠を見せている。

粟屋元隆の側室は三條西実隆の実家勧修寺尚顕の娘である。又、元隆の娘は勧修寺尚顕の孫晴秀の妻で戦国時代末期に活躍した勧修寺晴豊の母である。元隆は小浜代官であり広い人脈作りか公卿に接近を図っている。

元隆は現実の問題の教授だけでなく実隆から様々な形の教養を学んだ。

粟屋勝久は対朝倉氏の佐柿籠城の主であり、武人であるが、永禄四年（一五六一）佐柿の館で連歌会を催した。前年春に聞いた郭公の声を聞いて読んだ句を皮切りに「待里に名ハふりにけり時鳥」を発句し始めたと伝わる。武術ばかりでなく、猿楽等にも理解があったと言われる。

若狭武田氏の重臣（三）内藤氏

―武田家重臣逸見氏・粟屋氏に次ぐ三番目の武田家の重臣―

　永亨十二年（一四四〇）若狭武田氏の若狭国守護が決まり武田氏が入国すると両国支配が始まるが、前守護一色氏の反抗もあって簡単では無かった。若狭国の施政は当初は在京奉行達が都で決めたことを在国奉行に指示していた。粟屋氏・逸見氏・山県氏であるが彼らは国内の計画を作り奉書という形で、連名で署名して作成し、提出していたが、この中に内藤氏は入っていない。しかし宝徳元年（一四四九）～三年迄内藤筑前入道昌廉が「守護代」として記録されているので在国守護代であることになる。宝徳三年（一四五一）は守護代内藤昌廉、遠敷郡代熊谷信直の二人に在京奉行奉書が下されている。武田氏は一色氏の支配形体から安芸で培った支配形体を若狭国にも持ち込んだ。遠敷郡・大飯郡・三方郡の三群には郡司を置き、若狭国の中心となる遠敷郡には守護代内藤氏を、大飯郡には逸見氏、三方郡は熊谷氏が任命された。ただこの時期については一色氏とその徒党の抵抗もあり分掌も明確ではない。その中で内藤氏は武田家当主信繁が最も堅実な人材として選んだ人選であった。遠敷郡はかつての西津の一色氏の館があり、武田家の館が新装され、また地理的、文化的、生産物、商業上の若狭国の中心であった。寛正二年（一四六〇）遠敷郡郡司に内藤藤八郎の名がみえる。又在国奉行も存在し各担当部署を受け持っていたと考えられる。在国役人は守護代と群代、郡代と奉行の地位は明確でない部分があり、在京の指示に合わせて在国で対応していたと思われる。段銭（税金）の徴取には納所があり実務は上使があった。税所今富名は代官がおり税所代も置かれた。これらの武家は前述の四人の他に山県・白井・入江・山中・桑原・綿貫・市河・則光氏等がいた。この後安芸国から多くの人が若狭入りし、香川・武藤・温科・久村・南部・福島などがいた。

　内藤氏の出自は同名の氏族が多く多彩であるが、「藤」の付く名字は藤原氏が出自となっていることが多い。『系図纂要第六巻―三十三』では藤原道長四世の孫藤原盛遠が内藤筑前守（従五位）を名乗ったとある（参考迄）。鎌倉時代初期武田家第二代信光の時に郎等として、内藤七朗・八朗がいる。鎌倉後期の信光の孫武田家第四代信時の時代に内藤左衛門保廉が見られる。南北朝時代から足利尊氏に従い都で戦った武田信武・氏信親子に従い各地を転戦した教泰、泰廉、氏廉等がおり、さらに同時代に満廉、親廉、重廉、教廉らがいる。若狭内藤氏にも「廉」の付く人物が多いので専門研究者はこれらは皆同族と見てよいとの事である。

　内藤教泰の父景廉が正安二年（一三〇一）母から実家佐伯氏の所領安芸国妻保垣・高田原の両別府と長田郷（安芸国高田）の地頭職を譲渡され、代々引き継いでいた。鎌倉幕府が倒れ足利尊氏に変わると甲斐国に恩賞の土地を得て、甲斐に住み着き武田氏と共に安芸にやって来たが足利氏の御家人であった。その後分家しそれぞれ毛利氏と武田家の家臣になったと考えられる。武田家家臣の内藤氏の安芸時代の史料は見つからない。若狭国に来た初代内藤昌廉は守護代として武田氏の若狭国創設には貢献した。居城も守護代らしく一色氏の時代からあった守護館の背後にある西津の天が城であった。（築城年代は不祥）

　長禄二年（一四五八）、子（内藤氏）と交替し更に延徳三年（一四九一）

にも交替している（内藤氏）

内藤氏の諸家も多くの役職についていた。寛正年間（一四六〇〜一四六六）在国奉行として内藤廉経、応仁以降では徴税・伝達係の修理亮賢高、八郎衛門尉廉貞、文明六年一四七四）小浜津代官内藤佐渡入道である。守護が国信の代には佐渡守国高が在国奉行に登用され、元信・元光の代まで続き天が城の惣領家を上回ったと言われる。佐渡守の居城は惣領家居城天が城から8キロ東の箱ヶ岳城と伝わる。国高は大永七年（一五二七）の桂川原の戦いで子息と共に七三歳で戦死した。内藤新九郎も戦死した。これ以降筑前守家と佐渡守家では顕職に名は見えず、天文四年（一五三五）加賀守廉経（かどつね）、筑前守元廉（もとかど）が若狭彦神社に修理奉行として棟札か見える程度である。

信豊の時代になると、惣領家の筑前守勝高が奉行に登用された。

信豊と義統の時代に両者に紛争があったが記録には名は出てこない。

織田信長の時代になると若狭衆として内藤築前守だけは名がみえるが佐渡守家は武田家と連携している朝倉方なのか名はない。永禄十二年（一五六九）若狭に来た里村紹巴を箱ヶ岳城に迄招いて歓待したのは五朗左衛門尉であった。国高の代に領していた三方郡丹生浦を天正七年になってもまだ領していた。信長が没後も柴田勝家と羽柴秀吉の対立が始まり天正十年十月秀吉側の丹羽長秀が勝家に備えて、海津城に派遣した若狭国からは内藤佐渡守であったが、秀吉の時代に内藤筑前守重政の子政高が滅ぼされていることから武田元明と行動を共にして本能寺の変に加わり処罰された可能性が強い。又箱ヶ岳城の佐渡守家も永禄年間に三代で滅んだとしている。

戦国末期から江戸時代に入ると、京極高次のもとに内藤兵庫、高次の嫡男忠高のもとに内藤対馬守それぞれ仕えており、内藤八右衛門とその弟二朗衛門が遠敷郡新保村に給地を得ていたことから若狭に残って京極氏家臣に転身した家があったのかも知れない。

内藤氏は後世「武田氏の四老」と呼ばれるだけの実績と人的貢献度と勢力を持っていた。内藤の家中には小嶋与吉、松崎新三郎、温科弥五郎の内、松宮は後に「大身分」と言われた有力国人（在地国人で沼田氏の被官）の一族で温科も安芸出身の武田譜代の家である。また居城の数が持つとも多く。筑前守の天ヶ城、佐渡守の箱ヶ岳城、下総守の湯屋山城（遠敷郡湯谷谷）左近の左近屋敷、筑前守の次吉の岡山城、兵庫の丸山の茶磨山城、佐渡守の持田村城、豊後守の大飯郡の神野村城の八か所を内藤一族が持ち勢力を広げていた。その手法は主君守護武田氏に対して忠誠に徹して、逸見氏、粟屋氏のように目立たない生き方で勢力を伸ばす生き方であった。ただそのために時代の激しい変化に耐えきれず頼みの主家が傾き始めると、生き方の改革が出来なかったのである。

内藤氏の文化活動は、内藤氏の中では内藤次郎右衛門膳高（内藤上野介膳広子カ一族カ）と内藤五郎座衛門国高の二名が挙げられる。膳高は天文二年五月に三条西実隆に廿代集の外題染筆の礼として、鯛十匹を送った。国高が実隆に物を送ったのは文亀二年五月で、二日後には夢想宝楽五十首の歌題と、実隆の法楽歌所望して送られている「再昌草」同日条、「題予是書之、依願主之所望異他也」とある。国高は永正十六年（一五一九）八月二十九日付けで若狭神宮寺上下宮供僧中に充て粟屋元勝と並んで連署状を発しており、武田の奉公人である。そして「明通寺文書」に永正十四年六月十九日付内藤佐渡守国高書状があり、また実隆の「出家仮名

記」〈永正十三年〈一五一六〉四月〉第十三紙裏に文書に

「西殿様久不申上候間、雖軽微之至候蚫百貝進上仕度候、不若候者御執合可為本望候、紹桃在京不存知候之間不申候、時宜可燃馮存候、恐、謹言、

三月廿二日　　　　内藤（国高）花押

吉田四郎兵衛尉氏春殿

があり、懸紙に「内藤佐渡守国高」（題十六市紙裏にも見える）とあって五朗佐衛門国高は後の佐渡守国高であった。そうであるのならば文亀三年（一五〇三）正月十三日宮庭御宴の際、庭の木戸を警護し同年十二月二十一日に一樽抱えて実隆と盃酌数刻対談した佐渡守も国高であったと考えられる。大永七年（一五二七）二月十三日合戦に子（前掲大永五年正月廿四日「犬追物手組事」に見える内藤五朗左衛門カ）と共に、七十三歳の老齢で敗死した内藤佐渡守も国高であった事になる。国高が討死したとき、実隆が「不便々々」と書いた事もうなづける。

若狭武田氏の重臣㈣　若狭武藤氏

―武田家重臣逸見・粟屋・内藤に次ぐ四老に数えられる家―

若狭武藤氏は全国の武藤氏の流で、古くは藤原氏の出自と思われる。

古代（飛鳥・奈良・平安時代）において最も古い武家は藤原氏である。藤原氏は中央の官衙に地位を持っていた為に全国の国衙・郡衙にその一族を配していた。「藤原氏にあらねば氏にあらず」と言われる程の古代的地位を持っていた。「藤」の字を頂くことはその地位を確保する事であった。戦国時代に「源平藤橘」が唱えられたのもその所以である。

このため古代から「藤」の名の姓が多く生まれた。阿藤・伊藤・宇藤・江藤・加藤・皆藤・紀藤・工藤・近藤・後藤・古藤・佐藤・左藤・須藤・瀬藤・仁藤・武藤氏等、この中には藤原氏の流をくむものが殆どであるが、後世はこの名を名乗ることが有利であると考えて名付けた例もあったと考えられる。

武藤氏の実在の記録は『尊卑分脈』によれば奈良時代の藤原北家房前の五男で魚名の五世の孫藤原秀郷（平将門の乱鎮征〈九三九年～九四〇年〉・鎮守府将軍）の曽孫の文行が武藤等（旧字）祖とあり、その六世孫藤原頼平が武藤家猶子となった。

平安末期、平氏に仕えたが治承の乱（一一八〇）では源頼朝に従った。頼平の墓所は相模国久良岐郡師岡郷（現神奈川県横浜市師岡）にあったとされるので、鎌倉の武士集団の一家であった。

承久の乱（一二二一）では鎌倉幕府の有力武家の武田信政の郎党として名が見えるので、この時期一族の一部は甲斐国に移って繁栄した。甲斐国内では後期（信玄・勝頼時代）には武田家から養子に迎えるなど重臣として活躍した経歴が残っている。本家は承久の乱後に幕府の要職に就き、後に武藤景頼が評定衆になった。甲斐国以外の武藤氏の子孫達も西国（中国・九州）移転に従い移住した。武田氏の家人であった武藤氏は武田家と供にその移住先の安芸国へ移ったと考えられる。

室町時代初期の建武二年（一三三五）足利尊氏と共に戦い足利幕府成立に活躍した武家武田信武（安芸国守護）に従った武藤五郎入道が奉行人としてその名が見える。信武は安芸国と甲斐国を兼務する守護であったので多くの有力な武家が両国を移動したと考えられる。

武藤氏の加入について考えられるのは、若狭国入部依頼小浜西部には隣国丹後国との相克があり、熊谷氏のような後瀬山城から遠い東部の武家を別にして、隣国丹後国との関係が緊張の中にあり、小浜に近い西部には、逸見氏や粟屋氏に加えて、武田氏に忠誠を誓う強力な武家を必要としたのかもしれない。当主信繁が安芸国から任命したと考えられる。

いずれにしても、武藤氏の若狭国への移住は、永享十二年（一四四〇）武田信栄が若狭国へ赴任する以前には武藤という武家・地名は無かったと思われる。従って、武藤氏は若狭武田氏が若狭国に入部後に現れるが、第二代当主信賢が初期入部後に幕府中央の紛争に活躍していた間に幕府のある京都屋敷で新しく若狭国経営の手段の一つとして新加入の武家を採用したものと考えられる。このことは武藤氏は若狭武田氏の四老の数え方も若狭入部の頃からの最後の四人目は交代があった事を語っている。

確実に文献に現れるのは享徳四年（一四五五）在京奉行の中に守護の徴税の役に付いている実務役人として武藤四郎兵衛賢藤の名が見える。

大役として起用されるのは、若狭武田氏が第五代元光の時代に細川高国から指示を受けて大永七年（一五二七）桂川の戦いで、武藤左衛門尉元家が奮戦したが、武田軍は大敗したが生きて返った。その後享徳四年（一五三二）から天文十四年（一五四五）まで奉行を務めた。その後も訴訟に当たっている記録があるが、武藤氏がいつ頃から実戦に活躍したかは明確ではないが、隣国加斗荘の伊崎氏との戦い享禄四年（一五三二～一五五五）間に勝利して支配を確立した記録は伊崎氏の系図に残っている。この事により、大飯郡の佐分利川上流を支配していた武藤氏が若狭湾沿いに領地を広めて勢力を拡大した。

武藤氏の領地は佐分利十七村を支配に置く。川上村、三森村、久保村、安井村（安川区）、川関村（安川区）、福谷村、石山村、佐畑村、小車田村、鹿野村、笹谷村、神崎村、岡安村、広岡村、万願寺村、父子村、野尻村、加斗荘、飛び地：名田庄の一部。

＊本郷氏との地境は父子村であった。

年譜（領地内の変化）

天文七年（一五三八）武田氏の家督争いに乗じ伊崎民部を帰属させる。

天文九年（一五四〇）武藤友賢、稲葉山城・海坂山城を築く。

天文十九年（一五五〇）一月、武藤氏と本郷氏、山田村で双方の境界についての談判、野尻村を境とする。

同　三月、武藤氏と本郷氏本郷村周辺で合戦。

同　五月、武藤勢、野尻村に集結。本郷氏夜討ち。

天文二十一年（一五五二）本郷氏、本郷村長覚寺（武藤）を焼き討ち。

永禄元年（一五五八）砕導山城主逸見昌経福谷峠から佐分利に進攻。

本郷氏、武藤氏の菩提寺海元寺を焼き討ち。

永禄十一年（一五六八）十一月　武藤氏と逸見氏、高浜の笠原で戦う。

永禄十二年（一五六九）四月織田信長、若狭国衆・幕府奉公衆に対し武田家への忠誠を前提にして働きかける。

武藤氏、従わず。朝倉側への立場をとる。

永禄十三年（一五七〇）四月信長、上位（将軍義昭）による武藤氏討伐の為に京都を出陣する。

信長に先行して明智光秀が熊川に到着。

同　四月二十二日　信長も熊川に到着。武田家臣出迎え。

（武藤氏、城を破壊して詫びを入れる）

四月二十三日　信長、国吉城到着。

元亀元年（一五七〇）四月二十五日　信長、朝倉氏に進攻。

敦賀の手筒山城・金ヶ崎城攻略。

浅井長政の信長への反旗。

信長、金ケ崎の退き口京へ退却。

五月　明智光秀らが武藤氏城を破壊、母を人質。

六月二十八日　姉川の合戦。浅井長政退却。

九月　朝倉・浅井、本願寺の戦い参加で勢つく。

十月十二日　朝倉・浅井、武田信方に協力を要請する。

十月二十二日　武藤友益・粟屋右京亮、朝倉方に寝返り、
信長方の山県氏ガラガラ城を攻め落とす。

朝倉勢、若狭国遠敷郡へ侵攻（武藤・信方）

元亀四年（一五七三）天正元年　織田勢の朝倉進攻、粟屋・逸見・内藤氏
朝倉滅亡。若狭家臣、丹羽長秀の与力へ。

天正八年（一五八〇）　武田信方・武藤氏・親朝倉派没落。
本郷氏、武藤友賢・友慶に勝利。
稲葉山城・海坂山城落城。
天正九年（一五八一）　武藤氏の所領、逸見氏の所領に。
逸見氏死去。溝口五千石　武田元明三千石。

石山城：佐分利地区の石山集落背後の約九〇ｍの山頂にある主郭から延びる複数の尾根上に郭・掘切などが展開する連郭式の山城。

武藤氏の朝倉氏傾倒は若狭武田家に仕えるという当初の武田氏を守護するのが目的であったが、周囲の環境が変化し理解されずに討伐された。

若狭武田氏の重臣㈤　若狭熊谷氏

―熊谷氏は日本全国に多く広がった武家氏族である。

ここでは若狭熊谷氏を中心に取り上げるが、現在、若狭熊谷氏の直接の資料が少なく、周辺の資料から探って行く方法で述べます。

熊谷氏の起源は『尊卑文脈』『系図纂要』によれば、桓武平氏と言われている。当時平氏の任地が多かった武蔵の国に土着したといわれる。平安時代の武家は古氏族出身の武家、その一つである藤原氏、臣籍降下の武家が多数いる中で平安時代後期（十一世紀一〇〇〇～一一〇〇）頃の武家は、朝廷の武家役人の一武家であった桓武平氏が多く地方に派遣されていた。やや遅れて臣籍降下した武家の中で清和源氏の武家が桓武平氏より約七〇年遅れて都の役所に配置されていた。長元元年（一〇二八）関東で平忠常が反乱を起こし朝廷が鎮圧に平直方を派遣した。

平家本流 平 直方は結果、平安初期から大きく成長した東国の武士の反乱を鎮圧できず、朝廷から解任され代わりに源頼信が派遣され、頼信は以前忠常の上司であった事から戦わずして降伏させた。朝廷は源氏の力を認めて、この後源氏が要職に就くことになる。ここで平直方は源家との関係を深めたいと頼信の嫡子頼義に自身の宗女を娶わせて、その長子義家（八幡太郎―源家惣領）次男義綱（加茂次郎―賀茂神社）三男義光（新羅三郎―武田家祖）をもうける。平家本流直方の跡目は維方が継ぎその後を盛方が継いだが、同じ桓武平氏の伊勢平氏の忠盛の時代に反し滅び、その子孫が武蔵の国熊谷郷に住み着き熊谷氏を名乗った。

平安時代後期から末期にかけて都と全国的に武士が活躍する時代になり日本の歴史に多くの武士が活動するようになる。反乱や事変などが起きると関連の武士が活用されて移動が起きる。保元の乱、平治の乱、頼朝の挙兵による全国の戦い、承久の乱により主に多くの関東武士が西日本に移動した。熊谷氏もその中にあり、頼朝の傘下に入った直実は平家追討の陣に入って一の谷の戦いで少年 平 敦盛を倒し、やがて平家は滅亡するが、直実は養父との訴訟に負けて、家を子の直家に譲って出家した。直家の嫡子直国の時代に武蔵国熊谷郷に帰ったが、承久の乱が起こり参陣して宇治川の戦いで戦死した。承久の乱は参加した武家の内部では分裂して参加した家も多く、本家分家の入れ替えが起きたと言われている。宇多源氏出身の佐々木氏も嫡子が上皇側に付き結果、関東にいた弟が本家になっている。熊谷氏も例外ではなかった可能性がある。承久の乱で一族の一部は鎌倉側に付き西国に領地を与えられ、荘園の主となったが、被官（代理の役人）を置いて管理させていた。しかし、鎌倉末から室町時代に日本国内の社会に変化があり（蒙古来襲と倒幕の動きから室町時代初期の政権交代）西へ本格的に移動した。多くの武家たちが西国に所領を持ち中部・近畿の武家・関東の武家が活発に活動するようになった。その結果、一武家の内部でも分家が多く発生し、家ごとに勢力を作り南北朝にみられるように同姓の武家が敵味方に分かれて争うことが多くなった。結果弱い分家・本家は没落し、力を付けた武家が活動するようになった。熊谷氏もこの例にもれず多くの分家がそれぞれの主張の下に、あるものは上部により強い武家を頂き集団を作り、あるものは自己の主張により身を建てる方向に代わり、自身の安定と発展を求める武家社会と化した。熊谷氏は全国に熊谷姓を持つ武家として展開した。

以下
武蔵熊谷氏—武蔵国熊谷郷—直家の子直国が継ぎ戦死後、直時が継ぐ。
本庄熊谷氏—安芸武田信武に従い家臣（北朝側）
近江熊谷氏—近江国塩津—南北朝統一後、室町幕府奉公衆
安芸熊谷氏—安芸国三入庄—承久の乱で戦死した直国の子直時が着任。
安芸武田氏家臣—本庄熊谷家直経北朝側として活躍嫡男直明に継ぐ
毛利氏家臣—毛利氏重臣、吉川元春と婚姻。
大内氏家臣—宗直今川貞世に従い大内氏から所領受領南朝側で敗北。
三河熊谷氏—八名郡宇利城主、尊氏に従い、地頭職。
陸奥熊谷氏—直実の子直家、頼朝の欧州征伐で本吉郡に所領を得る。
葛西氏家臣—直家の三男直宗赤厳城城主。子孫葛西氏の攻撃で臣従。
（このほか個人の武士名としての名は多くあるが、省略。）

若狭熊谷氏—安芸熊谷氏の一族、永享年（一四四〇）武田氏の若狭国入りに際して若狭国入りしたが、その以前から安芸国では地頭と守護（分権）武田家とは関係があった。この時期に国人であった熊谷氏は武田信繁を支える有力な武家であった。若狭入りした熊谷家惣領の信直はまだ組織が出来ていない若狭国で若狭国の中心の遠敷郡を任され、整備が固まると守護館のある小浜から最も遠い三方郡司に任命されて武田家が慣れない国の東部の見張り役を受け持つ事になる。惣領が武田氏と共に若狭へ来る事ができたのは、その子堅直が継ぎ、安芸武田家とも良好な関係があったと思われる。有田中出川の合戦（一五一七）では、一族の若い熊谷元直が戦死している。ただ、この後主君武田元繁を失った元直の子信直は離反して安芸武田家は没落する。この後の若狭武田家と熊谷家の関係は堅直の子宗直の弟助三郎が、その後、文明期（一四六九～八六）に現れるのは三方郡司として直俊である。直俊は文明八年（一四七六）に提訴されている。大音正和家文書に、この時の倉見荘御加尾浦から年貢を取り立てていたのは直継である。その後、役人が若狭国にやって来るのは助三郎の甥直春・直祥である。

熊谷氏の拠点は一色時代にその家臣三方氏の居城三方城であったが、その後、その四キロ南に直之が大倉見城を作り拠点とした。丹後街道の九〇度北へ折れる坂の上にある。直之は東部の朝倉氏・南の北近江の佐々木氏系六角氏と朽木氏を常に若狭国との関係において見ていた。

天文二十一年（一五四二）近江から粟屋右馬之允が若狭に浸入した際に熊谷正忠が加担したため宝福寺に蟄居のうえ、自害させられ、息子と従者二人と共に殺害された。義統の時代には熊谷藤直・勝直が奉行となっている。この後、美浜町に粟屋勝長が現れ三方郡の東部まで進出し、熊谷氏は三方町西部に限定された。永禄九年（一五五六）武田家が当主の義統と反義統派が争った際に熊谷氏は周囲の武家と共に反義統側に付いたが熊谷統直は義統に付き分列した。信長が若狭を訪れるようになると三方郡は殆どの武家は信長側となった。

城主熊谷直之は武田元明が朝倉氏に連行された後、信長に臣従した。若狭国は丹羽長秀の下で熊谷氏も家臣となり一向一揆攻めにも参加し、本能寺の変後も秀吉傘下に入ったが、直之は秀次事件に会い自害した。

熊谷直盛は豊臣秀吉の家臣になり石田三成の妹を正妻に迎えた。

熊谷氏が若狭国で活動した名前の中に所属は不明だが名前が残る人物は元直、宗安・直政、勝直、直滋、統直、藤直、吉永等がある。

重臣熊谷直之の菩提寺（臥龍院）
（現在、この山門は新築されています。）

熊谷直之五輪塔（臥龍院）

若狭武田氏の重臣㈥　若狭山県氏

山県氏は日本全国に多く広がった武家氏族である。

若狭武田氏の家臣山県氏は永享二年（一四四〇）安芸武田氏が若狭国を領有すると重臣として従い、若狭国へ移動した。

美濃山県氏

山県氏は清和源氏源頼光の子孫多田源氏の家系である。多田綱頼の三男国直が美濃国山県郡に移住して山県氏を名乗った。その後に主家の管轄に置かれ主家の国政に引き継がれた。次男国基は摂津国能勢郡を地盤として能勢氏となった。山県氏からは後に清水氏・福島氏・関氏・平野氏・落合氏・蜂谷氏が出た。又、摂津源氏であった叔父国房が土岐郡に進出し土岐氏を名乗り多田源氏が美濃国に勢力を持つきっかけとなった。山県氏は鎌倉時代には幕府の御家人になり承久の乱（一二二一年）では後鳥羽上皇側に付き多くの戦死者を出したが、美濃国の中で勢力は維持した。同流の土岐氏は南北朝では守護となって、山県氏はその武家となった。室町幕府では引付衆（訴訟係）一番手に奉行として名がある。

安芸山県氏

平安時代末期、伝承では平清盛によって源国直は豊田郡に配流された後、山縣郡に移り山縣氏を名乗り、山方荘に住んだ。

その後、山県三郎為綱が安芸国壬生荘の領主となった。これ以前に山県郡志道原荘を領する在地豪族、山県郡群司の凡氏の子孫山県氏がいた。この凡山県氏は安芸武田氏に仕え、戦国時代に武田家と毛利氏の戦いで戦死し、その一族が毛利氏に寝返りその家臣となった。

為綱は治承・寿永の乱（一一八〇〜一一八五）で源氏側に付き勝利した。鎌倉時代初期に山県郡壬生荘の地頭山方為綱・為忠の名がある。

この山県氏と後の水軍山県氏の関係は不明である。

南北朝時代には足利直冬（尊氏の子、直義の養子、南朝側）に付いたが、その後北朝に帰順し、安芸武田氏に仕えた。大内氏、毛利氏と戦ったが、山県信春の代に大永二年（一五二二）毛利氏の攻撃を受けて壬生城が落城した。その後一族の山県元照は毛利氏の家臣となった。毛利家に帰属してからは主に水軍を率いて各地に転戦した。

山県長茂は吉川経家（鳥取城主）の小姓となって、天正九年（一五八一）鳥取城落城の際には、経家の最後に立ちあった。

水軍山県氏は安芸国の中心を流れる太田川を拠点とする川内水軍の有力武家であった。安芸武田氏に仕えていたが、毛利氏が永正十四年（一五一七）の有田合戦で毛利氏が武田氏を破ると毛利氏に帰属した。

甲斐山県氏

美濃山県氏は清和源氏が平安時代に美濃国を拝領し定着したが、同じ清和源氏の主家が美濃の隣国に出て土岐氏を名乗り繁栄したために、一時期は土岐氏の参加に組み入れられたが、室町時代の山県家信の代に新しい地を求めて、甲斐の甲斐源氏武田氏を頼り家臣となった。

しかし、家信の孫虎清の時、武田信虎（信玄の父）の代に厭われ衰退した。しかし永禄八年（一五六五）武田家譜代家の飯富虎昌が、武田信玄嫡男義信を擁した謀反事件の後、断絶したため、翌年虎昌の弟（甥とも）昌景が山県家の後を継ぎ山県氏を名乗り山県氏を再興した。
山県三郎兵衛尉昌景は武田信玄・勝頼の重臣で普代家老となり、永禄十二年（一五六九）駿河国江尻城代になり駿河国・遠江国を支配した。信玄の四大家臣、馬場美濃守信房、内藤修理亮昌豊、高坂弾正昌信と共に活躍した。信玄の死（天正元年―一五七三）以降勝頼に仕えたが、天正三年（一五七五）長篠の戦いで馬場信房、内藤正豊と共に戦死した。子の昌満が跡を継ぎ、駿河国田中城代を経たが、天正十年（一五八二）信長の甲州征伐で戦死した。その遺臣たちは徳川家・上杉家・地元甲斐に帰り農民となり、また大阪の陣に加わり戦死した。

若狭山県氏

平安時代末期、山県三郎為綱が源平の争乱の功により安芸国壬生荘領主となった。源平の戦い（一一八〇～一一八五）では源氏に付き功があり西国に所領を得た。先にみたように、安芸山県氏は古くから存在した凡氏系の山県（方）氏がいたが、戦国時代前期から毛利氏の家臣として水軍を率いて活躍する山県氏（佐東郡山県）を名乗る山県氏とは関係が不明である。両者共に毛利氏の勢力が勢いを増す時期に歴史書に表れている。（今後の研究を待たなければならない）

若狭国の山県氏は水軍を率いて活動するので、この太田川水軍の山県氏の系譜と考えて進める。＊1

若狭山県氏は山県下野守信政が、若狭武田氏が若狭を領有して赴任すると同時に若狭国へやって来て奉行として就任した。宿老四老（逸見・粟屋・内藤・武藤）に次ぐ四家（山県・熊谷・白井・香川）の一人として、七奉行（逸見・粟屋・内藤・武藤・山県・熊谷・白井）の一人として、身分は大身分（山県・熊谷・白井・香川・三宅・寺井〈吉田〉・松宮・畑田）の一人として身分待遇が保証された家臣であった。やがて武田家の内部に逸見氏が若狭に入部すると奉行職を譲り退いた。

居城は賀羅岳城（通称ガラガラ城）（太良荘背後の山の頂上に築いた山城）。東寺太良庄本所方の守護被官・半済人として地歩を築きこの場所に定住した。信政の後継は民部丞その後は式部丞勝政と引き継がれ、次の源三郎式部丞下野守秀政の時代に天文七年（一五三八）粟屋元隆の乱により粟屋氏が失脚するとその後を代官として就任し、粟屋元隆が所有していた常満保などの国衙領を、大型寺院長源寺（康暦二年創建―一三八〇、四世日静の時に姻戚足利尊氏の叔父にあたり尊氏と共に京都に昇り貞和元年（一三四五）に広大な敷地に本国寺を移転させ本圀寺四世となる）、妙光寺（足利尊氏の孫で山名親氏の子蓮智法印が若狭小浜に建てた寺院）の保護者を引き継いだ。又、天文十九年迄奉行を務めた。元光・信豊・義統の三代に重臣として仕えた。義統亡き後も元明が越前に連行された後の、守護不在の若狭国の統制が乱れる世に国を守るグループとして迷走する家臣たちを纏める役を務めた。また水軍の長でもあり、桑村水軍を指揮して永禄四年（一五六一）の逸見昌経の乱では海上から敵陣を襲い、大将を討ち取っている。

また、弘治二年（一五五六）東部の三方郡の南前川城城主の記録に山県秀政の名がありこの地も領していた。地元の伝承によると

「山縣光若式部の丞と称す。天文年間（一五三二～一五五四）の人也。武田氏に仕え南前川城を領す。山縣政冬（あるいは秀政）最初源三郎下野守と称す。武田氏の被官七人乃一たり。藤井城を領す。永禄十一年八月朝倉勢の来り犯す時熊谷直之が井崎大倉見城に入りて之を拒否、元亀・

天正年間、織田信長に属して越前にて戦う。天正一〇年（一五八二）二月、信長京師に馬揃え（うまぞろえ）を催すや熊谷・粟屋等の若狭の士と共にこれに加わる。同年、豊臣秀吉、明智光秀に共同したるものの所領を没収す。政冬もしかり。或いはいう、正冬は頼（義の誤りカ）統の子、母は逸見河内守（へんみかわちのかみ）の女（むすめ）、天文十年四月生まれ、天正十二年（一五八四）五月七日歿す。太閤に仕えた記録なし。」以上、『三方郡史』の伝承による。

足利義昭と織田信長が上洛した後はいち早く情勢を感じ取り、その支配下に入ることを決め、永禄十二年（一五六九）三好三人衆が京都の都を占拠し将軍義昭を攻めた時は一族の山県源内が奮戦して討死している。

翌元亀元年（一五七〇）朝倉氏が武田五朗（信方？）・武藤友益・粟屋右京亮らが山県氏の賀羅岳城を攻め落城させた。翌年信長と朝倉は一時和睦したため山県氏の権利は復活して奉行としての役職は継続しているが、長源寺が朝倉義景の禁制を受けるなど、若狭勢は後退した。

天正元年（一五七三）朝倉氏が信長に滅ぼされると若狭国人達は纏まり信長傘下の丹羽長秀の下に置かれ、秀政は京都で信長に謁見して、越前攻め海路を使って参加している。若狭衆は基本的には元の所領支配はみとめられ、秀政は天正八年（一五八〇）小浜代官として寺院の要望の安堵状を発給している。

本能寺事変後の若狭国は十月丹羽長秀により柴田勝家に対し海津城に若狭衆六人を城番に派遣したがその中に山県元三郎父子が入っている。

若狭武田氏の重臣㈦　若狭白井氏

白井氏の出自は鎌倉時代に源頼朝に従った千葉氏である。

千葉氏は下総国（現千葉県南部）から始まり、移転先の地元で多くの支族に分かれ全国に広がった。関東・奥州・九州へ広がり相馬氏・東氏・武石氏・亘理氏・大須賀氏・国分氏等の祖となった。千葉氏の祖は桓武平氏の祖と言われた、桓武天皇の皇子葛原親王の子高見王の第三子の平高望の五男で平良文である。平良文は村岡良文とも言われるのは後に定着した武蔵国熊谷郷村岡の地名から取られたものである。良文は十世紀半ばに起きた承平天慶の乱（平将門の乱）にも鎮圧側に立ち活躍した。後年に下総国に移り住んで一族が繁栄した。子の忠頼とその子忠常の時代に関東の広い範囲（常陸国・上総国・下総国）に勢力を持つに及んだ。

忠常はこの広大な領地を背景に、国司に従わないなどの傍若無人な振る舞いがあり、平氏の惣領平直方（たいらなおかた）にも従わなかったため、朝廷の命を受けた源頼信により鎮圧された。頼信はかつての上司であったからだと言われる。忠常没後も広大な地域にはそれぞれの発展を遂げた武家が育ち房総平氏と言われた。その中の有力武家として千葉氏・上総氏を生んだ。

初代千葉氏（忠常）から数えて九代目である千葉常胤が千葉氏を継ぎ、その息子長男胤正が千葉氏を継ぎ、次男師常は相馬氏を継ぎ、三男胤頼は東氏の初代になった。

この時期に治承四年（一一八〇）に源頼朝の挙兵に合い、協力を求められた当主千葉常胤は応じることを決断した。常胤は周囲の同族や定着して永く土着した武家からの調整に苦慮していた為だといわれる。

常胤は、ライバル上総広常が頼朝に厭われたこともあって頼朝家人の中で力を発揮する。平家討伐に従い、富士川の戦い、源範頼の一の谷の戦い、檀の浦の戦いでは九州に渡り、背後から平家を追い勝利に貢献した。文治三年（一一八七）京都の警備のために上洛した。文治五年（一一八九）頼朝の奥州征伐に従い、奥州藤原氏を滅ぼしたが、その結果、奥州に多くの所領を得て、多くの千葉氏傍系の支族が定着した。

常胤は建仁元年（一二〇一）死去。

鎌倉幕府の成立以来、関東から西国への武家の移転に伴って、承久の乱では西国の所領の多くの国に移動したが、安芸国に移転して国人となったのが白井氏である。当初の白井氏は安芸国の国人となり守護武田氏の被官として府中城に常駐した。この場所に定着して発展したが、しかしその後の中国地方の勢力の変化に悩んだ結果白井膳種（よしたね）の一族は大内氏の攻勢に合わせて大内氏に鞍替えした。

天文二十年（一五五一）膳種の子房胤（ふさたね）の代に陶晴賢の大内氏への反乱に加わり、大内義隆が陶晴賢に殺されるとその重臣になった。その子は陶晴賢の「賢」の字を偏諱し白井賢胤（しらいかたたね）を名乗った。

白井家は先祖千葉家に多い（千葉常胤等）の「胤」の名の子孫が多い。

天文二十二年（一五五三）、備後国（現広島県）旗返城の領有をめぐって陶氏と毛利氏の関係が決定的に悪化した。翌天文二十三年（一五五四）府中所と対を成す仁保島城が毛利氏に攻撃され、賢胤は府中出張城に引き上げる。六月には折敷畑合戦で陶の家臣宮川房長が毛利元就の奇襲で戦死する大敗をする。この後賢胤は大内水軍の奉行に任命されて、広島湾の各地を襲撃して天文二十四年（一五五五）には保木と連動して仁保島城奪回を目指して攻撃が仁保島香川光景に撃退され、海田の開戦でも毛利水軍阿曽沼広秀に撃退されるが、毛利方の保木の野間隆実への働きかけは功を奏し、川内警固衆の加勢勢力を送り込む事は成功した。だが毛利軍の反撃は激しく、野間は山城の矢野城に追い上げられ包囲した。

毛利元就は家臣於熊谷信直〈元武田信繁〈若狭武田三兄弟の父〉の家臣〉にこの処置を任せた。

この毛利の攻勢に白井賢胤も後退を余儀なくされ府中城から逃亡した。荘の宇賀島退いた後、宮島の宮尾城の攻撃に加わったが成功しなかった。大内水軍を引き継いだ陶晴賢は毛利氏の進出に危機感を持ち、宮島に約二万（一万という説もあり）の軍を移動させて毛利氏に対峙したが、厳島の戦いでかえって毛利氏の戦略にはまり、奇襲攻撃により陶軍は壊滅し、晴賢は自害して終わった。白井賢胤は大内氏に仕え続けたが、弘治三年（一五五七）大内家の当主大内義長が毛利氏にせめられ自害し大内家は断絶したため、毛利氏に下り毛利氏に仕えることになり小早川家の家臣となった。

以上白井氏の安芸国での経過を時代を下って多く述べたが、それは若狭国へ来ても同じ水軍としての役割を果たしていた事の歴史と当時の中国地方は大内氏・武田氏と新興の毛利氏が三つ巴の乱世であり、そこに仕える家臣達は大内氏と武田氏と毛利氏の間を生き抜いた歴史を持っていてそれが後世にも影響しているという事を表しているからである。特に勝ち抜き生き残った大名毛利氏の歴史の中に多くの武家の記録が現存している。大内氏・武田氏の史料は少ないが毛利氏等仕官の先の武家の史料に多く残っている。

若狭白井氏の歴史的史料も戦国時代の経過を通り抜けて江戸時代に入り、伊勢国津藩藤堂家の家臣になったため、その記録が残ったものを再現するが、大名の家臣であるため纏まったものはなく断片を綴る事になる。

若狭白井氏は永享十二年（一四四〇）武田氏が若狭国に入部した際に、当時の被官であった粟屋、内藤、熊谷氏等と共に文書に登場するので、安芸国にその存在が水軍として知られた白井氏の支族が武田氏に従った後に若狭国に武田氏の赴任に従い移住して遠敷郡加茂荘が与えられた。

初代は鎌倉時代に安芸国に移住した胤時が武田家に仕えてから、約一〇〇年後の安芸国にいた白井民部丞勝胤と考えられる。勝胤の時代は西国の勢力図が変化する中で白井一族が大内氏に流れる中で武田氏に残った鎌倉時代からの生え抜きの白井家であったと考えられる。賢胤の「賢」は仕えた武田信賢の偏諱である説もある。文明十六年（一四八四）頃の文書「明通寺文書」には「白井民部丞殿」父は藤原氏、母は平将門（千葉氏）末裔の白井氏とある。文明十六年（一四八四）宮河（宮川）の所領十石を有している」の記事がある。次に年代が近いのは白井伊胤である。明応四年（一四九五）武田元信は安芸国で白井親胤から光胤に所領を譲渡することを認めている。安芸国仁保嶋海上諸公事、同飯山後浦悉く大河迄、並びに府中散在分古市村」海上交通の通過料徴収権利を認める事であり保嶋の警護任務にあった。

永正三年（一五〇六）「賀茂荘内の土地五反を売り渡した」の記事がある。天文一〇年（一五四一）一七回忌が執り行われた記事があり没年は大永五年（一五二五）である。次は白井清胤である。永正二年（一五〇五）武田元信が丹後国へ攻めに入ったが翌年白井清胤が細川政賢らと共に宮津城を攻め落としたとあり、永正十四年（一五一七）にも丹後国内を攻め、加佐郡水間村に所領を与えられている。享禄四年（一五三一）武田元光が「若州遠敷郡賀茂荘を西福寺に寄進した」記事がある。次は白井光胤である。享禄四年（一五三一）武田元光は「若集白井民部丞」に、西福寺への寄進に対し諸公事免除の特典を与えている。天文六年（一五三七）「加茂荘　白井民部丞殿」は羽賀寺に法華経転読を依頼し「八木（米）五石、鳥目（金銭）参貫文」を納めた。」この寺の大檀那であり、愛染堂や鐘撞堂の上ふきを行っている。弘治二年（一五五六）明通寺鐘鋳勧進の算用状に二〇〇文　白井監物殿」白井介六殿ない二人」「一〇〇文の名がある。次の白井勝胤は内乱が起き、永禄四年（一五六一）若狭武田氏が重臣の粟屋勝久に攻められた際は勝胤が一族郎等を率いて義統の元に駆け付け敵と戦ったため三方郡岩屋村、遠敷郡山下名を与えられた。しかし、永禄十年（一五六七）義統が亡くなると、弟の信方の朝倉側の姿勢に宿老たちが反発し信長方についた。勝胤の子白井少輔政胤は関白秀次の家老職を得た。しかし秀次事件が起こり政胤は失脚した。この後弟の長胤が藤堂家の家臣に取り立てられて、藤堂高虎の下で復活し、その後の関ケ原の戦い・大阪の陣で活躍して、江戸時代を伊勢国津藩で藤堂家の家臣として明治初期まで続いた。

＊白井氏の中世以降の史料は下総白井氏、上総白井氏、水戸白井氏、郡上白井氏、安芸白井氏、会津白井氏、讃岐白井氏、藤堂家家臣白井氏等の史料が異なった系図の記載がある為、本稿は津藩藤堂家の記録を基にしている。

若狭武田氏の重臣㈧　若狭香川氏

鎌倉氏

香川氏は、桓武平氏を祖とする関東の豪族鎌倉氏から出た武家である。鎌倉氏は平良文（村岡良文―前項の白井氏と同じ武蔵国熊谷郷村岡）の孫にあたる忠道には三兄弟景成，景村、景通がいたが、景成の子景政（正）の代に大きく発展した。景村は子が梶原氏を、孫の代に大庭氏の祖となった。景正は源氏の八幡太郎義家に従い後三年の役で勇名を馳せて戦後は相模の国を開墾して大庭御厨を成立させた。古代武家の開墾魂の力を具現化する例を作った。景正の嫡子は景継と言い、その息子の義景は三浦郡長江村に住み長江氏を称した。その弟重時は板倉家の後を継ぎ板倉家を継いだ。景正の息子の景門は安積氏を称した。その子孫は只野氏（多田野氏）を称した。景正の子景秀の孫の家政は相模国高座郡香川郷にいて香川氏を称した。この他、梶原氏、大庭氏、金井氏、高矢氏、永尾氏等この景正党には多くの武家を輩出した。「景」の字が特徴である。この発展の中で、時代は武家の源平時代に巻き込まれ、各家が相争う展開に巻き込まれて行くのである。これらの武家集団を鎌倉党と呼ぶ。

香川氏はこのようにめぐまれた周囲の環境の中で育ったが、景正から四代目の孫に当たる景高が相模の国高座郡香川（河）（現茅ケ崎市）を支配して香川氏を称したのに始まる。景高は源頼朝・義経に仕え手柄を立てたので「経」の字を与えられ経高と称した。経高には経景と義景の二人の息子がいたが三人で承久の乱に幕府側で参加し戦功を立てた。『吾妻鏡』に出てくる「香河三郎」「香河小五郎」、『源平盛衰記』に「香河五朗」と書かれている。

安芸香川氏

承久三年（一二二一）、承久の乱が起こり、鎌倉幕府は最終二十万人の兵で京都を攻め降伏させた。その結果、抵抗した武家・公家の所領特に多かった西国の三千か所を没収した。その地を鎌倉側の武家に分け与えた。その結果今まで関東に居て開拓を行っていた半農半武の武家の多くが新しい領地を得て西国に移動した。或る者は領主として、或る者は領主に仕える武家として又郎党として、農民の一部も共に移転した。香川経高の子経景は安芸国八木を、その弟義景は安芸国山県郡を。義景は兄経景の長男である香川景光と共に、相模国から安芸国に移り八木山の大河に突き出る八木城を築城した。『芸藩通史』によると香川経高の子経景は多くの領地を与えられたと書かれている。経景の子の内景光は安芸国佐伯郡（安佐郡）八木の地頭職となった。

香川氏は景光から安芸国当初鎌倉時代と室町初期は武田氏が安芸国では歴代の優れた武家が出て隆盛を誇ったが、前項白井氏の項でも述べたように、中間的な位置にいる武家は大きな勢力の台頭で変化を余儀なくさせられる事になる。中国地方の西端を領有する貿易にたけた大内氏が栄えて強敵となり室町時代後期を迎えて毛利氏が台頭し三つ巴の戦いが始まった。一五一七年有田中井出の戦いで五〇〇〇の兵を率いた武田元繁は川を渡る時に油断をして隊列が細くなったところを毛利元就の弓手による射撃で戦死した。香川行影は三〇〇騎を率い有田の毛利軍に突入して壮絶な戦死をした。この後の武田氏は衰え、大内氏と毛利氏が相争う時代になって最終的に毛利氏が統一する地位に就く事になる。香川氏も例外ではなかった。景光から一〇世代を経た室町後期十六世紀に入る頃から勢力図が塗り替えられる中で香川光景は毛利氏に従う道を選択する。毛利氏傘下で水軍の一角(河内水軍)を担った。慶長五年(一六〇〇)関ヶ原の戦いで毛利家が防長二国になると岩国領吉川氏の家老になったが、多くの香川氏は安芸に残った。又江戸時代に一族の香川正矩は主家の命により京都に出て『陰徳記』の執筆を行い、その次男の景継は京に出て『陰徳記』の加筆・修正を行い『陰徳太平記』を出版した。

讃岐香川氏

鎌倉景政を祖とする。讃岐国西部を本拠地とする。南北朝時代は管領家の家系細川氏に従い、白峰合戦(細川氏内の紛争)で功績があり四国に入部し、守護代を務めた。応仁の乱でも活躍し細川氏の四天王に数えられている。

若狭香川氏

若狭香川氏は遠敷郡麻生野を領地とした。

その文献による記録は一五二一年~二八年のものである。若狭国は武田家が一四四〇年入部したが応仁・文明の乱以来留守に海賊が襲ったことがあり、西隣りの一色氏との関係から若狭国の西部の防備に重点を置きその結果安芸国の水軍の能力を持つ武家が選ばれてその後の守備に当ったのである。

居城は若狭国小浜の北東部の海岸に近い海士坂峠の南側に位置する山城麻生野城である。香川氏の武家としての特徴は水軍である。安芸国時代は広島湾内の戦いに熟練していた経歴から若狭国を北の海から攻めてくる敵から防御するために、前項の白井氏と同様小浜市北部の海の守りの役割を分担していたのである。北の海士坂峠を越えれば矢代湾の田烏湊である。戦時になればいつでも田烏湊から船出が出来て駆けつけることが出来たのである。その西に居城を持つ白井氏も南を流れる北川の水路を使えば小浜湊に到達する事が出来る。香川氏はその南麓に菩提寺宝重寺を建立した。

麻生野は若狭国東北の鳥羽谷に中世から奈良の金輪院(天台宗)の鳥羽荘で、在地の鳥羽氏が栄えた地である。武田氏入部後のいつ頃か不明であるが、香川氏がこの場所を与えられた。

麻生野城は、鳥羽谷最奥の集落で東へ延びる支峰の隆起した山頂に主郭を配し、越えれば日本海を見下ろせる海士坂峠の南の尾根の下降線上に曲輪を配し南北六〇m、東西二〇〇mの範囲に存在する。遺跡は前方後円墳の形をしており古墳跡の上に城郭を作るこの時代に多く見られる作り方である。頂上には江戸時代に愛宕神社を置きこれもよく見られる例である。主郭の北側尾根筋には今はないが平地があり曲輪跡とみられる。西側は下って平坦な尾根筋となるが三条の堀切・竪堀がある。主郭は以後の大堀切は巾一〇mある。二条目と三条目の間は自然の地形を利用した平場である。その西側は不明な遺構である。側面からの攻撃の際の塹壕としての施設かも知れない。城は張り出した尾根筋にある為ここからは鳥羽谷が一望できる。

若狭香川氏は文献が少なく、数少ない資料には大和守の記録がある。『若狭郡県史』には城は上中郡麻生野村にあり。初めは右衛門大夫後に大和守と新たむ。武田氏傘下の武家なり。城の場所はこの村と海士坂村の間の山頂にある。弘治三年(一五五七)死す。子に右衛門大夫あり。

元亀元年（一五七三）右衛門大夫を初め国中が信長を迎えに熊川へ行く。

この後は香川氏は丹羽長秀に仕えて、各地で転戦し、水軍らしく海上で活躍する記録がある。江戸時代に入り帰農して地元に住んだ

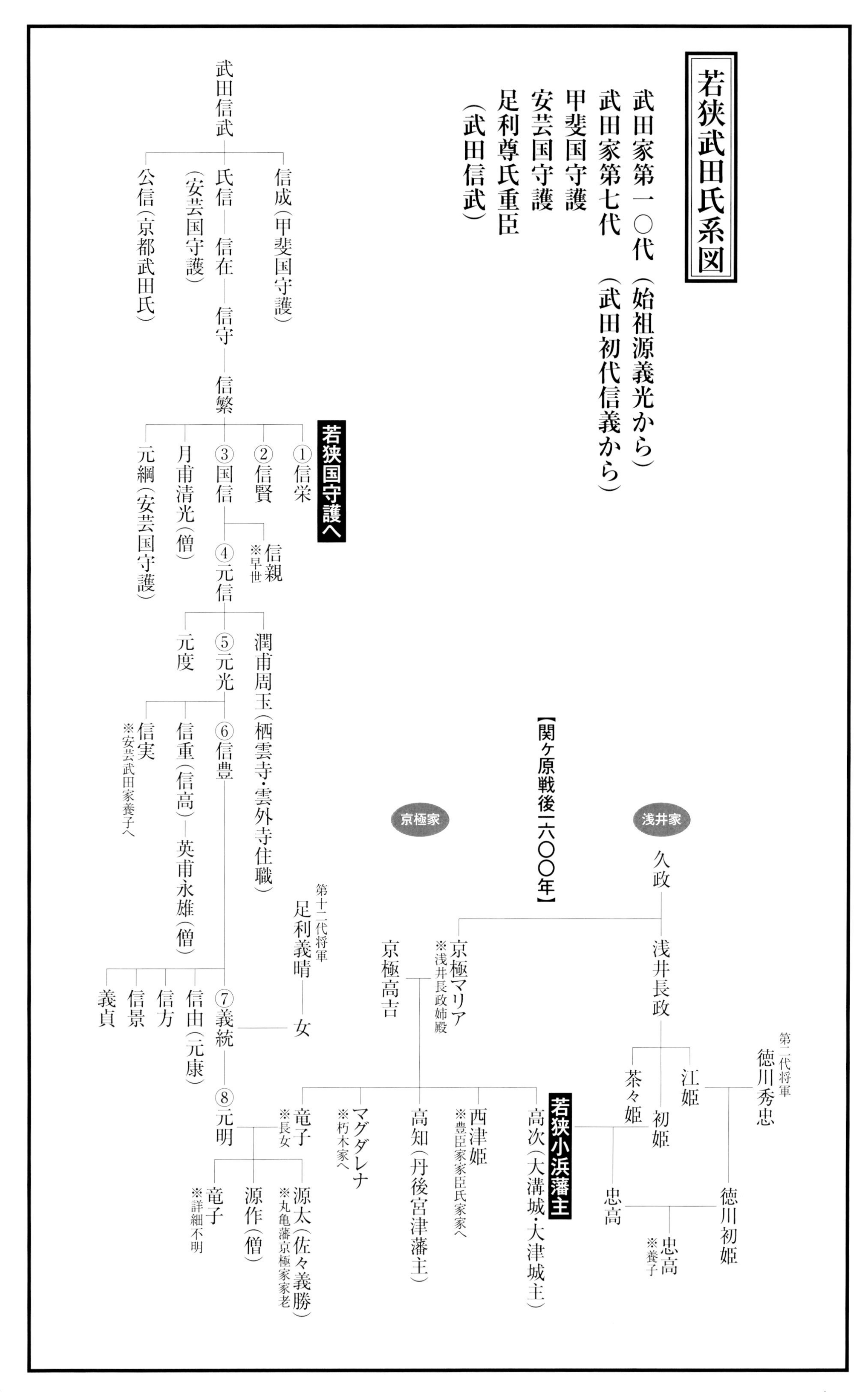
若狭武田氏系図
武田家第一〇代（始祖源義光から）
武田家第七代（武田初代信義から）
甲斐国守護
安芸国守護
足利尊氏重臣
（武田信武）
武田信武
信成（甲斐国守護）
氏信
信在
信守
信繁
（安芸国守護）
公信（京都武田氏）
若狭国守護へ
①信栄
②信賢
③国信
信親
※早世
月甫清光（僧）
元綱（安芸国守護）
④元信
潤甫周玉（栖雲寺・雲外寺住職）
⑤元光
元度
⑥信豊
信重（信高）
英甫永雄（僧）
信実
※安芸武田家養子へ
第十二代将軍
足利義晴
女
⑦義統
信由（元康）
信方
信景
義貞
⑧元明
竜子
※長女
源太（佐々義勝）
※丸亀藩京極家家老
源作（僧）
竜子
※詳細不明
【関ヶ原戦後一六〇〇年】
浅井家
京極家
久政
浅井長政
京極マリア
※浅井長政姉殿
京極高吉
江姫
第二代将軍
徳川秀忠
茶々姫
初姫
徳川初姫
若狭小浜藩主
高次（大溝城・大津城主）
西津姫
※豊臣家家臣氏家へ
高知（丹後宮津藩主）
マグダレナ
※朽木家へ
忠高
忠高
※養子

若狭武田氏関連年表

守護	和暦	西暦	事項
(初代)信栄/信繁	正長元年	一四二八	・室町将軍第六代**足利義教**将軍就任
	永享十一年	一四三九	・**永享の乱**、幕府関東管領足利成氏と戦う
	同十二年	一四四〇	五月、**義教、武田信栄**に一色義貫討伐指示
	同	同	六月、**武田信栄**、若狭守護を命じられる
	同	同	七月、**信栄、若狭国に赴任** 反抗市民成敗
	同	同	七月末、**信栄死去**する
(二代)信賢/信繁	永享十二年	一四四〇	八月、**信栄弟信賢二一才第二代守護就任**
	嘉吉元年	一四四一	六月、**嘉吉の乱**、義教、赤松満祐に暗殺さる
	同	同	九月、信賢、山名宗全に赤松討伐指示さる
	嘉吉二年	一四四二	十一月、**第七代将軍義教長男義勝**九才就任
	嘉吉三年	一四四三	七月、**義勝病死弟義政八才第八代将軍就任**
	文安四年	一四四七	**信賢、乱の後、治部少輔・大善太夫を補任**
	寛正六年	一四六五	この頃、他家の**細川氏**と繋がりが強くなる
	同	同	**父信繁が死去**、若き守護の指南役の死
	応仁元年	一四六七	**応仁の乱勃発　細川氏の傘下東軍**に入る
	同	同	五月、武田軍が細川勝元の指示で上洛
	同	同	細川成之と共に侍所の西軍**一色邸**を焼く
	同	同	**将軍義政**は勝元の要請で**幕府戦旗を東軍**に
	同	同	**御所は東軍**に、**西軍山名宗全はその西に陣**
	同	同	**一条大宮・船岡山合戦**、京都の町に拡大
	同	同	六月、**西軍斯波義廉邸襲撃、武田犠牲甚大**
	同	同	七月、**西軍大内軍が斯波邸到着膠着状態に**

守護	和暦	西暦	事項
(二代)信賢	応仁元年	一四六七	**武田勢**、**実相院**を防御する
	同	同	**若狭国内**に**安芸吉川氏**応援軍到着
	同	同	**武田勢**、**内裏警護**を任される
	同	同	**三宝院**を守備するが敵に焼かれ撤退
	同	同	九月、西軍三宝院と内裏も占拠する
	同	同	**信賢**、大内氏の背後大友氏を誘う
	同	同	将軍御所の隣地、相国寺の戦いへ
	同	同	**信賢**、相国寺内で、国信総門に陣取る
	同	同	西軍、相国寺を占拠し、多数の死者
	同	同	信賢、若狭に防御の城を作る
	同	同	京都南は西軍に、北は東軍となる
	同	同	重臣**逸見宗見**、醍醐山科に陣取る
	同	同	双方譲らず、膠着状態が続く
	応仁二年	一四六八	九月、将軍弟義視、細川・武田に接触
	同	同	義視は西軍に付き、将軍職を狙う
	文明元年	一四六九	**将軍義政、信賢を丹後国守護**に任命
	同	同	**逸見、粟屋、温科ら丹後へ討ち入り**
	同	同	丹後勢は山名氏の応援を得て反撃
	同	同	五月、**武田勢北白川に築城**命ぜらる
	同	同	京都へ補給の北入口の確保に当る
	同	同	六月、**西軍山科に進出逸見繁恒戦死**
	文明三年	一四七一	一月、安芸国**武田元綱**西軍へ寝返る
	同	同	六月、**武田信賢病死**、享年五二
(三代)国信	文明三年	一四七一	六月、**武田国信**、**第三代若狭国守護に就任**
	同	同	応仁の乱の最中であり**北白川の館**に常駐する

守護	和暦	西暦	事項
(三代)国信	文明三年	一四七一	国信は安芸国元網や東軍に付いた朝倉氏に対応
	同	同	この年、都では**疱瘡が土御門帝**はじめ感染する
	同	同	長期戦と疱瘡の万延で、厭戦気運が高まる
	同	同	将軍義政は赤松氏に戦陣を解くように指示
	同	同	西軍山名宗全、諸将に使者を送り停戦を相談
	同	同	東軍勝元も変化が起こり両者の衰えが見え始める
	同	同	現在占領の土地の所属問題で諸将は応じず
	文明四年	一四七二	山名宗全の病が家臣から将軍に報告あり
	同	同	細川勝元が家臣と主に剃髪隠居和解の気運が浮ぶ
	同	同	勝元の後継は**政元**、宗全の後継は政豊に決まる
	文明五年	一四七三	三月、山名宗全死去、勝元死し共に後継者が立つ
	同	同	十二月、**将軍義政、嫡子義尚に将軍職を譲る**
	文明六年	一四七四	二月、後継者同士で話し合いが行われる
	同	同	四月、両者トップ同士の和解が成立する
	同	同	両者トップの話は成立したが、詳細は決まらず
	同	同	地方の末端ではまだ小競り合いが続く
	同	同	停戦により丹後国は**一色氏の領土**の決済が下る
	同	同	丹後を守る**逸見宗見**はその決定を知らされず
	同	同	**国信、将軍の決定に異議が申し立てられず**
	同	同	**宗見は敵の大軍に囲まれ敗北し、自刃する**
	同	同	国信、**嫡子信親**を将軍に合わせる
	文明六年	一四七四	**信親を将軍の犬追い物に参加させる**
	同	同	国信、留守中の若狭国の年貢の再構築
	文明九年	一四七七	幕府は西軍大将大内氏に和解を提案
	同	同	**大内政弘は将軍に恭順して帰国する**
	同	同	**応仁の乱終り**、諸将は帰国する

守護	和暦	西暦	事項
(三代)国信	文明一三年	一四八一	国信、幕府に大内氏との和解を依頼
	文明一五年	一四八三	国信、幕府からの山城国守護を断る
	文明一七年	一四八五	国信**嫡男信親死去**。二四才嫡男の死
	同	同	将軍御供衆、一献沙汰栖雲寺に葬る
	文明一八年	一四八六	元信、三条西実隆訪問
	同	同	国信、宗祇ら・兼載・肖柏と宗祇会
	長享元年	一四八七	国信、一四人の御供衆に復活する
	同	同	元信、義尚の使者として三條西家へ
	同	同	将軍義尚、六角氏を討つ、国信従う
	長享二年	一四八八	国信、天皇に一色氏領を自身に願う
	長享三年	一四八九	三月、**将軍義尚急死　義政復帰する**
	延徳二年	一四九〇	一月、**将軍義政死去、義材第十代将軍**
	同	同	**義材の義政四九日法要　元信参列**
	同	同	**国信、元信と将軍の鹿苑院御成供奉**
	同	同	**六月、国信死去**
(四代)元信	延徳二年	一四九〇	**元信、第四代若狭国守護に就任**
	延徳三年	一四九一	**四月、第二次六角高頼征伐元信参加**
	延徳三年	一四九一	**逸見が動かず粟屋が活動　新旧交代**
	明応元年	一四九二	**将軍義材、畠山基家征伐　元信参陣**
	明応二年	一四九三	**明応の政変、細川政元がクーデター**
	同	同	**将軍義材、義澄（政知の子）に交替**
	同	同	**元信、両者に偏らず義材を越中に送る**
	同	同	**元信、若狭に帰国に対し政元が留める**
	明応三年	一四九四	**義材が上洛の防御を政元に頼まれる**
	同	同	**元信、安芸国が大内氏の攻勢に対応**

守護	和暦	西暦	事項
(四代)元信	明応九年	一五〇〇	義尹（義材改名）は大内氏を頼る
	同	同	元信、都の将軍義澄の相伴衆になる
	同	同	元信、破格の従四位を義澄に推薦さる
	同	同	義澄、細川氏に従わず自立志向に向う
	同	同	元信、期待に応えるため段銭を要求
	同	同	将軍義澄、鞍馬で花鑑賞　元信参加
	文亀二年	一五〇二	段銭要求、若狭国内では不評をかう
	同	同	都で信任を得た元信は若狭に帰国
	文亀三年	一五〇三	将軍義澄、高雄で紅葉鑑賞　元信参加
	永正元年	一五〇四	室町殿、歌会披露に。元信参事
	永正三年	一五〇六	元信、旧領を求めて丹後へ侵攻する
	永正四年	一五〇七	細川氏も協力するが一色勢の猛反撃
	同	同	細川政元、重臣達に暗殺され混乱
	同	同	元将軍義尹、大内氏と上洛を目指す
	同	同	将軍義澄伊賀に逃れる
	同	同	義尹、細川高国、大内義興政権成立
	永正六年	一五〇九	元信、得度を受ける
	永正八年	一五一一	将軍義澄が復帰中に死去
	永正八年	一五一一	細川政賢、大内氏に敗戦
	同	同	元信、義尹に帰順する
	同	同	若狭国内、逸見氏丹後勢と反乱
	同	同	武田軍は丹後西部まで進攻
	同	同	武田家臣、白井氏丹後で活躍
	永正九年	一五一二	武田彦四郎、幕府に出仕将軍対面
	永正一四年	一五一七	元信、朝倉氏と逸見氏の反乱鎮圧
	同	同	安芸武田元繁、大内氏と離反

守護	和暦	西暦	事項
(四代)元信	永正一五年	一五一八	将軍義稙下大内義興山口へ帰国
	永正一六年	一五一九	都の戦い、高国の勝利で安定する
	同	同	国内の文書、幕府より国内文書増加
	同	同	元信、西福寺に修験場の寄進
	同	同	元信、歌道に通じ、公家との交流
	同	同	後瀬山麓に別宅で未来の構想練る
	同	同	元信、出家し後継を次男元光に譲る
	同	同	元光、偉大な父に昇叙を願う
	同	同	元光、三条西実隆ら殿上人に接す
	同	同	細川高国から武家伝奏宮中へ申請
	同	同	元信、山城の必要性を検討する
	同	同	東西を見渡せる山上が最良と考え築城を図る
	大永元年	一五二一	元光に指示する
	同	同	元信に従三位を給う
	同	同	十二月三十一日、元信死去
	大永二年	一五二二	墓塔は若狭小浜伏原仏国寺に建てる
(五代)元光	永正一六年	一五一九	元光、父元信から若狭武田家を継ぐ
	永正一七年	一五二〇	偉大な父を顕彰の為京都に働きかける
	大永元年	一五二一	十二月三一日元信死去、元光若狭国守護就任
	大永二年	一五二二	一月、元信の葬儀を仏国寺で行う
	同	同	父の遺言である後瀬山城の築城にかかる（場所の選定は大叔父月甫清光を仲介して、大寺長源寺殿に交渉し吉答を得る）
	同	同	十二月、後瀬山城築城成る
	大永五年	一五二五	一月、発心寺で嫡子が家臣前で犬追い物開催
	大永六年	一五二六	桂川の戦い、細川高国から上洛の要請あり

守護	和暦	西暦	事項
(五代)元光	大永六年	一五二六	十二月、京都に到着翌一日三條西家を訪問
	大永七年	一五二七	二月、桂川河原で若狭粟屋五〇〇が対峙
	同	同	翌日、戦い巧者三好勢三〇〇〇に惨敗
	同	同	細川高国も破れ将軍義晴と近江に逃れる
	同	同	後日、桂川河原で供養実施、遺族は落飾する
	同	同	十一月、高国が六角・朝倉・武田を招集
	同	同	若狭国は粟屋氏が兵八〇〇を揃えて参戦
	大永八年	一五二八	一月、高国側破れ戦死、弟晴国が後を継ぐ
	享徳四年	一五三一	元光、徳政を認める
	天文元年	一五三二	細川晴元、若狭谷田部に粟屋氏と駐留
	同	同	元光出家、政務を行うが嫡子信豊に譲る
	天文三年	一五三四	将軍義晴、都に復帰。元光の在京を指示
	天文七年	一五三八	元光、正式に信豊に家督・権限を譲る
	同	同	粟屋元隆反乱、多田寺付近で信豊が制圧
	天文二〇年	一五五一	元光死去　小浜発心寺に葬られる
(六代)信豊	永正一一年	一五一四	武田元光の子として誕生、光豊
	大永五年	一五二五	十二歳で父の犬追い物に参加
	享禄六年	一五三三	二十才で元光の後継信豊に改名
	天文七年	一五三八	元光、隠居　信豊へ全権譲渡
	同	同	粟屋元隆・武田信孝が反乱
	同	同	信豊は粟屋を制圧家臣を引締る
	同	同	この頃新保山城の構想が持上る
	天文一〇年	一五四一	宮川新保山城(霞美ケ城)完成
	同	同	菩提寺龍泉寺建立
	天文一二年	一五四三	信豊、千石頼母子(金融)開始

守護	和暦	西暦	事項
(六代)信豊	天文二〇年	一五五一	元光死去、丹後国に信重派遣
	天文二一年	一五五二	武田信孝、再度侵入の噂流れる
	弘治二年	一五五六	弟信重死去、信豊後継問題浮上
	永禄元年	一五五八	信豊、後継に弟信由選び義統反する
	同	同	義統、逸見氏を頼り、信豊東へ出る
(七代)義統	永禄元年	一五五八	義統、家臣団を連れ逸見領へ出る
	永禄三年	一五六〇	逸見氏、幕臣大舘氏に義統への協力要請
	永禄四年	一五六一	逸見氏、丹後勢と反乱
	同	同	朝倉軍1万一千、若狭に送り勝利
	永禄五年	一五六二	大塩長門守、南部氏に敗れ三方へ
	永禄八年	一五六五	白井氏、六角氏から丹波派遣依頼
	永禄九年	一五六六	武田信方、近江矢島の義昭訪問
	同	同	家臣の一部が孫犬丸を擁立
	同	同	義昭、小浜に数日滞在後敦賀へ
	永禄一〇年	一五六七	四月、義統死去
(八代)元明	永禄二年	一五五九	武田義統の嫡子として生まれる
	永禄一〇年	一五六七	父武田義統死去、元明第八代若狭守護
	永禄一一年	一五六八	八月、朝倉義景、元明を越前国へ連行する
	同	同	義昭、朝倉を出て信長と共に京都に入る
	永禄一二年	一五六九	四月、信長、若狭三六人衆の所領を安堵さる
	同	同	六月、連歌師里村紹巴若狭の要人達と連歌会
	元亀元年	一五七〇	四月、信長、朝倉討伐の為熊川へ到着　若狭武田家家臣信長を迎える。信長、粟屋家に宿泊
	同	同	浅井長政の裏切りで、信長京都へ引き帰す
	同	同	五月、信長、家康浅井を破り小谷城へ追込む

守護	和暦	西暦	事項
(八代)元明	元亀元年	同	十月、反信長勢、信長派の山県氏の城を攻略
	同	同	十二月、武田信方、義昭に国内の支援を依頼
	元亀二年	一五七一	八月、朝倉軍若狭国内に長源寺に禁制を置く
	元亀三年	一五七二	三月、朝倉軍、信方に近江出兵を求める
	天正元年	一五七三	信長、浅井・朝倉軍を攻め滅ぼす、元明解放
	同	同	武田元明、若狭国に帰還、神宮寺に留まる
丹羽長秀	同	同	若狭国、信長から丹羽長秀の管轄に入る
	天正三年	一五七五	武田元明、家臣達と信長に謁見、許されず
	天正五年	一五七七	この頃、元明、京極竜子を正妻に迎える
	天正六年	一五七八	この頃から数年間に三人の子供に恵まれる
	天正九年	一五八一	逸見昌経死去、元明、三千石石山城を知行
	天正一〇年	一五八二	本能寺の変後光秀に誘われ義弟高次と立つ
	同	同	明智光秀、豊臣秀吉に山崎の合戦で敗戦
	同	同	六月、本能寺の変後、元明、謹慎
	同	同	七月、元明、男子二名を隠す
	同	同	重臣粟屋家・熊谷家に依頼
	同	同	東部山麓東黒田弘誓寺に預ける
	同	同	元明、近江寶幢院に呼び出され自害 (墓所　近江国マキノ町海津　寶幢院)
	同	同	同日、正妻竜子秀吉の許へ護送さる
	同	同	竜子、秀吉に京極高次の命ごいする
	同	同	竜子、秀吉の側室になる
	同	同	竜子、大阪城内西の丸に住む
	同	同	秀吉、竜子縁の農家に屋敷田地寄付
	同	同	秀吉、弘誓寺の再建に大枚を寄付

守護	和暦	西暦	事項
丹羽長重(1585年以降)	天正一〇年	一五八二	秀吉、竜子侍女くすの母菩提寺再建
	(文禄元年)	一五九二	竜子、伏見城内松の丸に移住
	(慶長二年)	一五九七	竜子、秀吉に誓願寺建立認められる
	(慶長三年)	一五九八	秀吉死去、竜子、京都西洞院に移住
浅野	天正一五年	一五八七	浅野長政、若狭国守護に就任
	天正二〇年	一五九二	浅野長政、文禄の役戦いの為退任
木下	文禄二年	一五九三	木下勝俊、若狭国守護に就任
	慶長五年	一六〇〇	木下勝俊、関ヶ原の戦い参陣せず
江戸時代	慶長五年	一六〇〇	九月、京極高次若狭国藩主となる
	寛永一一年	一六三四	七月、第二代京極忠高松江に転封
	同	同	七月、酒井忠勝新藩主になる

※この年表は、武田氏各代毎にまとめてあり、同じ年代が複数表記されている場合があります。

参考文献（執筆者）

【個人著書】

河村昭一『若狭武田氏と家臣団』 二〇二一年一月八日 戎光洋出版
同 『南北朝・室町期一色氏の権力構造』 二〇一六年六月十日 同右
同 『安芸武田氏』 二〇一七年二月一日 同右
木下 聡 編・著『若狭武田氏』 二〇一六年九月八日 戎光洋出版
大森 宏『戦国と若狭―人と城』 一九九六年二月七日 大森睦子刊
同 『長源寺史』 一九八三年十一月 長源寺（第四十六平原智光）刊
同 『神話伝承による民族同化とわかさの関連性について』 一九六八年刊
下仲隆浩「一色氏と若狭」「中世の小浜湊」 講演会 二〇二一年七月二十七日
西島伸彦「室町幕府と若狭守護武田氏」第五回講演会 二〇二〇年七月二十五日
川股寛享「酒井家文庫」の案内 二〇二二年二月十四日（WEB）
川島清人「石山城と若狭武藤氏」 講演会 二〇二二年三月四日
小和田哲男『戦国三姉妹』 二〇一〇年十一月二十五日 角川書店
金子拓編『信長記と信長・秀吉の時代』 二〇一二年七月六日 勉誠出版
呉座勇一『応仁の乱』 二〇一六年十月二十五日 中央公論社
福田豊彦『室町幕府と国人一揆』 一九九四年 吉川弘文館
元木泰雄『源頼義』 二〇一七年 吉川弘文館
安田元久『源義家』 一九六六年 吉川弘文館
水野和雄「越前朝倉宗家をめぐるお家騒動」 二〇二三年八月 気比史学会
松原信之『越前朝倉一族』 一九九七年一月十五日
藤居正規『朝倉始末記』 一九九四年六月二十日 勉誠社
米原正義『戦国武士と文芸の研究』 一九七六年十月一日 桜楓社
桑田忠親『豊臣秀吉の研究』 一九七五年 角川書店
同 『たいこうさまくんきのうち―大田牛一』 一九六五年 人物往来社
渡辺世祐『太閤殿下の私的生活』 一九八〇年六月十日 講談社学術文庫
名田富太郎『安芸国山県郡の研究』 一九五三年一月一日 名田朔郎刊
榊山潤口訳『太田牛一著信長公記』上、下 一九八〇年 教育社新社
中川太古訳『信長公記』 二〇一三年十月十三日 角川新人物文庫

【自治体（都道府県市町）刊行物】

『福井県史』通史編2中世 福井県 一九九三年三月三十一日
『同』資料編九中・近世七 福井県 一九九〇年九月一日
「一乗谷朝倉氏遺跡博物館図録」 二〇二二年十月
福井県立若狭歴史博物館図録『若狭武田氏の誇り』 二〇一五年十月十日
『小浜市史』通史編上巻 須磨千穎監修 小浜市編纂委員会 一九九二年三月二十日
『同』資料編 同 同 一九七一年十一月三日
『同』寺社編 同 同 一九七六年四月三十日
『史蹟後瀬山城跡整備基本計画』 小浜市教育委員会 二〇二一年三月
『史跡後瀬山城跡（守護館発掘調査報告書・令和三、四年度）』 二〇二四年三月
『後瀬山城―若狭武田氏の居城の調査』報告書 小浜市 一九八九年三月
『豊臣秀吉文書集』全八巻 名古屋市博物館編 二〇一五年～二〇二三年
『史料京都の歴史』第七巻 京都市 一九八〇年三月三十一日
『史料京都の歴史』第八巻 左京区 京都市 一九八五年
『史料京都の歴史』第九巻 中京区 京都市 一九八五年
『史料京都の歴史』第十二巻 下京区 京都市 一九八一年
『舞鶴市史』通史編上巻一 舞鶴市史編さん委員会 一九九三年
『広島県史』通史編2中世 広島県刊 一九八四年
『同』通史編3近世1 広島県刊 一九八一年
『同』資料編古代中世一巻～五巻 広島県刊 一九六七～一九八〇年
『山口県史』通史編中世 山口県刊 二〇一二年
『三重県史』通史編中世 三重県刊 二〇一七年
『山梨県史』通史編1古代 山梨県 二〇〇四年
『同』同 2中世 同 二〇〇七年
『同』資料編1原始・古代 同 一九九八年
『同』同 2中世 同 一九九九年
『同』同 3文献・文字 同 二〇〇一年
山梨県立博物館「甲斐源氏武士団のネットワーク」 二〇一五年

『三方郡誌』　三方郡教育会刊　一九一一年
若狭町『三方町史』　三方町史編纂委員会　一九九〇年三月三十一日
同　『上中郷土誌』　上中町文化財保護委員会一九六四年十一月三日
『わかさ美浜町誌』全八巻　美浜町誌編纂委員会二〇〇二年～四年
『大飯町誌』　大飯町誌編さん委員会　一九八九年
『高浜町誌』　高浜町刊　一九八五年
ひたちなか市『武田氏館跡発掘報告書』四巻　一九八四～八七年志田諄一
同　『武田氏館跡発掘報告書の成果』　勝田市教育委員会
同　『常陸武田氏の里』二〇一六年　ひたちなか市教育委員会
『熊谷市史』資料編2古代・中世　熊谷市教育委員会　二〇一三年
養父市『八鹿町誌』上巻　八鹿町役場刊　一九七一年
山県市『高富町誌』　高富町教育委員会刊　一九七七年

【古文書】

『倭名抄』　源順（九一一～九八三）編
『小右記』　藤原実資（九五七～一〇四六）
『中外抄』　藤原忠実の日記（一〇七八～一一六二）
『長秋記』　源師時の日記（一〇八七～一一三六）
『山槐記』　中山忠親の日記（一一五一～途中欠一一九四）
『保暦間記』　著者不明（一一五六～一三三九）歴史書
『吾妻鑑』　著者不詳（一一八〇～一二六六）歴史書一三〇〇年頃成立カ
『看聞御記』　伏見宮貞成親王の日記（一三七二～一四五六）
『師守記』　中原師守の日記（一三三九～一三七四）―後半別人の記録カ
『師郷記』　中原師郷の日記（一三八七～一四六〇）
『安富記』　中原康富の日記（一四〇八～一四五五）
『親長日記』　甘露寺親長の日記一四七〇～一四九九）
『実隆公記』　三條西実隆の日記（一四七四～一五三六）
『お湯殿の上の日記』　宮中女官継承日記（一四七七～途中欠一八二六）
『親元日記』　蜷川親元の日記（一五二五～一五六九）
『言継卿記』　山科言継の日記（一五二七～一五七六）
『兼右卿記』　吉田兼右の日記（一五三三～一五七二）
『親俊日記』　蜷川親俊の日記（一五三八～途中欠一五五二）
『陰徳記』　香川正矩著一六六〇年　歴史書
『陰徳太平記』　香川景継著一七一六年　歴史書
『西讃府誌』　丸亀藩京極氏編一八三九年　歴史書
『全讃誌』　中山城山著　一八二七年　歴史書
『若狭守護代記』　岡村昌二郎（現代語訳）　二〇一二年四月二十二日　若狭語り部の会

【系図・人名辞典】

『尊卑文脈』全四巻　黒板勝美編　一九七三年
『系図纂要』全十八巻復刻版　名著出版一九七七年～一九八三年
『萩藩諸家系譜』　岡部忠夫著　一九八三年
『萩藩閥閲録』全六巻　山口県文書館一九六七年～一九八九年
『源氏七四〇氏族系図』全三巻　千葉琢穂編　一九八五年
『佐々木氏系図』全二巻　千葉琢穂編　一九九〇年
『武田氏家臣団人名辞典』　柴辻・平山・丸島・黒田共著　二〇一五年
『日本歴史地名大系』全四十八巻　平凡社　一九七九年～二〇〇三年
『姓氏家系大辞典』全三巻　太田亮著　角川書店　一九七六年
『織田信長家臣人名辞典』　高木昭作監修・谷口克広著　吉川弘文館刊　一九九五年一月十日

あとがき

「若狭武田氏」は日本古来の前史の存在により、日本の武家の中でも最古の武家であった。初代の若狭国着任の苦悩、赴任間もない内に応仁の乱に巻き込まれて多くの家臣の死と最重臣家の戦死、それでもお国（都）の為に指示されれば出かけなければならない中世武家の宿命、多くの武家（家臣）を失ってそれでも都の人々の賛辞が唯一の頼りで出かけて行く行動の繰り返しが若狭武田氏の一四三年であったといえる。

その行動の根源も時代の変化により戦国時代を迎え中世武家のモラルの崩壊により、新しい武士モラルの成立で社会は進んで行く。今まで当主の統制で収まった個の軋轢が抑えられなくなり内紛に発展してしまう。更に内乱が隣国を巻き込み、自国だけでは収まらなくなり他国の力を借りたつもりが他国の侵攻を招いてしまう。若狭武田氏の末期は将軍の家族を得たが、その子を守り切れずに崩壊してしまう。優秀な人材七代義統も身内の相克で若死にし、子供の成長を見届けることが出来なかった。戦国世界の変幻に巻き込まれて結末を迎えた。

武田家の結末の中で、ただ唯一の救いは、元明の正妻竜子の活躍である。夫を亡くした竜子姫は、天下人豊臣秀吉に理解され、秀吉の力で武田家ゆかりの場所に目を向けさせ修復させた。お家再興の為に、当初は二男子を隠して家臣に預けて育て、信長以来の仇敵武田姓の復活は許されなかったが、長男は京極家の家老になり子孫は幕末を迎えた。弟は僧侶となった。三人目の竜子を名乗る女子は詳細不明である。

この竜子姫の一生は戦国時代の女性の人間関係の困難を乗り越え、女性の宿命である人の母としての人生を全うした一生であった。

この『若狭武田氏』の出版に当たり、多くの方のご協力により完成できたことに厚く御礼申し上げます。
本文に関しては「参考文献」の項に、その他の方は本文の中に文末と写真提供の欄に記載させて頂きました。
出版に当たっては福井新聞社・三谷市民文化財団のご協力を頂きました。重ねて厚くお礼申し上げます。

著者

二〇二四年七月二十五日

著者略歴：福本徹之

福井県小浜市立松永小学校に学ぶ。

　　同　　小浜第二中学校に学ぶ。

（私立）錦城高等学校（神田校）に学ぶ。

立教大学文学部に学ぶ。

民間会社（1969年～2004年）に席を置く。
（この間、小林秀雄・他、『日本歴史、世界先史、世界平和史』を研究する。）

2011年6月　先史の日本史『大いなる大日本人』発表。

2013年1月　世界平和論『世界互選』発表。

2014年6月『World Mutual Election』（世界互選英語版）発表。

2021年4月　若狭小浜歴史研究会『歴史だより』第1号発行。

2024年4月『若狭武田氏』発表。

現在：若狭小浜歴史研究会　主宰

若狭武田氏（わかさたけだし）（図録）

二〇二四年七月二十五日　初版第二刷　発行

著　者：若狭小浜歴史研究会（主宰　福本徹之）

発　行：福井新聞社

福井県福井市大和田二丁目八〇一番地

電　話：〇七七六－五七－五一一一（代）

編集・制作：若狭武田氏推進の会

若狭小浜歴史研究会

福井県小浜市青井一三－三三

電　話：〇七七〇－六四－五一六〇

ＦＡＸ：〇七七〇－六四－五一七〇

E-mail：tetsuyuki.fukumoto@nifty.com

印刷・製本：ツダ印刷所（小浜市小浜生玉十五）

＊著述内容に関するご質問は、若狭小浜歴史研究会にお問い合わせ下さい。

＊本誌作成に当たって、三谷市民文化振興財団のお世話になりました。

定価　一、〇〇〇円＋税